Norbert Golluch

444 NEUE POPULÄRE IRRTÜMER

Norbert Golluch

444 NEUE POPULÄRE IRRTÜMER

Warum Wetterfrösche keine Ahnung vom Wetter haben, CDs am Innenspiegel nicht gegen Radarfallen schützen und gesalzenes Wasser nicht schneller kocht

riva

Bibliografische Information der Deutschen Nationalbibliothek:
Die Deutsche Nationalbibliothek verzeichnet diese Publikation in der Deutschen Nationalbibliografie; detaillierte bibliografische Daten sind im Internet über http://d-nb.de abrufbar.

Für Fragen und Anregungen:
info@rivaverlag.de

1. Auflage 2015

Nymphenburger Straße 86
D-80636 München
Tel.: 089 651285-0
Fax: 089 652096

Redaktion: Stefanie Barthold
Umschlaggestaltung: Kristin Hoffmann, München
Umschlagabbildungen: Shutterstock
Bildbearbeitung: Pamela Machleidt, München
Satz: Alexandra Noll, München
Druck: CPI books GmbH, Leck
Printed in Germany

ISBN Print: 978-3-86883-667-7
ISBN E-Book (PDF): 978-3-86413-823-2
ISBN E-Book (EPUB, Mobi) 978-3-86413-826-3

Weitere Informationen zum Verlag finden Sie unter

www.rivaverlag.de

Beachten Sie auch unsere weiteren Verlage unter
www.muenchner-verlagsgruppe.de

Erfahrung nennt man die Summe aller unserer Irrtümer.

(Thomas Alva Edison, 1847–1931)

Inhalt

Vorwort

Was macht Irrtümer so interessant? Warum lieben wir es, wenn der Boden der Tatsachen unter unseren Füßen zu schwanken beginnt und wir uns auf dünnes Eis begeben müssen?

Eine wenig edelmütige Ursache wird für manchen sicherlich die Schadenfreude sein, das zumindest kurzfristig erhebende Gefühl, jemand anderen bei einem Fehler zu erwischen. »Ha, und du blöder Hund hast gedacht, dass ...« möchte dann der für Gehässigkeit zuständige Teil unseres Sprachzentrums formulieren. Im Regelfall siegt allerdings die soziale Kontrolle. Kindliche Neugier spielt beim Thema Irrtum dagegen nur eine sekundäre Rolle, denn es geht ja nicht darum, etwas völlig Neues zu erfahren, sondern im Gegenteil darum, einen bisher für sicher gehaltenen Tatbestand zurechtzurücken.

Die Suche nach Irrtümern ist vielmehr eher ein Ausdruck des lebendigen Intellekts, des suchenden menschlichen Geistes. Der Weg von Faktum 1 (veraltet) zu Faktum 1a (neu und besser begründet) ist eine geistige Auseinandersetzung, ein innerer Diskurs oder auch ein kontrovers geführter Dialog mit einem Mitmenschen. Mental weniger wache Zeitgenossen wollen lieber in ihren eingefahrenen Gewissheiten verharren, doch das aktive Gehirn mit seiner Lust an geistiger Bewegung wird von der zu erwartenden Belohnung angelockt: Ein aufgedeckter Irrtum zieht immer ein angenehmes Aha-Erlebnis nach sich und beinhaltet einen Lernerfolg – Glückshormone hellen den Alltag auf. Im besten Fall wird sogar das eigene Weltbild um ein paar neue Blickwinkel erweitert oder aus einer fragwürdigen Position zurechtgerückt.

Wer allerdings glaubt, mit der Aufdeckung eines Irrtums einen sicheren Hafen erreicht zu haben, wird wiederum enttäuscht. Die Gewissheit von heute ist der Irrtum von morgen. Nur wer ständig weiter in der für sicher gehaltenen Tatsache nach dem Keim eines neuen Irrtums sucht, wird im Gedankenstrom seiner Zeit aktiv mitschwimmen können.

Washingtons Joint und Pech von oben

Geschichte

Ereignisse aus der Vergangenheit unterliegen auf doppelte Weise der Irrtumsgefahr. Auf der einen Seite leiden die Informationen aus unserer Geschichte unter der menschlichen Vergesslichkeit, wenn sie nicht sachgerecht und umfassend dokumentiert sind. Zum anderen erinnert sich die Gattung Mensch lieber selektiv als wissenschaftlich präzise. Über Unangenehmes und Peinlichkeiten wächst das Gras des Vergessens, heroische Taten und sensationelle Ereignisse werden in so überhöhter Form oder derart drastisch überspitzt in die kollektive Erinnerung übernommen, dass man häufig schon bei ganz gewöhnlicher Historie von einem Reich der Sagen und Märchen reden kann. Sie kennen das noch aus dem Unterricht: Geschichte kann ganz schön langweilig sein, und was liegt da näher, als den vielfach eher nüchternen Fakten mit etwas Fantasie ein wenig Schwung zu verleihen, sie in ihrer Unterhaltungsqualität aufzufrischen? Leider bleibt dabei häufig die Wahrheit auf der Strecke …

Flüssiges Pech stoppte die Angreifer.

Bei der Belagerung einer Burg gossen die Verteidiger flüssiges Pech über ihre Feinde. So zumindest hört man es immer wieder. Wirklich? Pech als »Kampfstoff« wäre viel zu unpraktisch und teuer gewesen. Auch die Verwendung von siedendem Öl, von dem ebenfalls immer wieder zu hören und zu lesen ist, hätte man im Mittelalter als zu verschwenderisch empfunden, war Öl doch ein energiereiches Nahrungsmittel, wichtig bei der Verköstigung der Burgverteidiger und daher viel zu schade, um einfach weggekippt zu werden. Auch wenn die sogenannten Wehrerker oder Wurferker in der Burgmauer heute häufig Pechnasen genannt werden – durch sie warf die Burgbesatzung eher Steine oder schwere Gegenstände auf die Feinde. Auch heißes Wasser kam vermutlich nicht zum Einsatz, da die Trinkwasservorräte auf einer belagerten Burg begrenzt waren.

Burgen hatten im Mittelalter Folterkammern und Verliese.

Als im 18. und 19. Jahrhundert das Mittelalter große nostalgische Mode wurde, dichtete manch begeisterter Geschichtsschreiber den Burgen attraktive Komponenten an. Wie herrlich gruselig ist doch so eine Folterkammer! Welch angenehme Gänsehaut erzeugt die Vorstellung vom armen Gefangenen tief unten im finsteren Verlies! Nur hatten die meisten Burgen und Schlösser gar keine Folterkammer, und auch ein Verlies war eher der Sonderfall. Wie einfallsreich die Menschen im 18. und 19. Jahrhundert mit ihrer Vergangenheit umgingen, belegt auch die Tatsache, dass Burgen in dieser Zeit renoviert und aufgehübscht wurden, zum Beispiel mit ein paar Extra-Türmchen und ein paar zusätzlichen Schießscharten.

Burgen waren heiß umkämpft.

Eigentlich war eine Belagerung der Sonderfall im Leben eines Burgbewohners. Auf einer Burg zu leben machte das Leben etwas einfacher, denn das befestigte Gebäude stellte einen Hort der Sicherheit und Ordnung dar. Einfache Bauern wurden nicht von Räuberbanden überfallen, der Burgherr war Ordnungsmacht und Rechtsprechung in einer Person. Und: Es ging gemächlich zu auf einer Burg. Es wurde weder gekämpft noch gesoffen, und großartige Gelage und prunkvolle Turniere konnte sich der durchschnittliche Burgherr nicht leisten. Heutige Ritterspiele verfälschen das Bild vom Mittelalter. Es war alles ganz anders – ärmlicher, anstrengender, unsicherer und viel weniger sensationell.

Die Weisen aus dem Morgenland waren zu dritt.

Sie stehen in jeder Krippe neben Ochs und Esel beim Jesuskind, und an ihrem Feiertag laufen drei Kinder, als Könige aus dem Morgenland verkleidet, von Tür zu Tür. Die Gebeine der Weisen sollen im Kölner Dom liegen, in einem mit Blattgold, Edelsteinen und Perlen verzierten Schrein, zu dem Gläubige aus aller Welt pilgern. Doch weder ist gesichert, dass die die Weisen aus dem Morgenland Könige waren, noch dass sie zu dritt waren, auch wenn heute immer von Kaspar, Melchior und Balthasar die Rede ist. In der Bibel findet sich keine Aussage darüber. Wir wissen überhaupt sehr wenig über sie, eigentlich nur, dass sie Gold, Weihrauch und Myrrhe als Geschenke mitgebracht haben. Vielleicht schloss man aus der Zahl der Geschenke auf die Anzahl der Überbringer.

Die Heiligen Drei Könige sind in Köln bestattet.

Kaiser Barbarossa holte im zwölften Jahrhundert die Gebeine der Heiligen Drei Könige nach Köln, was den Ruf der Stadt als heiligen Wallfahrtsort festigte und gutes Geld brachte. Ob es sich wirklich um die Knochen der Weisen aus dem Morgenland handelt, steht nicht fest, denn sie wurden unter Anwendung von Folter beschafft. Der Entstehungszeitpunkt der Stoffe, in denen die Gebeine eingeschlagen sind, wird von Experten auf das zweite bis fünfte Jahrhundert n. Chr. datiert. Das alles deutet nicht auf geschichtlich nachvollziehbare Fakten, sondern auf eine Legende hin.

Im alten China trugen die Männer Zöpfe.

Das männliche China kannte bis zum 17. Jahrhundert den Zopf nicht als alltägliche Frisur. Erst die Eroberung Chinas durch die Mandschu und deren Fremdherrschaft hatte die Einführung des Männerzopfes zur Folge. Die Chinesen begriffen jedoch diese Art, die Haare zu tragen, als Erniedrigung und Demütigung und gaben sie nach der Veränderung der Machtverhältnisse sofort wieder auf. Abbildungen aus der Regierungszeit der Mandschu sorgten aber dafür, dass der zopftragende Chinese für lange Zeit zum Stereotyp wurde.

Die Wikinger trugen Helme mit Hörnern.

Bisher ist es noch keinem Archäologen gelungen, einen Wikingerhelm mit Hörnern an den Seiten auszugraben. Was wir über die Ausstattung der Nordmänner wissen, ist weniger spektakulär: Sie trugen lange Hosen, dazu Jacken oder Bauernkittel. Die Kleidung fertigten die Wikingerfrauen selbst an, meist aus Wolle. Wenn sie auf Seereisen gingen, führten die Wikingermänner als Waffen Äxte und Speere mit sich und schützten sich mit Helmen (ohne Hörner). Sie waren aus Eisen gefertigt und hatten oft einen Nasenschutz. Wikingerfrauen hüllten sich in bodenlange Kleider und schützten sich vor der Witterung mit einer Art Überwurf, der an der Brust mit einer Spange zusammengehalten wurde.

Das Mittelalter war eine finstere Zeit.

Schmutzig, ärmlich und finster – so soll das Mittelalter gewesen sein. Gut, die Städte hatten keine Kanalisation, man konnte an einer Blinddarmentzündung sterben und die abendliche Beleuchtung war kläglich. Doch die Menschen wuschen sich und badeten häufig, wofür in den Städten Badehäuser mit angenehm lockeren Sitten betrieben wurden, während die Landbevölkerung in Flüssen und Seen Abkühlung und Sauberkeit suchte. Ach ja, die Landbevölkerung lebte, wenn auch nicht gerade im Überfluss, wenn man es genau betrachtet ziemlich genau so, wie es sich heute konsequent ökologische Bevölkerungsgruppen wünschen: gesunde Arbeit an der frischen Luft von Sonnenaufgang bis -untergang, Schlaf in baubiologisch perfekten Häusern, Ernährung mit selbst erzeugten Nahrungsmitteln, gewonnen in nicht entfremdeter Arbeit mit den eigenen Händen, stets in Einklang mit Feld und Fluss, Pflanze und Tier.

Die Bauern litten im Mittelalter furchtbar unter dem Zehnt.

Paradiesisch war das Mittelalter nicht, so viel ist klar. Da gab es unter anderem noch die Steuerzahlungen, den furchtbar drückenden Zehnt! Wie der Name schon sagt: Der Zehnt war eine etwa zehnprozentige traditionelle Steuer, die in Form von Geld oder Naturalien gezahlt werden musste. Wenn der Bauer zehn Ferkel aufgezogen oder zehn Säcke Korn geerntet hatte, musste er ein Ferkel oder einen Sack Korn an seinen Lehnsherrn abtreten. Zum Vergleich: Heute liegt die durchschnittliche Belastung durch direkte und indirekte Steuern bei 52 Prozent des Einkommens – auf das Jahr gesehen arbeitet der Durchschnittsbürger bis etwa zum 11. Juli für den Staat, erst dann wandert etwas Geld in seine eigenen Taschen, wie der Bund der Steuerzahler angibt. Finsteres Mittelalter?

Im Mittelalter gab es Hexenverbrennungen.

Über den genauen Zeitraum, den man Mittelalter nennen sollte, streiten sich die Experten. Grob kann man sagen, dass das Mittelalter die Zeit zwischen dem 5. Jahrhundert und dem 15. Jahrhundert n. Chr. umfasst. Und für diese Periode der Geschichte lassen sich keine Dokumente über Hexenprozesse oder -verbrennungen finden. Vielmehr stritt der Klerus die Existenz von Hexen und Hexerei ab – der Glaube an derlei unchristlichen Unfug war verpönt. Es war Papst Innozenz VIII., der im Jahre 1484 mit der »Hexenbulle« den ersten Anstoß für Hexenverfolgungen gab. Mit dieser Schrift bestätigte er die Existenz bösen Zaubers und erlaubte die Bestrafung der Anhänger solchen Aberglaubens, zum Beispiel indem man sie ins Gefängnis warf. Von Verbrennung war auch hier noch keine Rede.

Eine andere Schrift lieferte den Anlass für eine nie da gewesene Massenhysterie, Denunzierungen und furchtbare Körperstrafen: der von Heinrich Krämer, genannt Heinrich Institoris, verfasste *Hexenhammer* von 1486. Das bis ins 17. Jahrhundert gedruckte Machwerk war dafür verantwortlich, dass die Hexenverfolgung im 17. und 18. Jahrhundert ihren Höhepunkt erreichte, also nicht etwa im Mittelalter, sondern in der frühen Neuzeit. Während sich etwa zeitgleich die Philosophen mit den Gedanken der Aufklärung befassten, die Vernunft als universelle Urteilsinstanz postulierten und überkommene Denkweisen zu überwinden versuchten, versank ein ganzes Jahrhundert in diesem furchtbaren Wahn.

Napoleon war sehr klein.

Groß und klein – mit den Maßeinheiten war das in der Vergangenheit so eine Sache. Als Napoleons Kammerdiener die Größe des großen Franzosen bestimmte, maß er fünf Fuß, zwei Zoll und drei Linien. Aber auf der Basis welches Einheitensystems? Nach den heute noch in den USA gültigen Maßeinheiten entspräche das einer Größe von 158 Zentimetern – nicht eben Ehrfurcht gebietend groß für einen so bedeutenden Herrscher. Nur muss man wissen, dass der französische Fuß im Gegensatz zum damals verwendeten gleichnamigen Maß in England zwei Zentimeter mehr auf die Messlatte brachte.

Fuß, englisch: 30,48 cm
Fuß, französisch: 32,48 cm

Nach französischem Maßstab gemessen wüchse der große Korse auf immerhin 168,5 Zentimeter. Einige Prominente der Neuzeit sind bzw. waren kleiner: Der russischer Astronom Jurij Gagarin passte mit 157,5 Zentimetern perfekt in seine Raumkapsel, Wladimir Lenin erreichte nur 164 Zentimeter – genau wie Silvio Berlusconi und Norbert Blüm – und Lenins Nachfolger Josef Stalin kam auf 165 Zentimeter. Auch Frankreichs Sarkozy endet oben bei 165 Zentimetern – damit kann er der gleich großen Angela Merkel perfekt in die Augen schauen. Wladimir Putin bringt es auf 170 Zentimeter, Ex-Kanzler Gerhard Schröder immerhin auf 174 Zentimeter.

Zurück zu Napoleon: Zu seiner Zeit war der durchschnittliche Rekrut in der französischen Armee nur knapp über 1,62 Meter groß – Napoleon überragte also sein Fußvolk um einige Zentimeter. Natürlich kümmerte das die verfeindeten Engländer nicht, sie rechneten nach ihrer Maßtabelle den französischen Widersacher klein und behaupteten, Napoleon müsse mit seiner aggressiven Politik seine zwergenhafte Größe kompensieren. Auch der Psychoanalytiker Alfred Adler fiel auf dieses Gerede herein. Er benannte die Persönlichkeitsstörung von kleinen Menschen mit großem Geltungsbedürfnis »Napoleon-Komplex«.

Keuschheitsgürtel schützten vor dem Fremdgehen.

Es ist äußerst fraglich, ob die Kreuzritter ihre Frauen wirklich mit solchen metallenen Folterwerkzeugen quälten. Ein derartiges »Kleidungsstück« hätte, dauerhaft getragen, zu einem hygienischen Super-Gau im Urogenitalbereich und möglicherweise zum Ableben der Trägerin geführt. Der in manchen Schriften über das Mittelalter immer wieder erwähnte Unterleibsschutz aus Eisen und Leder könnte auch ein antikes Sexspielzeug gewesen oder zur Bestrafung von Unsittlichkeit oder zum Eintreiben der Steuern von Prostituierten verwendet worden sein. Belege für eine massenhafte Verbreitung dieses Sittsamkeitswerkzeuges wurden nicht gefunden. Viele Ausstellungsstücke, die in Museen gezeigt werden, erwiesen sich als Fälschungen aus dem 19. Jahrhundert, in dem die Vorstellung von einem angenehm schaurigen, finsteren Mittelalter sehr beliebt war. Ähnlich wie bei den Folterwerkzeugen schuf man Anschauungsmaterial nach eigenen Vorstellungen, wo keine historisch belegten Exponate zu finden waren.

Außer Obama hat kein amerikanischer Präsident Haschisch geraucht.

Barack Obama, Präsident Nummer 44 der Vereinigten Staaten von Amerika, rauchte in seiner Jugend auf Hawaii Marihuana und machte auch Erfahrungen mit Kokain. So viel ist bekannt. Aber er war nicht der einzige Präsident, der rauschhafte Erfahrungen machte: Hanf spielt eine besondere Rolle in der amerikanischen Geschichte, und die Freunde der Legalisierung von Haschisch hören die folgenden Geschichten über kiffende Präsidenten mit Begeisterung: Gleich mehrere von ihnen sollen es getan haben, und ja, sogar der erste und sicher einer der bedeutendsten amerikanischen Präsidenten soll Cannabis geraucht haben: George Washington. Gut, vielleicht tat er es, um seine Zahnschmerzen zu bekämpfen. Washington baute auf seiner Farm in größerem Stil Hanf an und propagierte den Anbau für die wirtschaftliche Nutzung; Hanf wurde in den USA lange Zeit als Nutzpflanze kultiviert. Man gewann aus der Pflanze unter anderem Fasern, Öle und Papier. Nicht nur die amerikanische Unabhängigkeitserklärung, auch Gutenbergs Bibel wurde auf Hanfpapier gedruckt. Opium oder Heroin waren in diesen Tagen übrigens ebenfalls im Umlauf und wurden gesellschaftlich nicht sanktioniert, sondern medizinisch genutzt – allerdings oft in völliger Unkenntnis der Gefahren der verwendeten Stoffe. Dass George Washington allerdings regelmäßig zum Joint griff, ist nirgendwo belegt.

Als Präsidenten mit Drogenerfahrungen nennen Geschichtskundige und die historische Gerüchteküche: Präsident Nummer 43, George W. Bush. Dieser rauchte in seiner Jugend Marihuana und machte auch Erfahrungen mit Kokain. Nummer 42, Bill Clinton, gestand Marihuana-Experimente in Großbritannien ein und soll auch gewürzte Brownies konsumiert haben. Nummer 35, John F. Kennedy, bekämpfte seine heftigen Rückenschmerzen mit Marihuana, wie in einer Biografie berichtet wird. Nummer 16, Abraham Lincoln, soll eine Pfeife voller süßem Hanf besonders in Verbindung mit dem Spiel auf seiner Hohner-Harmonika sehr geschätzt haben, wobei besagtes Instrument erst nach seinem Tod in die USA eingeführt wurde – und da wohl irgendwer etwas zu viel süßen Rauch ins Hirn bekommen haben muss. Präsident Nummer 14 hingegen, Franklin Pierce, ein Mann des Militärs, liebte es, im mexikanisch-amerikanischen Krieg gemeinsam mit seinen Truppen einen durchzuziehen. Pierce schrieb nach Hause, das Marihuana sei »die einzig gute Sache an diesem Krieg«. Nummer 12, Zachary Taylor, einer seiner Vorgänger im Amt und ebenfalls Militär, tat es ihm ebenso gleich wie Nummer 7, Andrew Jackson, der mit seinen Soldaten Rauchopfer brachte, in jenen Tagen offenbar eine schöne militärische Tradition. Nummer 5, James Monroe, soll schon als Botschafter in Frankreich geraucht und diese Angewohnheit bis zu seinem Tode beibehalten haben. Nummer 3, Thomas Jefferson, baute zu wirtschaftlichen Zwecken Hanf an und schmuggelte Samen besonders gehaltvoller Sorten von China nach Amerika, wie man aus gewöhnlich gut eingenebelten Kreisen erfahren kann.

Die Römer gingen zum Erbrechen ins Vomitorium.

Über die Essgewohnheiten der »alten Römer« kursieren die wildesten Legenden, in denen Nachtigallenzungen und Pfauenfedern vorkommen. Letztere sollen benutzt worden sein, um nach einem allzu üppigen Mahl gewolltes Erbrechen herbeizuführen, damit der ebenso schlaue wie dekadente Schlemmer den Magen von Neuem mit Delikatessen füllen konnte. In dieses Bild passt ein eigens für die Magenentleerung eingerichteter Raum namens *Vomitorium* recht gut, denn schließlich wollten die Gäste ja nicht dem Gastgeber an der gemeinsamen Tafel etwas vork...

Also erhob sich der römische Orgiengast von seinem Lotterlager und begab sich in besagten Raum. So könnte es gewesen sein – war es aber nicht. Kein Archäologe konnte ein solches dem Brechreiz dienendes Kabinett finden, und sei es auch ein noch so kleines. Ein Vomitorium gab es aber tatsächlich. Darunter verstanden die Römer den Eingangsbereich in einem Theater oder Zirkus. Für den Schauspieler auf der Bühne oder den Gladiator in der Arena sah es so aus, als würden die hereinströmenden Zuschauer vom Vomitorium ausgespuckt. Allerdings wirft diese Bezeichnung die Frage auf, was die römischen

Tragödiendichter oder die Kämpfer im Zirkus von ihrem Publikum hielten ...

Es gibt sieben Weltwunder.

Hier verhält es sich wie überall: Es kommt auf die Perspektive an. Beginnend in der Antike, wurden immer neue Weltwunder-Listen aufgestellt, die sich zum Teil überschnitten, aber auch mit jeder Revision eine neue Anzahl von Weltwundern hervorbrachten. Die sieben Weltwunder der Antike waren:

- Die hängenden Gärten der Semiramis zu Babylon
- Der Koloss von Rhodos
- Das Grab des Königs Mausolos II. zu Halikarnassos
- Der Leuchtturm auf der Insel Pharos vor Alexandria
- Die Pyramiden von Gizeh in Ägypten
- Der Tempel der Artemis in Ephesos
- Die Zeusstatue des Phidias von Olympia

Da etliche Weltwunder im Laufe ihrer Geschichte zerstört wurden, unternahm man immer wieder Versuche, neue Weltwunder in die Listen zu befördern. Der letzte Stand der Dinge ist eine in einer Fernsehshow entstandene Liste der »Sieben neuen Weltwunder«, in der kein einziges der alten Weltwunder mehr einen Platz gefunden hat:

- Chichén Itzá, die Maya-Ruinen auf der Halbinsel Yucatán (Mexiko)
- Die Chinesische Mauer, eine Grenzbefestigungsanlage (Volksrepublik China)

- Cristo Redentor, die Christusstatue in Rio de Janeiro (Brasilien)
- Das Kolosseum, das antike Amphitheater in Rom (Italien)
- Machu Picchu, die Inka-Ruinenstadt in den Anden (Peru)
- Petra, die Felsenstadt (Jordanien)
- Der Tadsch Mahal, eine Grabmoschee (Indien)

Darüber hinaus gibt es weitere Weltwunder-Listen. Die eine stellt eine Auswahl der Weltwunder der Natur dar, eine weitere befasst sich mit den Weltwundern der Architektur. Fest steht: Man kann sich nur wundern, aber sieben sind es nicht.

Kolumbus hat Amerika entdeckt.

Christoph Kolumbus (1451–1506) gilt als Entdecker der neuen Welt, obwohl er eigentlich einen neuen Seeweg nach Indien finden wollte. Als das Jahr seiner Entdeckung gilt 1492. Seine ersten drei Reisen führten ihn nur auf die Großen Antillen, erst auf seiner vierten Reise hat er am 14. August 1502 in Honduras amerikanisches Festland betreten.

Ihm zuvorgekommen war der italienische Seefahrer Giovanni Caboto, der 1497 weiter nördlich, irgendwo zwischen Neufundland und Labrador, auf dem amerikanischen Festland landete, den Ort seiner Entdeckung aber für China hielt.

Doch lange vor Caboto und Kolumbus waren bereits Menschen aus Europa in Nordamerika angekommen. Leiff Eriksson, Sohn Eriks des Roten, landete im Jahre 992 auf Neufundland und gründete eine Wikinger-Siedlung. Vor ihm soll Bjarni Herjúlfsson rettenden amerikanischen Boden aufgesucht haben, als er im Jahre 985 mit seinem Schiff nach Grönland segeln wollte und in Seenot geriet. Er verlor die

Orientierung und landete an der amerikanischen Küste. So jedenfalls berichtet es die isländische *Grœnlendinga saga.*

Entdeckt haben diesen großen Kontinent aber auch die Wikinger nicht. Es wird über Phönizier, Chinesen, Araber, Ägypter und frühe Entdecker anderer Herkunft spekuliert, ohne dass es handfeste Beweise für ihre Existenz gibt. Die ersten Menschen kamen wahrscheinlich vor mehr als 12 000 Jahren zu Fuß über die Beringsee von Sibirien nach Alaska, Jäger und Sammler der Steinzeit. Oder vielleicht waren Inselbewohner aus Ozeanien die ersten Siedler, die vor 15 000 Jahren die südliche Pazifikküste Südamerikas erreichten.

Die Chinesische Mauer wurde nie überwunden.

Dieser Satz war lange richtig. Mit dem Bau erster Befestigungsbauten wurde 700 v. Chr. begonnen, in der Qin-Dynastie im dritten Jahrhundert v. Chr. zu Zeiten des ersten chinesischen Kaisers Qin Shihuangdi wurde die Mauer gegen Angriffe nördlicher Reitervölker verstärkt. Qin Shihuangdi war übrigens der Kaiser, zu dessen Ehren die berühmte Terrakotta-Armee geschaffen wurde.

Die Chinesische Mauer konnte über viele Jahrhunderte und etliche Dynastien zahlreiche Angreifer wirksam aufhalten. Gegen die Angriffe weniger starker Feinde mag sie geholfen haben – gegen die Mongolen nicht. Das Reiterheer des mongolischen Feldherrn Dschingis Khan, 150 000 bis 200 000 Mann stark, überrannte die Chinesische Mauer oder durchbrach sie an einer der schwächeren Stellen. Um das Jahr 1214, immerhin 1300 Jahre nach dem Beginn des Mauerbaus, standen die Mongolen vor den Toren der Hauptstadt Peking. Zwar machten sie den besiegten Chinesen zunächst ein Friedensangebot, doch schon ein Jahr später plünderten die Mongolen die Hauptstadt und die Schatzkammern der Jin-Dynastie.

Die *Titanic* war auf Rekordfahrt für das »Blaue Band«.

Das »Blaue Band« war zu Zeiten der *Titanic* eine inoffizielle Auszeichnung für die schnellste Atlantiküberquerung. Die Liste der Träger dieser Auszeichnung begann 1838 mit der *Sirius* und der *Great Western*, die den Ozean mit durchschnittlich acht Knoten Geschwindigkeit durchquerten. Die Schiffe, die zu Zeiten der *Titanic* den Rekord hielten, erreichten im Schnitt bereits 24 bis 26 Knoten. Einmal abgesehen davon, dass es verantwortungslos gewesen wäre, in dieser Meereszone voller Eisberge noch schneller zu fahren: Die *Titanic* hatte auch von ihrer Leistung her keine Chance, den Rekord für die Atlantiküberquerung zu brechen. Das am 14. April 1912 auf so tragische Weise untergegangene Schiff verfügte über Maschinen mit 58 000 PS und war damit kaum schneller als mit 21 Knoten, also etwa 39 Kilometern pro Stunde, unterwegs. Für das »Blaue Band« hätte diese Leistung auch unter günstigen Bedingungen nicht gereicht. Inhaberin des Rekords war damals die von 25 Dampfkesseln und sechs Turbinen angetriebene, 78 000 PS starke *Mauretania*, die mühelos 26 Knoten Reisegeschwindigkeit erreichte und in der Spitze 28 Knoten schnell sein konnte. Ihre Passagiere hätten New York einen Tag früher erreicht als die der *Titanic*, von denen die meisten aber, wie wir ja wissen, ohnehin eine fatale Reiseunterbrechung erleben mussten ...

Die Idee, dass die *Titanic* auf ihrer Jungfernfahrt auf der Jagd nach dem »Blauen Band« gewesen war, entstammt wohl einem deutschen Propagandafilm aus dem Jahr 1943, der antibritische Ressentiments schüren sollte. Die Inhaltsangabe in Kurzform: Korrupter britischer Reeder kurz vor der Pleite setzt das Leben aller Passagiere aufs Spiel, um dem Konkurs zu entkommen.

Das Römische Reich ging unter, weil die Römer aus Bleigefäßen tranken.

Ein amerikanischer Medizin-Historiker setzte die Idee in die Welt. Dr. S. C. Gilfillan aus Santa Monica in Kalifornien gelangte Mitte der 1960er-Jahre zu der Erkenntnis: Es war das Schwermetall Blei, das die römische Elite in Bedrängnis und letztlich zum Aussterben brachte. Irgendwann wurde es im alten Rom sozusagen *Lifestyle*, seinen Wein aus Bleigefäßen zu trinken. Weil die Weinsorten, die angeboten wurden, meist sauer schmeckten, hatten die Bleigefäße eine angenehme Nebenwirkung: Wenn man sauren Wein einfüllte, bildete sich im Gefäß mit der Zeit Bleiacetat, sogenannter Bleizucker, eine Verbindung, die süß schmeckt – aber leider auf Dauer zu einer Bleivergiftung führt. Hinzu kam, dass man in Bleitöpfen kochte und auch das ganz gewöhnliche Trinkwasser im Römischen Reich mit Bleiverbindungen verunreinigt war, wie man aus Untersuchungen an einem römischen Hafenbecken schlussfolgern könnte.

Was die Römer nicht wussten: Schon winzige Mengen Blei im Körper können zu Verdauungsstörungen, Blutarmut, Gelenkschmerzen und im extremen Fall sogar zu Lähmungen, Verlust des Augenlichts und schweren psychischen Störungen führen. Außerdem hat eine chronische Bleivergiftung Folgen für die Fortpflanzungsfähigkeit, vor allem von Frauen. Unfruchtbarkeit, aber auch Früh- oder Totgeburten könnten sich im alten Rom gehäuft haben. Ohne Schadstoffbelastung lebte man also nicht im alten Rom, aber dass diese Vergiftung der altrömischen Weintrinker und Schlemmer mit Blei allein zum Niedergang ganzer Dynastien und eines Weltreiches geführt hat, muss angezweifelt werden.

Wir trinken übrigens heute aus Plastikgefäßen, die Weichmacher enthalten, ziemlich schädliche Stoffe, die unsere Fruchtbarkeit beeinflussen. Offenbar haben wir von den Römern nicht viel gelernt.

Die Gallier lebten wie Asterix und Obelix.

Die Druiden schnitten Misteln, richtig. Aber Rezepte für wunderbar wirksame Zaubertränke, wie sie Asterix und seinen Gallierstamm erfreuen, sind nicht überliefert. Schon möglich, dass Asterix 48 v. Chr. dank eines Zaubertranks Olympiasieger wurde. Doch in einer Siegerliste wird er nicht geführt und der Hochsprung gehörte nicht zu den olympischen Disziplinen. Auch sonst hakt es, was die historische Genauigkeit des gezeichneten Gallierlebens angeht. Blau-weiß gestreifte Hosen gehörten nicht zu Galliens Mode. Die Herren trugen Hosenträger, aber keine Gürtel, und Zöpfe steckten auch nicht unter ihren Helmen. Die Schweizer schmolzen sicher keine große Mengen Käse, denn das Fondue sollte noch eineinhalb Jahrtausende auf sich warten lassen. Der Schmied der Comic-Gallier hämmert auf einem modernen Amboss, die Flagge der Piraten, der Jolly Roger, wurde erst um das Jahr 1700 erfunden und auch sonst greift die Geschichte häufig auf Zukünftiges zu: Kartoffeln gab es frühestens um das Jahr 1800 in Gallien, maschinengepresste Strohballen und Bücher lieferte erst die ferne Zukunft ...

Die Ägypter haben das Papier erfunden.

Es waren die Ägypter, die schon früh einen beschreibbaren Stoff aus den Blättern der Papyruspflanze herstellten. Die Erfindung des Papiers, wie wir es heute kennen, kommt allerdings aus China. Sie wird einem kaiserlichen Beamten namens Cai Lun zugeschrieben und kann auf etwa 200 v. Chr. datiert werden. Fasern und Faserreste wurden zerstampft, gekocht und gewässert. Die einzelnen Blätter Papier wurden mit einem Sieb aus dem Sud abgeschöpft, danach getrocknet und durch Pressen oder Glätten nachbearbeitet. Das chinesische Papier hatte eine Vorderseite und eine raue Siebseite. In Europa schrieben vor allem Mönche in den Klöstern noch lange Zeit auf Pergament, das aus gegerbten Tierhäuten hergestellt wurde. Sie waren jedenfalls nicht die Erfinder des Papiers. In Italien begann die Herstellung von Papier aus Stofffasern im Jahre 1276, in Deutschland um 1389.

Die allerersten Hersteller von Papier waren die Wespen. Sie bauen ihre Nester aus einer Art Papier aus gekauten Holzfasern. Die Menschen kamen erst 1843 auf die Idee, es den Insekten nachzutun und Papier aus Holzschliff (fein zerriebenen Holzfasern) zu gewinnen. Heute wird Papier je nach Verwendungszweck aus einem Gemisch aus Holzfasern, Textilfasern, Altpapier und anderen Zusätzen hergestellt.

Der Tag hatte schon immer 24 Stunden.

In grauer Vorzeit war der Tag keinesfalls in Stunden eingeteilt. Unsere sehr frühen Vorfahren lebten nach dem Rhythmus der Natur – Sonnenaufgang, Sonnenhöchststand, Sonnenuntergang. Ihr Tag war der *lichte* Tag, im Sommer länger, im Winter kürzer, aber jeweils gefolgt von der dunklen Nacht.

Die Aufteilung des Tages in 24 Stunden verdanken wir den Babyloniern. Sie rechneten zuerst in Doppelstunden, die sie im Laufe ihrer Geschichte immer weiter aufteilten. Sie verwendeten außer dem Dezimalsystem (Zahlensystem auf Basis der Zahl 10) auch das Hexadezimalsystem (Zahlensystem auf Basis der Zahl 6). So kam es zu den 24 Stunden: Aus zunächst sechs Doppelstunden am Tag und sechs Doppelstunden in der Nacht wurden zweimal zwölf Stunden für Tag und Nacht und schließlich 24 Stunden für den ganzen Tag. Der römische Tag hatte ebenfalls zwölf Stunden – gefolgt von zwölf Stunden Nacht. Eigentlich ist die Einteilung des Tages in 24 Stunden völlig willkürlich. Man könnte den Tag genauso in 144 Stunden zu zehn Minuten oder 72 Stunden zu 20 Minuten oder in 15 Stunden zu je 96 Minuten zerlegen.

Ein Franzose machte den ersten Fallschirmsprung.

Der Franzose Louis-Sébastien Lenormand sprang 1783 in Montpellier vom Turm des dortigen Observatoriums. Ein selbst konstruierter Fallschirm ließ ihn unversehrt landen. Damit begann die Geschichte des modernen Fallschirms. Ein weiterer Franzose, André-Jaques Garnerin, sprang am 12. Oktober 1797 als erster Mensch aus einem Wasserstoffballon. Er fiel 400 Meter in die Tiefe und landete in einem Pariser Park. Diese europäischen Pioniere wussten allerdings nicht, dass der Fallschirm bereits eine längere Vergangenheit hatte: Vor ihnen sollen bereits im 14. Jahrhundert chinesische Artisten von Türmen gesprungen sein, wobei große Schirme ihren Sturz auffingen.

Das Gold im Meer und Mobilfunkmythen

Natur-wissenschaft

In diesem Bereich hat der Irrtum sozusagen Methode. Eine wissenschaftliche Hypothese ist entweder wahr oder entpuppt sich als Irrtum, Forscher arbeiten nach der Trial-and-Error-Methode. Man lernt aus Fehlern, und je größer und verbreiteter der Irrtum, desto gewaltiger kann auch seine befruchtende Wirkung für den Fortschritt der Wissenschaft sein. Viele der größten Entdeckungen der Menschheit beruhen auf irrtümlichen Annahmen, die zu heftiger wissenschaftlicher Tätigkeit motivierten.

Unedle Metalle lassen sich in Gold verwandeln.

Über diesen Irrtum der Alchemisten und ihre unbeholfenen Versuche, das zu realisieren, lächelt heute jedermann. Hierbei handelt es sich jedoch um eine ziemlich bedeutende Fehleinschätzung, welche die Entwicklung der Wissenschaften enorm beflügelt hat: Man nahm an, edle Materialien mithilfe eines sagenhaften Steins der Weisen in Gold oder Silber verwandeln zu können. Dazu entwickelten die Alchemisten zahlreiche Stufenmodelle der Goldgewinnung, von denen aber – natürlich – keines je zu einem Erfolg geführt hat. Ebenfalls als Goldmacher tätig war eine große Schar von Scharlatanen, die gierigen Fürsten riesige Summen Geldes mit dem Versprechen von unermesslichem Reichtum aus den Schatztruhen lockte. Manche täuschten mit Taschenspielertricks und ein wenig echtem Gold Versuchsanordnungen vor, die es nur noch zu optimieren gelte. Andere Alchemisten waren tatsächlich von ihrem Tun überzeugt und ernsthaft bemüht, zu liefern, was sie ihrem Mäzen versprochen hatten. Sie vermischten und trennten, destillierten und sublimierten eine Vielzahl von Substanzen und entdeckten auf dem Weg zum Gold zahlreiche neue Verbindungen, erprobten bisher unbekannte Verfahren der Chemie und erlernten ihre nutzbringende Anwendung. So bereiteten sie durch ihre Tätigkeit das Feld für eine moderne naturwissenschaftliche Chemie. Albertus Magnus (1200–1280) suchte nach einer Möglichkeit, Gold und Silber voneinander zu trennen, und entdeckte dabei das »Scheidewasser«: Salpetersäure in 50-prozentiger Konzentration löst Silber auf, edle Metalle wie Gold, Platin und Iridium werden aber nicht angegriffen. Auch eine Rezeptur für die Herstellung von »Vitriolöl« (Schwefelsäure) findet sich bei Albertus Magnus.

Der wohl größte Erfolg eines Alchemisten: Dem Naturforscher Johann Friedrich Böttger gelang 1708 am Hofe von August dem Starken in Dresden erstmals die Herstellung von europäischem Porzellan, das auch das *weiße Gold* genannt wurde.

Berthold Schwarz hat das nach ihm benannte Schwarzpulver erfunden.

Das Schwarzpulver, in China seit Langem bekannt, wurde im Mittelalter von Alchemisten wiederentdeckt. Die Person des Franziskanermönchs Berthold Schwarz, dem die explosive Mischung ihren Namen verdanken soll und der auch gleich die Kanone erfunden haben soll, verweisen Historiker unterdessen in das Reich der Legenden. Rezepturen für Schwarzpulver-Gemische tauchen aber in verschiedenen alten Schriften dieser Zeit auf.

Wasser fließt auf beiden Hälften der Erdkugel unterschiedlich in den Abfluss.

An der Drehung des Wassers im Abfluss kann man erkennen, auf welcher Hälfte des Globus man sich befindet – glaubt so mancher Zeitgenosse und hofft, von unbekannten Mächten irgendwohin verschleppt, wenigstens seinen Standort auf dem Globus durch dieses Wissen feststellen zu können. Die Sache verhält sich so: Lässt man Wasser zum Beispiel im Waschbecken abfließen, so bildet sich über dem Abfluss ein rotierender Wirbel, der sich links- oder rechtsherum um seine Achse dreht. Die naheliegende Frage lautet: Rotiert dieser Wirbel immer links- oder immer rechtsherum? Wie entsteht die Drehung und welche Kräfte entscheiden über ihre Richtung?

Die Hypothese, dass Wasser auf der nördlichen Erdhalbkugel rechtsherum und auf der südlichen Hemisphäre linksherum abfließt, liegt nahe, denn da gibt es doch diese rätselhafte Corioliskraft, die aus der Drehung der Erde resultiert und die auch Eisenbahnzüge, Hoch- und Tiefdruckgebiete und sogar Meeresströmungen beeinflusst. Und tatsächlich, die Meeresströmungen drehen sich auf der Nordhalbkugel immer rechtsherum und auf der Südhalbkugel linksherum. Und ja, hier wirkt die Corioliskraft.

Das funktioniert so: Durch die Drehung der Erde um die eigene Achse rotiert die feste Erdkugel unter dem Wasser des Meeres hinweg. Das hat zur Folge, dass das Wasser des Ozeans senkrecht zu seiner Bewegungsrichtung und zur Drehrichtung der Erde abgelenkt wird. Ganz schön kompliziert. Wasserwirbel auf der Nordhalbkugel drehen sich rechtsherum, weil die Erde sich nach Osten dreht – vom Nordpol aus betrachtet gegen den Uhrzeigersinn. Auf der Südhalbkugel wirkt die Corioliskraft sozusagen andersherum: Wasserwirbel drehen sich linksherum, die Erde rotiert, vom Südpol aus betrachtet, im Uhrzeigersinn. Wie stark der Effekt der Beeinflussung ist, hängt von der Lage eines Wirbels zum Horizont, der Strömungsgeschwindigkeit und eben auch von der Größe des Wirbels ab.

Die Nordatlantikströmung übertrifft den Wirbel im Waschbecken um Dimensionen, sie ist millionenfach ausgedehnter als das bisschen Wasser über dem Abfluss. Auch in Ihrem Abfluss wirkt die Corioliskraft, aber ihr Effekt ist so gering, dass sie keinerlei Wirkung auf die Drehrichtung des Wassers hat. Wie herum das Wasser abläuft, hängt davon ab, wie das Becken geformt ist und mit welchem Bewegungsimpuls das Wasser hineingegossen wird. Beim Ablaufen bilden sich zunächst viele kleine Wirbel aus, die sich langsam zu einem etwas größeren vereinen und schließlich in einem letzten direkt über dem Abfluss münden. Welche Richtung dieser Wirbel nimmt, hängt letztlich nur von einem einzigen Faktor ab: dem Zufall.

Nichts ist schneller als das Licht.

Albert Einsteins Relativitätstheorie besagt, dass die Lichtgeschwindigkeit eine Obergrenze darstellt – kein Teilchen kann sich schneller bewegen als das Licht. Neuere Untersuchungen und Experimente der Quantenphysik lassen jedoch den Schluss zu, dass für bestimmte Teilchen unter bestimmten Bedingungen diese Obergrenze nicht gilt. Allerdings hat diese Art der Weltbetrachtung nichts mit unserer alltäglichen Wahrnehmung der Wirklichkeit zu tun. Dabei geht es um wissenschaftliche Begrifflichkeiten wie die Ortsunschärfe und den Tunneleffekt, um Lokalität und Nichtlokalität eines quantenmechanischen Teilchens, das man nicht als mathematischen Punkt beschreiben kann, sondern sich quantenmechanisch als eine Art verschmiertes Wellenpaket vorstellen muss.

Physiker an der Universität zu Köln stellten beim sogenannten quantenmechanischen Tunneln von Photonen (Lichtteilchen) Effekte fest, die manche Forscher als das Auftreten einer superluminaren Geschwindigkeit (Überlichtgeschwindigkeit) deuten. Aus ihren Experimenten würden sich in dieser Sichtweise Geschwindigkeiten bis zum 1,7-Fachen der Lichtgeschwindigkeit ergeben. Allerdings zweifeln andere Forscher an dieser Auslegung der experimentellen Ergebnisse.

Ein ähnlich irritierendes Phänomen, das Einsteins Theorie von der Obergrenze der Geschwindigkeit widerspricht:

Gewisse quantenmechanisch miteinander verbundene Teilchenpaare scheinen sich *instantan*, das heißt ohne Zeitdifferenz zu beeinflussen, auch über große Strecken hinweg. Man nennt dies den Einstein-Podolsky-Rosen-Effekt. Leider ist es nicht möglich, diese Eigenschaft von Elementarteilchen zur Kommunikation mit Überlichtgeschwindigkeit auszunutzen.

Einstein war der schlaueste Mensch aller Zeiten.

Einen Intelligenztest hat er zu Lebzeiten nie gemacht, aber die Psychologin Catherine M. Cox (1890-1984) von der Stanford University hat 1926 geschätzt, wie intelligent große Persönlichkeiten gewesen sein könnten. Titel ihrer Arbeit: »Genetic Studies of Genius«. Einsteins IQ (Intelligenzquotient) soll demnach zwischen 160 und 180 gelegen haben. Übertroffen wird er in der Auflistung der Wissenschaftlerin vom Philosophen Gottfried Wilhelm Leibniz (205) und dem Dichter Johann Wolfgang von Goethe (210), nach dieser Quelle der intelligenteste Mensch, der je gelebt hat. Allerdings handelt es sich hier um Schätzungen, denen eine amerikanische Bewertungsskala zugrunde gelegt wurde, was die Vergleichbarkeit erschwert. Der durchschnittliche IQ liegt heute in Deutschland nach der sogenannten Standardwert-Skala (SW) – eine andere als die, die Cox verwendete – etwa zwischen 85 bis 115.

Sie brauchen sich jetzt aber nicht klein und irgendwie durchschnittlich vorzukommen – das ganze Konzept IQ-Test muss man kritisch durchleuchten. Zum einen sollte man sich fragen: Was ist eigentlich Intelligenz? Eine Definition erweist sich als äußerst schwierig. Zum anderen ist unklar, was so ein Test eigentlich misst. Wissen? Schulbildung? Testerfahrung? Auffällig ist zum Beispiel, dass Menschen, die bereits einen oder mehrere Intelligenztests absolviert haben, besser abschneiden als solche, die sich erstmals einem Test unterziehen. Wer mit dem Aufbau und der Art der Fragen vertraut ist, braucht viel weniger Zeit, um sich zurechtzufinden. Betrachten Sie also die folgenden Ergebnisse mit Skepsis:

Der intelligenteste Mensch überhaupt soll nach Erkenntnissen der Website akpraise.com mit einem IQ von 230 ein gewisser Terence Tao sein. Der war von Kindesbeinen an ein Mathegenie und gewann bereits mit 13 die Goldmedaille der Internationalen Mathematik-Olympiade. Er arbeitet als Mathematik-Professor in Kalifornien. Marilyn vos Savant ist Schriftstellerin und Finanzexpertin und soll mit einem IQ von 228 die klügste Frau der Welt sein – meint das *Guinness-Buch der Rekorde*. Ein weiteres Genie heißt Christopher Hirata, erreicht IQ 225 und arbeitete mit 16 bereits für die NASA an einem Mars-Projekt. Er unterrichtet am California Institute of Technology. Kim Ung Yong ist ein koreanischer Ingenieur, beherrschte schon mit drei Jahren vier Sprachen und erreicht – ebenfalls laut *Guinness-Buch* – einen IQ von 210. Diese Liste lässt sich um einige weitere Positionen fortführen: Auf Platz sieben taucht mit IQ 190 der Schachweltmeister Garri Kasparow auf, aber auch bis Platz zehn wurde Albert Einstein noch nicht genannt. Andere Auflistungen benennen dieselben und viele weitere Leute mit funktionierenden Gehirnen wiederum mit anderen IQ-Zahlen und in anderer Rangfolge.

Bei allen Zahlenspielereien rund um die Intelligenz: So etwas wie eine Allgemeine Relativitätstheorie hat keines der oben genannten Genies vorzuweisen. Die Herausgeber des *Guinness-Buchs* haben sich übrigens 1990 entschlossen, die

Kategorie »Höchster IQ« zu streichen. Die Ergebnisse von derartigen Tests seien zu ungenau, um einzelne Platzierungen zu vergeben.

Zeitreisen werden in der Zukunft möglich sein.

Für die Frage nach einer Reise in die Vergangenheit gibt es eine einfache Antwort: Wären sie möglich, hätten uns wahrscheinlich schon unsere Nachfahren aus der Zukunft besucht. Ernsthafte Wissenschaftler sagen eindeutig Nein zu einem Reiseziel in der Vergangenheit oder in der Zukunft. Es gibt aber einige theoretische Physiker, die errechnet haben, dass es doch gehen könnte. Allerdings spielen in diesen Überlegungen Reisen durch Schwarze Löcher eine große Rolle, und die sind für gewöhnliche Menschen ziemlich tödlich. Einige kreative Köpfe suchen aber immer noch nach einem Weg ...

Gold ist das teuerste Material der Welt.

Der Goldpreis ist variabel, die Nachfrage bestimmt den Preis, und der schwankte in den letzten Jahren zwischen 30 € und 40 € pro Gramm Doch es gibt eine Reihe ähnlich teurer, aber auch weit teurere Stoffe. Schon Kaviar erreicht mit maximal 30 Euro pro Gramm das Niveau von Gold. Rhodium kostet etwa 35 Euro pro Gramm und wird zum Bau von Katalysatoren und in der Herstellung von Schmuck verwendet. Ähnliches gilt für das etwa 38 Euro pro Gramm teure Edelmetall Platin. Chinesen mit Potenzproblemen rotten das Nashorn aus, indem sie 45 Euro und mehr für ein

Gramm seines Hornes bezahlen. Es folgen die Drogen und Medikamente: Schon immer teurer waren Heroin (86 Euro pro Gramm), Methamphetamin (96 Euro pro Gramm), Soliris, ein Medikament zur Behandlung einer seltenen Erbkrankheit (130 Euro pro Gramm), Kokain (470 Euro pro Gramm) und LSD (ungefähr 2300 Euro pro Gramm). Bitte entschuldigen Sie, wenn sich die hier gemachten Angaben nicht mit Ihren derzeitigen Erfahrungen decken – es handelt sich um Tagespreise.

Richtig teuer, und zwar gleich um Klassen, werden Plutonium (3150 Euro pro Gramm), Tritium (24 000 Euro pro Gramm), Diamanten (50 000 Euro pro Gramm), Californium 252 (21,2 Millionen Euro pro Gramm) und Antimaterie (mehrere 100 Billionen Euro pro Gramm) gehandelt. Es lohnt allerdings kaum, in Antimaterie zu investieren, denn bisher wurden erst sehr geringe Mengen mit gigantischem technischen Aufwand hergestellt. Im Jahr 2002 waren es etwa 50 000 Atome Anti-Wasserstoff, und 2011 konnte man sie sogar zählen: 309 Anti-Wasserstoffatome konnten für ungefähr 16 Minuten in starken magnetischen Feldern gefangen gehalten werden – kein Zeitraum für langfristige Investitionen.

Das Sonnenlicht ist gelb.

Die Sonne sendet weißes Licht aus, gemischt aus den Farben des Spektrums oder Regenbogens von Rot über Orange, Gelb und Grün nach Blau. Wir müssten sie eigentlich als weiße Lichtquelle am Himmel sehen, und so ist es auch, wenn sie sehr hoch am Himmel steht. Nur ist sie viel zu hell, als dass wir hineinschauen und sie als weiße Sonne erkennen könnten. Wenn die Sonne tiefer am

Himmel steht, spielt die Erdatmosphäre eine wichtige Rolle. Deren Moleküle streuen das auftreffende Sonnenlicht. Besonders stark wird blaues Licht abgelenkt. Deshalb enthält das Sonnenlicht, das unsere Augen erreicht, etwas geringere blaue Farbanteile. Weil dem Sonnenlicht dann das Blau fehlt, erscheint es uns nach den Regeln der additiven Farbmischung gelblich. Die gestreuten blauen Farbanteile sorgen für unseren strahlend blauen Himmel – sie erreichen unser Auge aus allen anderen Richtungen als Streulicht.

Bei Sonnenaufgang und -untergang ist der Effekt durch die Atmosphäre noch stärker – es werden so viele Farbanteile aus dem Sonnenlicht zerstreut, dass uns die Sonnenscheibe sogar rot erscheinen kann.

Nachts leuchtet der Mond am Himmel.

Irrtum: Der Mond leuchtet überhaupt nicht selbst. Weder befindet sich in seinem Inneren eine Lichtquelle noch leuchtet irgendetwas auf seiner Oberfläche. Gäbe es kein Sonnenlicht, so wäre der Mond in der Nacht stockfinster. Der Trabant reflektiert nur das Licht unseres Zentralgestirns und erstrahlt quasi in fremdem Glanz, nämlich im weißen Licht der Sonne. In der Nähe des Horizonts, also mit einem längeren Weg durch die Atmosphäre, erscheint uns auch das Mondlicht wegen der Streuung des blauen Lichtes gelblicher. Und der Mond kommt uns in der Nähe des Horizonts größer vor, als er in Wirklichkeit ist. Der Grund dafür ist die so genannte Mondtäuschung, ein wahrnehmungspsychologisches Phänomen, über dessen Ursache sich die Experten noch streiten.

Föhn ist die Ursache für Wetterleiden.

Er wird auch »Hexenwind« genannt, der warme Fallwind, der hin und wieder über das Voralpenland kommt. Der trockene und warme Föhn ist sozusagen die Mutter aller Wetterfühligkeit und wird für Kopfschmerzattacken, juckende Augen, Erregungszustände, Schlaflosigkeit, Leistungsabfall und eine endlose Anzahl weiterer Symptome verantwortlich gemacht.

Auffällig dabei: Föhn ist kein singuläres Phänomen: Überall, wo sich Berge erheben, gibt es warme Fallwinde; in den Rocky Mountains wird ein solcher Wind Chinook genannt, in der Hohen Tatra Almwind, in Südkalifornien Santa-Ana-Wind oder Teufelshauch und in Nordafrika Harmattan oder Scirocco. Was aber ausgesprochen seltsam ist: Über Befindlichkeitsstörungen klagt dort niemand. Wetterfühligkeit bei Föhn scheint eine bayerische Spezialität zu sein.

Mancher ernsthafte Wissenschaftler zweifelt an der Idee der Wetterfühligkeit überhaupt: Wenn man nur ausreichend viele unterschiedliche Daten miteinander korreliert, lassen sich Zusammenhänge herstellen, die aber nicht unbedingt sinnvoll und aussagefähig sind. Kopfschmerzen hat immer irgendjemand. Manchmal weht auch ein warmer Wind. Gelegentlich haben auch ein paar mehr Menschen Kopfschmerzen, während ein warmer Wind weht. Fehlschluss: Der warme Wind muss der Auslöser der Kopfschmerzen sein. Richtig? Die Geburtenrate in Deutschland sank in den 1960er-Jahren, weil die Anzahl der Storchennester im Lande abnahm. Oder noch krasser: Mehr als 98 Prozent aller verurteilten Verbrecher haben in der Woche vor ihrer Tat Brot gegessen …

Das meiste Gold der Welt fördert Südafrika.

Es gehört irgendwie zum Allgemeinwissen: Die größten Goldlagerstätten und die größten Goldminen dieses Planeten liegen in Südafrika. Dann wird man sicher auch dort die größte Menge Gold pro Jahr fördern. Richtig? Nein, die größten Goldproduzenten sind China, Australien und Russland, gefolgt von den USA. Erst auf Platz fünf taucht Südafrika auf.

Pro Jahr werden derzeit ungefähr 3000 Tonnen Gold neu aus Bergwerken gefördert. Das ist viel, und irgendwann in den nächsten Jahren könnte das Gold knapp werden. Und wer hat die größten Goldreserven? Die größten noch zu fördernden Vorräte lagern in Australien (7400 Tonnen), Südafrika (6000 Tonnen) und Russland (5000 Tonnen). Insgesamt sind Lagerstätten mit Goldvorräten von ungefähr 50 000 Tonnen bekannt. Bei konstanter jährlicher Minenproduktion wären diese Vorräte in knapp 20 Jahren erschöpft. Was dann?

Noch werden immer neue Goldlagerstätten entdeckt, wenn auch nicht mehr in so großem Umfang, wie sich die Goldkonzerne es wünschen würden. Es gibt allerdings eine Quelle für Gold, die alle bekannten Reserven weit übertrifft: das Meer. Geschätzte 70 Millionen Tonnen Gold – man schätzt 0,01 bis 0,03 Milligramm pro Kubikmeter – und auch noch Milliarden Tonnen anderer metallischer Rohstoffe sollen im Meerwasser gelöst sein.

Das Gold aus dem Meerwasser kann man nicht gewinnen.

Noch ist dieser Satz richtig. Wenn man die Goldgewinnung aus dem Meer unter wirtschaftlichen Aspekten betrachtet: viel zu teuer! Dennoch arbeiten Wissenschaftler weltweit daran, ihn zu einem Irrtum zu machen. In den 1920er-Jahren scheiterte eine Forschergruppe um den Chemiker Fritz Haber mit dem Vorhaben, dem Meerwasser Gold zu entziehen, unter anderem, weil es sich als unwirtschaftlich herausstellte – man hatte die Menge des im Wasser gelösten Goldes um ein Vieltausendfaches überschätzt. Aber bereits in den 1960er-Jahren gelang es dem Tübinger Wissenschaftler Ernst Bayer, mithilfe verschiedener Makromoleküle Metalle wie Gold, Kupfer und Uran aus dem Wasser des Mittelmeers zu gewinnen – allerdings nur im labortechnischen Maßstab. Dabei nutzte er ein Verfahren, das auch die Natur zur Anwendung bringt: In den Blutfarbstoffen verschiedener Meerestiere reichern sich Metalle wie Kupfer und Vanadium mit sehr hoher Konzentration an. Dies geschieht nach einem ähnlichen Prinzip, das auch die Makromoleküle des Forschers für die Goldgewinnung anwendeten. Modernere Wissenschaftler arbeiten an Verfahren mit Bakterien. Sicherlich werden die Aktivitäten in dieser Hinsicht kräftig verstärkt, wenn Gold knapp wird und der Goldpreis weiter deutlich ansteigt.

Eisberge bestehen aus Meerwasser.

Ein bisschen Salz können sie schon enthalten. Es kommt ganz darauf an, wie sie entstanden sind: Antarktische Eisberge aus dem Schelfeis entstehen im antarktischen Festland aus Schnee, der von den Gletschern zur Küste transportiert wurde. Wenn die Gletscher dort »kalben«, stürzen riesige Eisblöcke aus reinem Süßwasser ins Meer. Erstaunlich: Auch wenn Meerwasser gefriert, wird das darin enthaltene Salz nicht in das Eis eingelagert; es wird beim Vorgang des Gefrierens ausgeschieden. Einzig Eisblöcke, die auf bewegter

See als Packeis entstanden sind, enthalten Luftkammern mit eingeschlossenem Salzwasser, das allerdings auch im Laufe einiger Jahre durch feine Kanäle im Eis ausgeschieden wird. Die unterschiedlichen Verfärbungen von Eisbergen entstehen nicht durch ihren Salzgehalt, sondern durch die Menge der Luftbläschen, die im Eis enthalten sind. Sind es viele, so wird das auftreffende Licht gestreut und es können vielfältige Verfärbungen entstehen. Sehr kompaktes Eis ohne Luftbläschen erscheint meist blau.

Gesalzenes Wasser kocht schneller.

Sie haben einen Bärenhunger, wollen sich ein Nudelgericht kochen und warten darauf, dass das Wasser im Topf endlich kocht. Vor lauter Ungeduld kommen Sie ins Grübeln: Wenn ich jetzt Salz hineingebe, geht es dann schneller?

Die Sache mit dem Salz und dem Wasser ist kompliziert: Der Siedepunkt steigt bei Zugabe von Salz langsam an – bis auf 108 °C. Erst bei dieser Temperatur kocht eine gesättigte Salzlösung. Das hat seine Ursache darin, dass die an das Salz gebundenen Wassermoleküle sich noch schneller bewegen müssen, um sich vom Salz freizumachen und als Dampf aufzusteigen. Es könnte aber trotz des Anstiegs des Siedepunkts sein, dass gesalzenes Wasser schneller kocht, weil die Wärmespeicherfähigkeit mit Salz im Wasser zunimmt, die Energie besser aufgenommen wird. Das Wasser muss dann zwar eine höhere Temperatur erreichen, schafft dies aber schneller. Oder auch nicht – ganz einig sind sich die Physiker nicht.

Sicher ist allerdings eines: Einen nennenswerten Unterschied gibt es nicht – es geht hier maximal um Sekunden. Im Alltag kann man den Effekt durch Salz im Wasser völlig vernachlässigen.

Brühwürfel enthalten Fleischextrakt.

Ja und nein. Anfangs wurde der von dem Chemiker und Universitätsprofessor Justus von Liebig um das Jahr 1840 als Kraftnahrung für Kranke entwickelte Fleischextrakt tatsächlich zur Herstellung von Bouillon und zur Anreicherung von Suppen und Soßen verwendet. Von Liebig fand ein Verfahren, um aus etwa 30 Kilogramm Muskelfleisch etwa ein Kilogramm einer zähen Masse herzustellen, die als Speisewürze dienen konnte. Die Suppenwürfel, wie wir sie heute kennen, enthalten aber keinen Fleischextrakt, und wir verdanken sie einem Mann namens Julius Maggi. Im Jahr 1900 brachte er dieses praktische und vor allem preiswerte Produkt – den Maggiwürfel – auf den Markt und verdrängte damit die herkömmlichen Produkte, die nach Liebigs Verfahren hergestellt wurden. Maggiwürfel enthalten laut Zutatenliste Jodsalz, Geschmacksverstärker (Mononatriumglutamat, Dinatriumguanylat, Dinatriuminosinat), Aroma (mit Weizen, Sellerie), Palmfett, Maltodextrin, karamellisierten Zucker und das Säuerungsmittel Zitronensäure, aber keinen Fleischextrakt.

Grüne Farbe ist besonders giftig.

Unsere Sprache sagt es klar und deutlich mit einem einzigen Wort: giftgrün! Sollte man sich also vor grüner Farbe hüten? Nicht unschuldig am schlechten Ruf der Farbe Grün ist das Schweinfurter Grün, ein Doppelsalz, dessen Pigmente aus Kupfer(II)-arsenitacetat bestehen. Arsen – Sie wissen Bescheid? Viele Kunstmaler wie zum Beispiel Vincent van Gogh malten mit Pariser Grün, wie das Schweinfurter Grün auch genannt wurde. Nicht ganz ungefährlich: Nur 22 Milligramm dieser Substanz pro Kilogramm Körpergewicht töten 50 Prozent einer Rattenpopulation. Trotz seiner Giftigkeit wurde das Schweinfurter Grün im 19. Jahrhundert häufig als Wandfarbe verwendet. Es sah einfach wunderbar grün aus und war auch noch lichtecht. Besonders bei einem ungesund feuchten Wohnklima konnten Bakterien die Farbe zersetzen und es trat Arsen aus, was das Wohnklima wohl noch deutlich ungesünder machte. 1882 wurde der Gebrauch als Wandfarbe verboten. Nun entdeckte man den Gebrauch als Pflanzenschutzmittel, zum Beispiel im Weinbau. In dieser Verwendung war das Schweinfurter Grün bis zur Mitte des 20. Jahrhunderts in Gebrauch – chronische Arsenvergiftungen waren bei Winzern keine Seltenheit.

Um die Verunsicherung noch ein wenig weiter zu treiben: Auch zahlreiche andere grüne Farbpigmente sind giftig, enthalten sie doch zum Beispiel Chrom, Kobalt, Kupfer, Blei oder Cadmium ...

Und nun das beruhigende Fazit: Wer heute grüne Wandfarbe kauft, kann sicher sein, sich und seine Familie nicht zu vergiften. Viele mineralische Pigmente wie Chromoxidgrün sind (anders als Chromgrün) ungiftig, es gibt aber auch neu entwickelte organische Farbstoffe in der grünen Palette. Mittlerweile sind alle Farben – seien sie für den Künstler oder für die Innenraumgestaltung gedacht – mit entsprechenden Warnhinweisen versehen. Aufessen oder einatmen sollte man Farbpigmente ohnehin nicht.

Tschernobyl und Fukushima waren die einzigen großen Atomkatastrophen.

Jedenfalls sind es die beiden einzigen, die der Durchschnittsbürger, salopp gesagt, auf dem Schirm hat. Doch es gibt einen Ort auf der Erde, der unter der bisher weltweit größten radioaktiven Kontamination zu leiden hatte: die kleine Stadt

Kyshtym, 15 Kilometer vom östlich gelegenen Nuklearzentrum Majak im südlichen Ural entfernt. Hier, 1700 Kilometer von Moskau entfernt, ereignete sich im September 1957 eine der schwersten Atomkatastrophen: Ein Tank mit hochradioaktivem flüssigem Atommüll explodierte und verseuchte eine Fläche von 20 000 Quadratkilometern. Etwa 1000 Menschen starben sofort durch die Explosion, insgesamt 270 000 Menschen wurden unmittelbar von den Folgen der Katastrophe getroffen, bis zu 500 000 langfristig. Die freigesetzte Strahlenmenge übertraf Tschernobyl um das bis zu Sechsfache. Genauere Informationen über das Ausmaß der Katastrophe und die tatsächliche Opferzahl kamen nicht an die Öffentlichkeit, der nukleare Unfall wurde bis in die 1970er-Jahre vertuscht. Was hinzukommt: Schon in den Jahren vor der Katastrophe war der flüssige radioaktive Müll der Atomanlage Majak einfach in den Fluss Techa und einen nahe gelegenen See geleitet worden. Noch heute würde dort ein erwachsener Besucher innerhalb von wenigen Stunden lebensgefährlich verstrahlt.

Mobilfunk-Sendemasten gefährden die Gesundheit.

Über die Folgen von »Handystrahlen« scheiden sich die Geister. Die Provider haben stets Schwierigkeiten, Standorte für neue Sendemasten zu finden, weil die Anwohner um ihre Gesundheit fürchten. Dabei können sie ängstliche Zeitgenossen auch nicht mit der Information beruhigen, dass die Energie der elektromagnetischen Wellen mit dem Quadrat der Entfernung abnimmt. Schon in ein paar Metern Entfernung kommt allenfalls genauso viel Energie an wie während des Betriebs der Mikrowelle in der Küche.

Die Sendemasten sind ohnehin nicht das Problem, sondern die Mobiltelefone. Um einmal die Größenordnungen zu klären: Hätten Sie vermutet, dass die Strahlungsmenge, die man in etwa 100 Metern Entfernung von einer Sendestation im Laufe von etwa zwei Jahren aufnimmt, grob geschätzt der »Strahlenbelastung« durch ein einziges, etwa einstündiges Telefonat mit einem Mobiltelefon am Ohr entspricht und dass die abgegebene elektromagnetische Energie um den Faktor 1000 über der des Mobilfunkmastes liegt?

Hinzu kommt: Wenn Sie mit einem Mobiltelefon telefonieren und der Sendemast ist weit entfernt, verstärkt sich dieses Problem noch: Je schlechter das Signal vom Mobilfunksender, desto höher regelt das Gerät seine Sendeleistung. Ein Mobilfunk-Sendemast in der Nähe senkt also Ihre Exposition durch magnetische Wellen deutlich.

Wissenschaftler des Forschungszentrums für Elektro-Magnetische Umweltverträglichkeit (FEMU) an der Uniklinik Aachen haben den Bewohnern eines Hauses eine Antenne aufs Dach gesetzt. Einige Personen klagten daraufhin über Kopfschmerzen und Einschlafstörungen. Zu diesem Zeitpunkt war die Antenne allerdings noch gar nicht eingeschaltet. Vermutlich ist die Angst vor Handystrahlen schädlicher als die elektromagnetische Belastung selbst.

Man kann Energie aus dem Nichts erschaffen.

Der leere Raum steckt voller Energie – diese Erkenntnis der theoretischen Atomphysik konnte bereits durch Versuche belegt werden und hat schon praktischen Nutzen gefunden. Nullpunktenergie, Orgonenergie, Raumenergie, Freie Energie oder wie immer man sie nennen mag betreibt zwar noch kein gigantisches Kraftwerk zum Nulltarif, füllt aber längst die Kassen zahlloser Scharlatane. Sie ist auf dem Esoterikmarkt ein Spitzenprodukt mit besten Zukunftsaussichten – weniger allerdings in der Realität.

Die Theorie: Der intergalaktische Raum ist nicht wirklich leer, es gibt kein völliges Vakuum und kein perfektes Nichts. Nach den Gesetzen der Quantenmechanik erscheinen auch im leeren Weltall Partikel, wenn auch nur für unvorstellbar kleine Bruchteile einer Sekunde – und sie verschwinden sofort wieder. Diesen Zustand des Raumes nennt man Quantenvakuum, und die Teile gewöhnlicher Materie und der Antimaterie darin treffen aufeinander und zerstrahlen sofort wieder. Dabei erzeugen sie elektromagnetische Felder. Diese Energie entsteht auch bei Temperaturen nahe um den absoluten Nullpunkt – also auch bei –273,15 °C: daher der Name Nullpunktenergie.

Die Praxis: Versuche bestätigten die Theorie vom Quantenvakuum. Der niederländische Physiker Hendrik Casimir zeigte schon 1957 die Wirkungen der Nullpunktenergie mit zwei eng beieinander liegenden Metallplatten, auf die im Vakuum eine Kraft wirkt – sozusagen aus dem Nichts.

Eine Quelle für eine kostenlose und unerschöpfliche Energie also? Nur geborgte Energie, sagt die Wissenschaft, denn beim Zusammentreffen und Zerstrahlen der beiden gegensätzlichen Teilchen geht die gewonnene Energie wieder verloren. Nur wenn es gelänge, Materie und Antimaterie im leeren Raum dauerhaft voneinander zu trennen, hätte man Energie gewonnen. Realisiert werden konnte bisher keine einzige Versuchsanordnung, eine elegant ausgedachte Quantenfluktuationsbatterie blieb ein Gedankenspiel des amerikanischen Physikers Robert Forward.

Was in ein Schwarzes Loch stürzt, verschwindet spurlos aus dem Universum.

Im Februar 2015 wurde ein 12,8 Milliarden Lichtjahre entferntes, supermassives Schwarzes Loch mit der Masse von zwölf Milliarden Sonnen entdeckt, dessen umgebende Materiescheibe 420 Billionen Mal heller als die Sonne leuchtet. Die Gravitation eines solchen Schwerkraftungeheuers ist unvorstellbar stark, so stark, dass ihm nicht einmal Licht und auch sonst keine Strahlung entkommen kann – der Grund für seine absolute Schwärze. Alles, was sich einem Schwarzen Loch nähert und eine bestimmte Grenze, den Ereignishorizont, passiert, verschwindet auf Nimmerwiedersehen in ihm und nichts davon kommt je wieder nach außen zurück. Ein Gedankenbeispiel: Stürzt ein Getränkeautomat in ein Schwarzes Loch, bleibt von ihm nichts anderes übrig als seine schiere Masse. Niemand könnte nachher feststellen, dass ausgerechnet ein Getränkeautomat in das Schwarze Loch gefallen ist. Die meisten Wissenschaftler glaubten lange Zeit an diesen absoluten Verlust aller Informationen. Doch Forscher an der University of Buffalo berechneten: Das Schwarze Loch gibt zumindest theoretisch doch etwas nach außen ab, nämlich die nach dem berühmten Physiker Stephen Hawking benannte Hawking-Strahlung – und zeigt so eine Wechselwirkung zwischen der Materie in seinem Innern und der Außenwelt. Es kommt also doch etwas aus der absoluten Finsternis zurück. Nachgewiesen wurde diese Hawking-Strahlung allerdings noch nicht.

Raumschiffe explodieren mit lautem Knall.

Diese Vorstellung könnte man gewinnen, wenn man Science-Fiction-Filmen glaubt. Ganze Raumflotten fliegen mit donnernden Triebwerken zum Ort der Schlacht im siebten Quadranten des Myrohonen-Systems, feuern lautstark mit ihren Hochtechnologiewaffen, jagen zischende Projektile und sirrende Energiestrahlen auf feindliche Schiffe, und bald erschüttern gewaltige Eruptionen das Raum-Zeit-Kontinuum, überall Flammen und Feuer.

Es gibt dabei nur ein paar kleinere Probleme: Zum einen werden Geräusche im Weltall nicht übermittelt, weil es im fast leeren Weltraum an einem Trägermedium fehlt, das die Schallwellen transportieren könnte. Keine Gase, keine Feststoffe, keine Flüssigkeiten. Einfach nichts. Zum anderen müsste man auch auf feurige Explosionen verzichten – ebenfalls ein beliebtes Stilmittel der Weltraumopern, in der außerirdischen Wirklichkeit aber nicht möglich, weil der Sauerstoff für die Verbrennung fehlt. Nur wenn ein Raumschiff Wasserstoff und Sauerstoff als Treibstoff mit sich führen würde, könnte es vielleicht ... nein, nicht knallen, aber ein lokales Verbrennungsereignis geben.

Ein Mensch ohne Raumanzug »platzt« im Weltraum.

Nein, es ist nicht so, dass ein gewaltiger Druck aus dem Inneren des menschlichen Körpers nach außen drängen würde und das arme Opfer zur Explosion brächte. Der Tod käme weniger spektakulär, aber umso unerbittlicher. Auf der Erde wirkt der Luftdruck von einem Bar auf den Körper ein – diesem Druck müssen die Körperzellen widerstehen können. Im Weltall herrschen null Bar – zu wenig Unterschied, um die Zellen zum Platzen zu bringen. Allenfalls kleinere Blutgefäße unter der Haut oder in den

Augen könnten reißen, was aber keine Lebensgefahr bedeuten würde.

Problematisch ist die Tatsache, dass der Mensch dem Druckunterschied sehr schnell ausgesetzt würde. Im Körperinneren geschieht dasselbe wie in einer Mineralwasserflasche, die man öffnet: Die in Blut und Gewebeflüssigkeiten gespeicherten Gase entweichen schlagartig und schäumen sich auf, es käme zu Embolien, womöglich käme der Blutkreislauf zum Stillstand. Einem Menschen im Weltall erginge es ohne Druckanzug so wie einem Taucher, der viel zu schnell an die Oberfläche zurückkehrt. Doch bevor sich dieses Phänomen auswirken würde, wäre der Mensch ohne Raumanzug vermutlich schon tot – erstickt, denn es gibt keine Luft zum Atmen.

In der Kälte des Weltraums erfriert man augenblicklich.

Zwar ist die Temperatur im Weltraum nahe am absoluten Nullpunkt, also bei etwa –270 °C, aber dennoch würde das Erfrieren eine Weile dauern. Warum das so ist, lässt sich besser verstehen, wenn man sich die Abläufe bei einer Schiffskatastrophe vergegenwärtigt: Die armen Schiffbrüchigen schwimmen in etwa 4 °C kaltem Meerwasser – und überleben nur wenige Minuten, weil die Wassermoleküle dem Körper große Mengen von Wärme entziehen können. Moleküle gibt es im All aber nicht, also auch fast keinen Wärmetransport. Nur mit der Atemluft ginge etwas Wärme verloren, eine weitere Energiemenge durch die sehr geringe Strahlungsenergie der Körperwärme. Ältere Zeitgenossen kennen das noch von der Thermosflasche – das Vakuum isoliert, hält Warmes warm und verhindert, dass sich Kaltes erwärmt. Umgekehrt wäre im Weltall aber Hitze eine Bedrohung: Ein Mensch, der ungeschützt durch den Kosmos treibt, läuft Gefahr, auf seiner der Sonne zugewandten Seite förmlich gekocht zu werden. Die direkte Sonneneinstrahlung kann sehr schnell zu Temperaturen über 100 °C führen. Deshalb tragen Astronauten keine wärmende Angora-Unterwäsche, sondern mit Kühlmittelschläuchen durchgezogene Kleidung unter ihrem Raumanzug.

Sternschnuppen sind Sterne, die verglühen.

Um Himmels willen, was würde geschehen, wenn ein Stern in unsere Atmosphäre stürzen würde! Sterne sind Sonnen mit Millionen von Kilometern Durchmesser. Sternschnuppen hingegen bestehen aus Weltraumstaub, in der Regel winzigen Partikeln, die beim Eintauchen in die Erdatmosphäre wegen der Reibungshitze verglühen. Die meisten von ihnen sind nicht größer als ein Sandkorn, einige erreichen vielleicht die Größe einer Kirsche. Schon in 100 Kilometern Höhe werden die viele Kilometer pro Sekunde schnellen Objekte aus dem Weltall so stark abgebremst, dass sie zerstört werden und die dabei erhitzte Luft um sie herum leuchtet, und dieses Schauspiel können wir beobachten. Doch die eigentliche Sternschnuppe sehen wir nicht, nur ihren Lichteffekt. Den Erdboden erreichen Sternschnuppen nicht, das können nur größere Objekte schaffen. Die heißen dann aber nicht Sternschnuppen, sondern Meteoriten.

Die Schwerkraft ist auf der Erde überall gleich.

Rein rechnerisch – die Masse der Erde und ihre Abplattung an den Polen berücksichtigt – liegt die Schwerebeschleunigung auf der Erde zwischen 9,801 m/s^{-2} am Äquator und 9,867 m/s^{-2} an den Polen. Hinzu kommt noch der Ortsfaktor: Die Zentrifugalwirkung durch die Erdrotation und die Höhe des Standorts im Gelände – man könnte zum Beispiel auf einem Berggipfel stehen – verändern die Schwerkraftwerte lokal noch einmal messbar. Außerdem spielen außerordentliche lokale Veränderungen eine Rolle, unerwartete Abweichungen im Schwerefeld unseres Planeten, Gravitationsanomalien oder Schwereanomalien genannt. Sie können etwas großräumiger oder auch auf einen bestimmten Fleck der Erdoberfläche reduziert sein. Ihre Ursache sind Besonderheiten im Erdmantel oder in der Erdkruste, zum Beispiel die unterschiedliche Dicke der Erdkruste, Dichteunterschiede des Gesteins oder eingelagerte Rohstoffe wie Erze. Die Abweichungen vom Normwert liegen aber in einem sehr geringen Bereich: Sie können bis zu 0,02 Prozent der mittleren Schwerkraft erreichen. In der physikalischen Einheit für die irdische Schwerebeschleunigung Gal (abgeleitet von Galileo) gemessen, entspricht das bis zu ± 200 Milligal oder 0,2 Gal (0,002 m/s^2). Derartige Abweichungen wurden bereits an mehreren Orten festgestellt, zum Beispiel in New Jersey/USA, im Weddell-Meer in der Antarktis oder in der Münchberger Gneismasse in Bayern. Eine berühmte Touristenattraktion mit angeblich paranormalen Effekten ist der sogenannte Oregon-Vortex nahe der Kleinstadt Gold Hill im US-Staat Oregon. Magiegläubige und Esoteriker schreiben der dortigen Schwereanomalie

Wahrnehmungsveränderungen, überraschende physikalische Effekte und sogar Heilwirkungen zu.

Es gibt künstliche Schwerkraft.

Nein, allenfalls erzeugt man einen Ersatz für die Schwerkraft, und eine solche künstliche Schwerkraft gibt es bisher auch nur in der Theorie. In größeren Raumschiffen oder einer ringförmigen Raumstation ließe sich so etwas wie Schwerkraft erzeugen, indem man das ganze Objekt um eine Achse rotieren lässt. Die entstehende Fliehkraft wäre hilfreich, um stehen oder gehen zu können. Der Raketeningenieur Wernher von Braun entwarf schon 1953 eine dauerhaft bewohnte, rotierende Raumstation in Form eines Rades. Doch es ist nicht einfach, Fliehkraft in der vollen Stärke der Gravitation zu erzeugen. Eine dafür geeignete Raumstation müsste entweder einen Durchmesser von vielen Hundert Metern haben oder sich außerordentlich schnell drehen. Vermutlich werden Astronauten der Zukunft mit einem Bruchteil der irdischen Schwerkraft auskommen müssen.

Gravitation ist eine der vier Grundkräfte der Physik, äußert sich in der gegenseitigen Anziehung von Massen und lässt sich nicht künstlich erzeugen. Noch gilt: Wo keine entsprechend große Masse ist, kann es auch keine Gravitation geben.

Die Erde ist eine Kugel.

Vor langer Zeit hielt man die Erde für eine Scheibe, und es war eine beachtliche Erkenntnis, dass unser Himmelskörper die Form einer Kugel hat. Der Blick aus einer Raumstation auf den blauen Planeten scheint dies zu bestätigen. Aber auch das ist nicht richtig. Mutter Erde ist keine Kugel, sondern ein Ellipsoid, und das hat folgende Ursachen: Unser Planet dreht sich, und durch die bei der Drehung entstehende Fliehkraft bekommt er rund um den Äquator eine »Beule«. Oder anders gesagt: Er sieht in etwa aus wie eine Mandarine, also an der Ober- und Unterseite etwas abgeplattet.

Wie stark ist dieser Effekt ausgeprägt? Es geht immerhin um Kilometer. Vom Erdmittelpunkt bis zum Äquator sind es rund 6378 Kilometer; Nord- oder Südpol hingegen erreicht man vom Mittelpunkt aus schon nach 6357 Kilometern – 21 Kilometer Abweichung von der idealen Kugelform. Doch auch als Ellipsoid ist die Erde nicht perfekt. Ihre Oberfläche zeigt Berge und Täler, die Gipfel ragen an der höchsten Stelle über 8800 Meter in die Höhe. Es gibt Landschaften wie das Tote Meer, die unter dem Meeresspiegel liegen. Würde man das Wasser der Meere weglassen, wären die Abweichungen von der Idealform noch krasser: Zwischen dem tiefsten Punkt unter dem Meer in mehr als elf Kilometern Tiefe und dem höchsten Gipfel lägen fast 20 Kilometer.

Auch die Wasseroberfläche der Erde ist nicht ideal geformt. Durch im Innern der Erde entstehende Schwerkraftunterschiede aufgrund unterschiedlicher Massenverteilung gibt es zum Beispiel Höhenunterschiede von bis zu 200 Metern zwischen dem tiefsten Meeresspiegel im Indischen Ozean und dem höchsten Punkt im Atlantik.

Tröstlich ist, dass all diese Abweichungen verglichen mit der Größe der Erde so gering sind, dass man sie auf den ersten Blick gar nicht bemerkt. Würde man jedoch in einem bewusst übertreibenden Modell die Abweichungen von der Idealform eines Ellipsoiden überhöhen, sähe die Erde aus wie eine schrumpelige Kartoffel.

Die Menschen werden den Weltraum erobern.

Fortschrittsfanatiker sind sich da sicher. Wir Skeptiker merken an: Nicht, bevor man mit Überlichtgeschwindigkeit reisen kann, und das ist nach jetzigem Wissensstand physikalisch unmöglich. Mit unseren heutigen Verkehrsmitteln kämen wir uns im Weltraum noch langsamer vor als Schnecken. Um mit einem Auto von der Erde zum Zentrum unserer Milchstraße zu gelangen, braucht man etwa 360 Milliarden Jahre. Mit einer Rakete, die 100-mal so schnell reist, noch immer 3,6 Milliarden Jahre. Und damit hätten wir die nähere Umgebung der Erde noch nicht einmal verlassen. Selbst wenn man mit Lichtgeschwindigkeit (300 000 Kilometer pro Sekunde) unterwegs sein könnte, würde man zur nächsten Sonne in unserer Milchstraße mit dem Namen Proxima Centauri vier Jahre und drei Monate brauchen. Zum Vergleich: Unsere Sonne könnte man in 8,3 Minuten erreichen, wenn man eine lichtschnelle Rakete benutzen könnte. Für die Reise zur nächstgelegenen Galaxis würde man aber auch mit Lichtgeschwindigkeit 2,5 Millionen Jahre unterwegs sein. Haben Sie Ihren nächsten Urlaub schon geplant? Vielleicht melden sich schon einmal für die Marsexpedition im Jahre 2025 an, Flugzeit nach dem heutigen Stand der Technik etwa 520 Tage ...

Kaltes Wasser gefriert schneller als heißes.

Nein, erstaunlicherweise ist es genau andersherum. Es funktioniert in der kalten Jahreszeit im Garten wie auch im Kühlschrank: Zwei gleiche Gefäße, eines mit heißem, das andere mit kaltem Wasser, werden der Kälte ausgesetzt. In welchem Gefäß bildet sich zuerst Eis? Es scheint dem gesunden Menschenverstand zu widersprechen: Die ersten Eiskristalle zeigen sich in dem Gefäß mit dem heißen Wasser. Man spricht vom Mpemba-Effekt, der seinen Namen dem tansanischen Schüler Erasto B. Mpemba verdankt, der dieses Phänomen 1963 für die moderne Zeit wiederentdeckt hat. Bekannt war dieser skurrile Effekt schon im griechischen Altertum und im Mittelalter. Als Erklärung werden viele Möglichkeiten angeboten. Es könnte mit der höheren Verdunstung von warmem Wasser zu tun haben, die im Wasser gelösten Gase könnten ebenso eine Rolle spielen wie die unterschiedliche Art des Wärmetransports in den beiden Flüssigkeiten.

Tachyonen sind schneller als das Licht.

In der Theorie ist das richtig, aber bisher hat noch nie jemand ein Tachyon gesehen oder per Experiment nachgewiesen. Tachyonen sind bisher rein hypothetische Atomteilchen, deren wichtigste Eigenschaft ihre Geschwindigkeit ist: Sie sollen superluminar, also schneller als das Licht sein. 1962 vermuteten theoretische Physiker erstmals ihre Existenz, aus der sich eine mögliche Lösung für die Gleichungen der speziellen Relativitätstheorie ergäbe. Bisher sind sie aber nur hypothetische Teilchen, sie existieren bloß auf dem Papier. Die Tatsache, dass sie eine physikalische Gleichung zu lösen helfen, beweist nicht, dass sie tatsächlich existieren. Die obige Behauptung müsste also heißen: Tachyonen könnten schneller als das Licht sein, wenn sie denn existieren würden.

Eine einzelne Person kann nur einmal einen Nobelpreis gewinnen.

Es kann nur einen geben, und eigentlich sollte ein Nobelpreis pro Person auch genügen, denkt sich der Menschenverstand. Das Nobelpreis-Komitee sieht das anders. Es gibt keinerlei Limitationen für die Vergabe dieser hohen Auszeichnung, und es existieren bereits einige Fälle der Vergabe von mehreren Nobelpreisen an eine Person. Es ist auch nicht richtig, dass die Vergabe eines Preises in einem Fachgebiet einen weiteren Preis in einem anderen ausschließt. Marie Curie erhielt 1903 den Nobelpreis für Physik und 1911 den für Chemie. Linus Pauling wurde 1954 für seine Leistungen auf dem Gebiet der Chemie geehrt, erhielt aber zusätzlich 1962 den Friedensnobelpreis. John Bardeen errang 1956 und 1972 die Auszeichnung für Physik, was Frederick Sanger 1958 und 1980 auf dem Gebiet der Chemie gelang. Das UNO-Hochkommissariat für Flüchtlinge erhielt den Friedensnobelpreis 1954 und 1981, aber den Rekord hält das Rote Kreuz mit drei Friedensnobelpreisen: 1917, 1944 und 1963. Falls Sie schon einen haben sollten, strengen Sie sich weiter an. Es könnte sich lohnen.

Winston Churchill gewann den Friedensnobelpreis.

Bei einem Politiker würde man vermuten, dass er für seine Leistungen in seinem Fachgebiet ausgezeichnet wird, also zum Beispiel in der Völkerverständigung. Für diesen Bereich wäre der Friedensnobelpreis zu vergeben. Winston Churchill, der konservative britische Politiker, leistete sicher einiges für sein Land und letztlich auch für den Weltfrieden. Doch seinen Nobelpreis erhielt er 1953 in der Kategorie Literatur »für seine Meisterschaft in der historischen und biografhischen Darstellung sowie für die glänzende Redekunst, mit welcher er als Verteidiger von höchsten menschlichen Werten hervortritt«. Diese Begründung lässt sich so lesen, als habe er eigentlich zwei Nobelpreise verdient.

Hitler wurde natürlich nie für den Friedensnobelpreis nominiert.

Unvorstellbarerweise doch. 1939 kam in Schweden der sozialdemokratische Abgeordnete Erik Gottfrid Christian Brandt auf die Idee, den damals bereits erkennbar verbrecherischen deutschen Diktator für diesen Preis zu nominieren – aus satirischen Gründen. Seine Nominierung sollte als Protest gegen die Nominierung eines anderen Politikers verstanden werden: Der britische Premierminister Neville Chamberlain ermöglichte durch seine Beschwichtigungspolitik *(appeasement)* den Deutschen gegenüber den ungehinderten Aufstieg Hitlers in Europa und war nach Meinung von Brandt als Kandidat für den Friedensnobelpreis völlig ungeeignet. In den Verdacht, ein Nationalsozialist zu sein, geriet Erik Brandt nie; er kämpfte im schwedischen Reichstag sehr engagiert gegen den deutschen

Nationalsozialismus und brandmarkte zum Beispiel die Ausschreitungen in der Reichspogromnacht vom 9./10. November 1938 in der schwedischen Öffentlichkeit.

Kometen sind Unglücksboten.

So glaubte man jahrtausendelang. Erschien ein solcher Schweifstern am Himmel, gerieten die Menschen in Panik. Unglücke, Kriege und Katastrophen stünden bevor, da war man sich sicher. Vielfach verfielen Menschen in Endzeitstimmung, bereiteten sich auf das kommende Reich Gottes und die Apokalypse vor und verprassten ihr Vermögen. Erst mit zunehmendem Wissen über Kometen im 17. Jahrhundert sah man das Auftauchen der Schweifsterne sachlicher. Eine wichtige Rolle spielte dabei der englische Astronom und Naturwissenschaftler Edmond Halley (1656–1742), der erstmals die Umlaufbahn eines Kometen beschrieb, aus seinen früheren Sichtungen dessen Periodizität berechnete und sein erneutes Auftauchen für das Jahr 1758 voraussagte.

Falls Sie noch an das Unglückspotenzial von Kometen glauben: Eigentlich sind sie so etwas wie Überbleibsel aus der Zeit der Entstehung unseres Planetensystems. Jenseits der Neptunbahn kreisen noch sehr viele von ihnen. Allerdings erwartet man in einem Jahrhundert nur etwa zehn wirklich eindrucksvolle Kometenereignisse.

Auf dem Planeten Mars gibt es Kanäle.

Hier handelt es sich um einen Wissenschaftsirrtum des 19. Jahrhunderts: Der italienische Astronom Angelo Secci entdeckte auf dem Planeten Mars Bodenstrukturen, die er für Gräben hielt – im Italienischen *canale*. Fast schon selbstverständlich führte diese Bezeichnung zur englischen Übersetzung *canal* – *künstlicher Kanal*. Und im Deutschen ist ebenfalls selbstverständlich, dass ein Kanal eine künstliche Wasserstraße ist. Sofort vermuteten die Wissenschaftswelt und die Sensationspresse kleine grüne Männchen auf dem Mars, die den Bau von Kanälen betrieben. Leider zerplatzten diese Spekulationen wie Seifenblasen, die Marskanäle entpuppten sich als optische Täuschung. Die Zeichnungen des Planeten aus jener Zeit machen verständlich, wie einfach es ist, sich zu irren.

Nobelpreise werden an große Persönlichkeiten auch posthum verliehen.

Nach den ursprünglichen Regelungen für die Vergabe des Nobelpreises durfte eine vorgeschlagene Person, die nach dem Ende der Nominierungsfrist starb, noch berücksichtigt werden. Aber seit 1974 wählt das Preiskomitee anders aus: Der Preis darf nur vergeben werden, wenn der Nominierte die Bekanntgabe noch erlebt. Eine Ausnahme allerdings entstand durch wirklich unglückliche Umstände: Nur Stunden nach der Bekanntgabe des Preises für Medizin am 30. September 2011 um 14:30 Uhr erfuhr das Komitee, dass einer der ausgezeichneten Gelehrten, der kanadische Immunforscher Ralph Steinman, um 11:30 Uhr desselben Tages verstorben war. Die Stiftung entschied sich, es bei der Preisverleihung zu belassen. Das mit dem Preis verbundene Preisgeld ging an Steinmans Erben. Die Presse berichtete über den »traurigsten Nobelpreis aller Zeiten«.

Es gibt einen Nobelpreis für Wirtschaftswissenschaften.

Eigentlich nicht. Alfred Nobel hat in seinem Testament die Kategorien festgelegt: Medizin, Physik, Chemie, Literatur und Frieden. Ein Nobelpreis für Wirtschaftswissenschaften existiert erst seit 1968, er wurde von der schwedischen Zentralbank zu Ehren von Alfred Nobel gestiftet und ist mit einem Preisgeld in derselben Höhe wie die fünf klassischen Nobelpreise dotiert. Sein korrekter Name lautet aber »Alfred-Nobel-Gedächtnispreis für Wirtschaftswissenschaften der schwedischen Reichsbank«. Dass auch dieser Preis hoch im Ansehen steht, beweist die Tatsache, dass sein Preisträger zusammen mit den »echten« Nobelpreisen bekannt gegeben und dieser Preis auch in der offiziellen Zeremonie im Dezember überreicht wird.

Alle Nobelpreise werden in Stockholm überreicht.

Obwohl Alfred Nobel Schwede war und alle anderen Nobelpreise in Stockholm überreicht werden, wird der Friedensnobelpreis in Oslo, Norwegen, verliehen. Zudem werden die Preisträger von einem Komitee des norwegischen Parlaments, dem Storting, ausgewählt. Norwegen und Schweden bildeten bis 1905 ein einziges Königreich, Schwedens König war Oberhaupt beider Länder. Alfred Nobel wählte also einen damals zu Schweden gehörenden Ort für die Vergabe seines besonders bedeutsamen Preises aus; dem norwegischen Parlament, das keine außenpolitische Funktion hatte, traute er möglicherweise größere Neutralität bei der Vergabe zu. Nach der Auflösung der Verbindung zwischen beiden Staaten beließ man es dabei.

Eine niedrige Stirn zeigt Dummheit an.

Diese und ähnliche Vorstellungen über die Verbindung zwischen körperlichen und charakterlichen Eigenschaften haben ihren Ursprung möglicherweise in der Pseudowissenschaft der Phrenologie. Ihre Vertreter glaubten, die Schädelform zeige den Charakter eines Menschen an. Diese um das Jahr 1800 verbreitete Theorie des Arztes und Anatomieforschers Franz Joseph Gall ging davon aus, dass das menschliche Gehirn den Schädel sozusagen von innen heraus forme. Genauer gesagt: Dr. Gall glaubte, dass sich 27 Charaktereigenschaften in der Form des Gehirns abbilden würden, die sich, je nach Nutzung der zugehörigen Bereiche, unterschiedlich entwickeln würde. Die Form des Gehirns wiederum sollte die des Schädels prägen. In zahlreichen Untersuchungen versuchte er, die ihren Verfehlungen entsprechenden Verformungen an den Schädeln von Verbrechern wie Dieben und Mördern zu erkennen, doch es gelang ihm nicht, seine Behauptungen über den Zusammenhang zwischen Kopfform und Charakter wissenschaftlich stichhaltig zu belegen. Zu seiner Sammlung gehörten zahlreiche Totenköpfe »von Irrsinnigen oder Verbrechern«. Die Schädel von Prominenten und Geistesgrößen untersuchte er anhand von naturalistischen Gipsbüsten. Ein makabrer Nebeneffekt von Galls Theorie: Von den Friedhöfen jener Tage verschwanden die Schädel von Prominenten, die dort bestattet waren, unter anderem die von René Descartes und Joseph Haydn.

Hysterie kann man durch das Massieren der Genitalien behandeln.

Die weibliche Hysterie ist kein alltägliches Problem des 21. Jahrhunderts, aber die Sachverhalte rund um diesen historischen Irrtum des 19. Jahrhunderts sind skurril und mit beachtlichem Sensations- und Schmunzelpotenzial behaftet – das Thema könnte es heute noch in die Boulevardpresse schaffen, gäbe es noch »Krankheitsfälle«. Ärzte glaubten damals, dass die Krankheit der weiblichen Hysterie von der Gebärmutter ausginge und durch »Handanlegen« behandelbar oder sogar heilbar sei. Also massierten die damaligen Mediziner den betroffenen Damen mit Ausdauer die Genitalien. Ihre »Behandlungserfolge« (sie führten »hysterische Paroxysmen« herbei, die sie für heilende Krisenzustände hielten) bestärkten sie in ihrem Tun, und so massierten sie weiter und weiter, teils mit erheblichem Zeitaufwand, denn die Damen genossen offenbar die angenehme Therapie und dachten nicht an die Beschwernisse der armen Mediziner. So traktierten und manipulierten einige von ihnen bis zur Sehnenscheidenentzündung oder gar bis zur arthritischen Veränderung des Handskeletts. Was blieb ihnen also übrig, als den Vibrator zu erfinden? Einen der ersten entwickelte 1869 der amerikanische Arzt George Taylor. Sein dampfbetriebener »Manipulator« passte allerdings wegen seiner schieren Größe in keine Handtasche und konnte deshalb nur von Ärzten in ihrer Praxis bedient werden. Erst 1883 wurde dieses völlig unpraktische Teil von einem handlichen Nachfolger abgelöst: Der englische Arzt Joseph Mortimer Granville entwickelte den handlichen »Percutor«, zu seinen Zeiten auch »Granvilles Hammer« genannt, ein Gerät wahlweise mit elektrischem Antrieb oder Federwerk zum Aufziehen. Den Rest der Geschichte kennen Sie ja.

Regentropfen haben diese typische Tränengestalt.

So jedenfalls kennen wir sie aus Comics, und so fällt der Regen in unseren bildlichen Vorstellungen. Klar, sagt allerdings der klare Verstand, Wassertropfen sehen nur aus wie Tränen, wenn sie zum Beispiel an einem Wasserhahn hängen. Vermutlich werden sie alle kugelrund aussehen, während sie vom Himmel fallen.

Für kleine Wassertropfen ist das richtig. Mit bis zu zwei Millimetern Durchmesser kann ihnen der Luftwiderstand nicht allzu viel anhaben. Werden sie allerdings größer, kollidieren sie mit einer großen Zahl von Luftmolekülen und werden platt gedrückt. Diese Tropfen sehen dann in etwa aus wie ein Hamburger-Brötchen, aus dem bei zunehmender Größe eine Form entsteht, die in Richtung Donut geht – in der Mitte eingedrückt und vom Luftstrom gebremst.

Warum Pinguine keine Angst vor Eisbären haben

Tiere

Die meisten Menschen sagen von sich, dass sie Tiere lieben. Tierfotos und -filme überschwemmen das Internet, Millionen von Haustieren liefern überall auf der Welt emotionale Wärme, die Menschen untereinander nicht finden können. Bärchen, Mäuschen, Schweinchen und niedliche Elefanten bevölkern Kinderbücher und waren lange Zeit die Stars von Kinderhörspielen. Tierfilme sind bei den Einschaltquoten im Fernsehen eine sichere Bank. Bei so viel Tierliebe erstaunt es, wie wenig wir Menschen über Tiere wissen.

Alle Lebewesen müssen sterben.

Ein Irrtum, auch wenn es nicht ganz einfach ist, die Begründung dafür zu verstehen. Bei dem unsterblichen Lebewesen, das die obige Behauptung ad absurdum führt, handelt es sich um eine Qualle. Normalerweise sterben Quallen wie andere Tiere auch. Die Art *Turritopsis nutricula* jedoch wählt einen guten Weg, um quasi unendlich weiter zu existieren. Wird die Qualle alt und ihre Körperfunktionen sind eingeschränkt, so sinkt sie auf den Meeresboden und beginnt mit einer Art Runderneuerung. Zellen ihres Außenschirms verlieren ihre ursprüngliche Funktion und formen sich erstaunlicherweise zu jugendlichen Zellen um. Aus ihnen entsteht eine neue Generation von Körperzellen, in der DNA genetisch absolut identisch mit dem Ausgangsmaterial. Damit ist diese Qualle der erste und bisher einzige bekannte Vielzeller, dessen erwachsene und geschlechtsreife Zellen sich wieder zu einem unreifen und jugendlichen Wesen zurückbilden können. Diese Fähigkeit nennt man Rejuvenation (Wiederverjüngung).

Mit der Zeit bilden die neuen Zellen wieder ihre Spezialfunktionen aus. Dann ist aus der alten eine neue Qualle entstanden. Quallen dieser Art können Tausende oder Millionen Jahre alt werden – wären da nicht die vielen Fressfeinde, die nahen Strände und die Klimaerwärmung. Biologische Unsterblichkeit bedeutet nicht Unverletzlichkeit.

Karpfen sind unsterblich.

In der Stille tiefer Teiche sollen Tiere leben, für die Zeit keine erdrückende Last ist: Karpfen. Besonders große und auch schon vom Habitus her alte Tiere schienen für immer und ewig zu leben, zum Beispiel in einem Schlossgraben. Konnte es nicht sein, dass sie wirklich unsterblich waren?

Karpfen haben tatsächlich ein ziemlich langes Leben. Ihre Wildform erreicht ein Alter von 70 bis 80 Jahren. Da konnte es schon vorkommen, dass das Leben eines Karpfens länger währte als das des Großvaters, der seinem Enkel von dem uralten Tier erzählt hatte. Und in den Erzählungen der jüngeren Generation rückte der Lebensbeginn des Fisches noch weiter in ferne Vergangenheit, als es den Tatsachen entsprach. Auch die Legenden rund um den asiatischen Farbkarpfen Koi trugen zum Irrtum der Unsterblichkeit bei: Um an die Quelle des Gelben Flusses zu gelangen, muss jeder Koi das Drachentor Longmen passieren, ein Tal voller wilder Engpässe und Stromschnellen. Jeder Karpfen, dem dies gelungen ist, kann sich laut der Legende in einen Drachen verwandeln, der nach einigen weiteren Umformungen unsterblich werden kann. Erstaunliche Tiere, diese Fische – also bitte etwas mehr Respekt vor dem nächsten Silvesterkarpfen.

Bei Läusen und Blattläusen handelt es sich um dasselbe Tier.

Manche Menschen kribbelt es am ganzen Körper, wenn sie auf einer Pflanze Blattläuse sehen. Keine Angst, unsere Blattlausarten gehören zu den gemeinen Pflanzenläusen *(Sternorrhyncha)* und ernähren sich ausschließlich vom Saft ihrer jeweiligen Wirtspflanze. Die Kopflaus *(Pediculus humanus capitis)* hingegen gehört zur Ordnung der Tierläuse *(Phthiraptera)* – wie schön das doch alles geordnet ist – und saugt Blut. Sie teilt sich ihr Biotop, den Menschen, mit der Kleiderlaus *(Pediculus humanus humanus)*, die überall am Menschen saugt, nur nicht auf dem Kopf, vermutlich um ihrer Kollegin nicht in die Quere zu kommen. Manche Experten streiten aber noch darüber, ob nicht beide Menschenläuse zu ein und derselben Art gehören. Entwarnung also für den ganz normalen Menschen, wenn es auf dem Salat oder am Johannisbeerstrauch wuselt. Aber: Alarm für den Gärtner!

Goldfische haben nur ein Drei-Sekunden-Gedächtnis.

So wollen es in der Vergangenheit manche Forscher festgestellt haben, wohl um eine Entschuldigung für die offensichtlich alles andere als naturnahe Haltung der Tiere in einem runden Goldfischglas vorbringen zu können. Langeweile kommt nicht auf, wenn man sofort wieder alles vergisst. Eine Untersuchung aus dem Jahr 1994 an der Universität von Plymouth, »Temporal discrimination learning of operant feeding in goldfish (Carassius auratus)«, hat andere Fakten ans Licht gebracht. Ein Forscherteam um den Psychologen Phil Dee fand heraus: Goldfische verfügen über ein Lernvermögen, das etwa dem von Hunden entspricht, und über ein Gedächtnis, das zumindest die letzten drei Monate umfasst. Goldfische können sinnvoll Hebel betätigen, reagieren auf akustische Signale und sind sogar dazu in der Lage, Zeiträume abzuschätzen. Eine Versuchseinrichtung lieferte nur zu bestimmten Zeiten Futter – die acht untersuchten Fische fanden das heraus, merkten sich den Zusammenhang und handelten danach. Also: Freiheit für die Goldfische – weg mit den Gläsern!

Es gibt geflügelte Ameisenarten.

Ein Irrtum – und irgendwie doch die Wahrheit. Wenn man so will, haben Ameisen Flügel, allerdings nur in Teilzeit und auch nicht alle Individuen eines Ameisenstaates. Junge Ameisenköniginnen brechen einmal in ihrem Leben zu einem Hochzeitsflug auf, gefolgt von ebenfalls geflügelten Ameisenmännchen. Nach wilden Sexspielen in der Luft (stellen Sie sich das vor, wie Sie wollen) landen die Königinnen und gründen einen neuen Ameisenstaat. Dazu brauchen sie keine Flügel – sie fallen ihnen einfach ab. Auch die Männchen sind dann überflüssig: Mit sexuellen Betätigungen ist nach dem Ausflug in die Lüfte Schluss – die Königin speichert während des Hochzeitsflugs den männlichen Samen und trägt einen lebenslangen Vorrat in ihrem Körper.

Was macht der Mann nach dem Sex? Sofort einschlafen, vermuten Sie? Die Ameisenmännchen haben nach dem Höhepunkt hoch in der Luft keine sonderlich guten Perspektiven. Ihre Lebenserwartung ist begrenzt. Sie können aber noch eine Weile herumflattern, denn ihnen fallen die Flügel nicht ab. Im neuen Ameisenstaat werden sie nicht gebraucht, denn die weiblichen Ameisen können bei Bedarf einfach neue Männchen heranzüchten. Sie wachsen aus unbefruchteten Eiern der Königin heran.

Die Zugvögel fliegen nach Afrika.

Gut, unsere Weißstörche machen sich jedes Jahr wieder auf den langen Weg über das Mittelmeer und überwintern südlich der Sahara. Sie sind echte Langstreckenzieher. Dort treffen sie sich aber nicht mit allen anderen Zugvögeln. Manche Arten aus West- und Nordeuropa ziehen es vor, in Europa zu bleiben, und überwintern zum Beispiel auf Mallorca oder im südlichen Spanien. Arten aus Skandinavien und Sibirien ziehen den etwas milderen Winter in Westeuropa den harten Bedingungen in ihren Sommerresidenzen vor. Und natürlich werden sich Vögel aus Nordamerika oder dem nördlichen Asien nicht auf den Weg nach Afrika machen, liegen doch wärmere Gebiete ein paar Tausend Kilometer südlich von ihnen auf ihrem Kontinent.

Einmal Zugvogel, immer Zugvogel.

Nein, der Vogelzug kommt bei manchen Spezies aus der Mode: Unsere Amseln bleiben im Winter, wo sie sind. Vor einigen Jahrzehnten noch machten sie sich regelmäßig auf den Weg in wärmere südliche Gefilde. Auch der Mönchsgrasmücke ist es bei uns im Winter neuerdings warm genug. Sie verzichtet, wenn Frost und Schnee nicht allzu hart wirken, auf kräfteraubende Flugreisen und wird so vom Zugvogel zum Standvogel. Kraniche werden immer »zugfauler«. Sie fliegen immer weniger weit und kommen früher zurück.

Nilpferde sind mit den Pferden verwandt.

Und zwar ungefähr genauso nah wie die Präriehunde und die Flughunde mit den Hunden. Nein, Nilpferde sind nicht etwa die Wasserausgabe des bevorzugten menschlichen Reittieres, sondern weitaus näher mit den Schweinen verwandt. Wie diese sind sie Paarhufer, während Pferde und Nashörner zu den Unpaarhufern zählen. Überhaupt können Abstammungslinien im Tierreich überraschend sein. So sind zum Beispiel die Klippschliefer, kaninchengroße Fellwesen mit wenig mehr als vier Kilogramm Gewicht, ziemlich nah mit dem Elefanten und der Seekuh verwandt.

Von Krötenschleim kriegt man Warzen.

Glauben Sie nicht an dieses alte Gerücht aus der Welt der Märchen und Sagen. Von Krötenschleim kriegt man keine Warzen, auch wenn Kröten und Unken Warzen auf ihrer Haut haben: Sie sind nicht ansteckend. Empfindliche Menschen bekommen höchstens einen Hautausschlag, denn es gibt Krötenarten, deren Hautschleim leicht giftig ist – er enthält Bufotoxin. Die menschliche Haut durchdringen kann das Gift heimischer Amphibien aber nicht. Die den Kröten nahe verwandten Unken haben eine recht giftige Haut, und der Feuersalamander gehört zu den giftigsten Amphibien unserer Breiten – aber sie alle sind für Menschen nur gefährlich, wenn eine Überempfindlichkeit vorliegt. Haustiere allerdings, die nach einem Feuersalamander schnappen, können stärkere Vergiftungssymptome zeigen. Wer ein schlammiges Amphibium angefasst hat, sollte sich die Hände waschen, denn zum Beispiel in den Augen brennt das Gift sehr unangenehm.

Kellerasseln sind Insekten.

Ihr lateinischer Name *Porcellio scaber* bedeutet *schmutziges Schweinchen*, und dazu passend ernähren sie sich von allerlei Abfall, von Pflanzenresten, Algen oder Pilzgeflecht. Auch totes Kleingetier sowie Insekten- und Spinneneier stehen auf ihrem Speisezettel. Sogar ihren eigenen Kot verzehren sie mehrfach und werten dadurch die darin enthaltenen Nährstoffe vollständig aus. Durch diese Lebensweise wirken sie entscheidend bei der Humusbildung der Böden mit.

Wer versucht, ihre Beine zu zählen, weiß sofort: Das kann kein Insekt sein. Asseln wuseln nämlich auf 14 sogenannten Schreitbeinen und einer mit Sensoren bestückten Schwanzplatte durch ihr meist wenig beleuchtetes Leben. Sie sind die einzigen vollständig auf dem Land lebenden Krebstiere.

Asseln werden auch schon in römischen Kellern zu finden gewesen sein, denn *asselus* bedeutet *Eselchen*, eine etwas freundlichere Benennung als das schmutzige Schweinchen. Das Römische Reich kann sich aber mit dem Alter der Asseln in keiner Weise messen. Sie gingen schon in grauer Vorzeit ihren meist dunklen Geschäften nach und ähneln den prähistorischen Trilobiten, mit denen sie allerdings nicht näher verwandt sind. Ein interessantes Detail ihrer Anatomie sind die sogenannten Scheintracheen, Atmungsorgane an den Hinterbeinen, die es ihnen ermöglichen, ganz normale Luft zu atmen, denn eigentlich benutzen Krebstiere ja Kiemen zur Sauerstoffgewinnung. Auch bei ihrer Vermehrung geht es ungewöhnlich zu: Das Weibchen transportiert die befruchteten Eier in einer Art tragbarem Aquarium auf seiner Unterseite, dem Marsupium, und nach 40 bis 50 Tagen schlüpfen daraus die Jungtiere.

Entenmuscheln sind Muscheln.

Sie gelten als Delikatesse, kommen aber in unseren Breiten selten in den Handel. Mancher Feinschmecker kennt sie aus einem Spanien-Urlaub, denn dort sind die Percebes, wie man die merkwürdig geformten Lebewesen nennt, ein beliebter Leckerbissen. Man kocht sie mit viel Wasser und einem Lorbeerblatt. Geerntet werden sie an der Küste Galiciens, genannt Costa de la Muerte, die Todesküste, wo mutige Percebeiros sie unter Lebensgefahr von den bizarren Felsen mitten in der Brandung holen. Den Verzehr muss man erst erlernen. Anfänger sollten ihre Serviette als Lätzchen benutzen, denn es kann ganz schön spritzen. Mit einer Hand den Fuß festhalten, mit der anderen die Hornplatten drehen, bis darunter der essbare Teil zum Vorschein kommt.

So weit die lukullischen Informationen, nun zur Biologie: Entenmuscheln sind gar keine Muscheln, sondern Rankenfußkrebse. Sie schwimmen im Larvenstadium frei umher wie ihre übrige Krebsverwandtschaft, befestigen sich aber schon bald mithilfe einer Zementdrüse mit dem Kopf voraus an einem Stein in der Gischtzone zwischen Meer und Land. Dort ernähren sie sich von Plankton, das sie aus dem Wasser filtern. Diese sesshafte Lebensweise behalten sie für den Rest ihres Lebens bei. Praktisch ist, dass sie für ihre Vermehrung nicht nach einem Partner suchen müssen. Entenmuscheln sind Zwitter.

Die Dinosaurier starben alle gleichzeitig aus.

Sie beherrschten unseren Planeten 170 Millionen Jahre lang, aber nicht alle 700 bekannten Dinosaurierarten lebten gleichzeitig auf der Erde. Sie verschwanden auch nicht alle gleichzeitig wieder. Veränderungen der Lebensbedingungen führten im Laufe der Jahrmillionen zu mehreren Wellen des Aussterbens, bei denen einige Arten von unserem Planeten verschwanden, andere aber überlebten und sich weiter ausbreiten konnten. Auch beim letzten großen Aussterben vor 65 Millionen Jahren, das vermutlich durch einen Meteoriteneinschlag verursacht wurde, blieben nicht alle Arten auf der Strecke, einige überlebten die Katastrophe bis heute: Unsere Krokodile und Warane sind die letzten lebenden Nachfahren der Dinosaurier. Auch die Vögel stehen in unmittelbarer Linie mit den Dinosauriern, denn sie haben sich aus ihnen entwickelt. So wurden die Körperschuppen der Dinosaurier zu Federn umgebildet. Aber nicht bei allen Tieren, die wie Dinosaurier aussehen, steckt wirklich auch Dinosaurier drin: Eidechsen, Chamäleons, Leguane und Geckos sehen den Schreckensechsen zwar ähnlich, haben aber nur noch wenig mit den Dinosauriern gemeinsam.

Schmetterlinge sind stumm.

Rockbarden der 1960er-Jahre wünschten sich eine persönliche Entwicklung hin zu derart geballter Sensibilität, dass sie den *scream of the butterfly* – den Schrei des Schmetterlings – hören könnten. Doch der muss wohl von ausgesprochen geringer Intensität sein, und der Durchschnittsmensch ist überzeugt: Schmetterlinge sind stumm. Auch an besonders romantischen Abenden wird man ihren Gesang vermissen müssen, denn sie verfügen nicht über die Möglichkeit, sich lautlich zu äußern. Oder doch?

Zumindest sind nicht alle Schmetterlinge stumm. Der Totenkopfschwärmer *(Acherontia atropos)* zum Beispiel besitzt in seiner Mundhöhle einen Mechanismus, mit dem er pfeifende Geräusche erzeugen kann. Vermutlich nutzt er diese Geräuschquelle unter anderem, um unbehelligt in einen Bienenstock eindringen zu können, denn Totenkopfschwärmer sind Honigräuber. Auch im Kontakt zum anderen Geschlecht nutzen männliche Falter ihre Möglichkeit, Geräusche zu erzeugen. Von Gesang allerdings kann man auch hier nicht sprechen.

Ganz auf Täuschung durch Geräusche setzen die Ameisenbläulinge, Schmetterlinge, die als Larven oder voll entwickelte Insekten in Ameisenkolonien leben. Die Larven des Kreuzenzian-Ameisenbläulings fälschen aber auch noch den Geruch von Ameisenlarven, lassen sich von den Arbeiterinnen in den Bau tragen und veranlassen diese dort durch Geräusche, sie vorrangig zu füttern: Sie imitieren die Lautäußerungen einer Ameisenkönigin. Vielleicht klingen ihre Laute in den Ohren von Arbeiterameisen wie Engelsgesang.

Bonobos sind kleine Schimpansen.

Lange Zeit glaubte man, bei den Bonobos handele es sich um eine kleinwüchsige Unterart der Schimpansen. Die ausschließlich in der Demokratischen Republik Kongo lebenden Bonobos *(Pan paniscus)* stellen aber eine eigene Art dar, die mit den ein wenig größeren Gemeinen Schimpansen *(Pan troglodytes)* die Gattung der Schimpansen bildet. Von ihren größeren Verwandten unterscheiden sich die Bonobos vor allem durch die sanftere Wesensart und den etwas kleineren Körperbau. Vermutlich gingen die beiden Arten vor etwa zwei Millionen Jahren aus gemeinsamen Vorfahren hervor. Seither hat es aber keine Kreuzungen zwischen Schimpansen und Bonobos mehr gegeben, wie Untersuchungen der Erbsubstanz zeigten.

Außerdem gehört, anders als bei den Schimpansen, bei den Bonobos sehr viel Sex zum guten Ton. Sex dient zum Spannungsabbau zwischen einzelnen Individuen. Bonobos tauschen Nahrung gegen Sex und sind die einzige Tierart, bei der sich die Partner beim Sexualakt gelegentlich in die Augen schauen. Insgesamt geht es bei den Bonobos so zu, wie die Sensationspresse es sich in einer Sexkommune der 1960er-Jahre vorstellte.

Interessant, nicht nur in diesem Zusammenhang: Bonobos sind wahrscheinlich die den Menschen am nächsten verwandte Primatenart. Ihre DNA stimmt zu 98,77 Prozent mit der humanen Erbsubstanz überein.

Alle Vögel bauen Nester.

So ein Nest ist ganz praktisch: Zum einen fallen die Eier nicht vom Baum, zum anderen rollen sie nicht beim Brüten unter dem Vogel weg. Außerdem hält das Nistmaterial die Eier über einen etwas längeren Zeitraum warm, wenn Mutter oder Vater Vogel einmal außernestlich zu tun haben. Aber ein Nest zu bauen ist ein Riesenaufwand und kann einen oder zwei kleine Vögel ganz schön auf Trab halten. Also sparen sich ein paar Vogelarten die Arbeit: Da wäre zum Beispiel der Kuckuck, der gar nicht daran denkt, selbst ein Nest zu bauen. Er legt seine Eier einfach in fremde Nester und schenkt sich auch noch die lästige und energieraubende Aufzucht der Jungen. Und ob man die Brutgruben mancher Vogelarten Nester nennen sollte, erscheint fraglich. Flussregenpfeifer zum Beispiel legen ihre Eier einfach in eine Mulde im Kies eines Flusslaufs. Da die Eier aussehen wie Kieselsteine, sind sie gut getarnt. Eulen sind flexibel; sie brüten in Höhlen oder nutzen die verlassenen Nester anderer Vogelarten. Sogar einfach auf dem Waldboden kann man das Gelege einer Eule finden – aber immer mit der weiblichen Eule obendrauf. Sie verlassen ihre Eier während der ganzen Brutzeit nie. Alke und Lummen, beide Meeresvögel, machen es sich ganz einfach: Sie legen ihre Eier auf den blanken Fels.

Amseln und Drosseln sind verschiedene Vogelarten.

Wenn man es genau nimmt, bezeichnet das Wort *Amsel* eine Vogelart, das Wort *Drossel* aber eine ganze Vogelfamilie mit 66 Arten in gemäßigten Zonen und tropischen Regionen. Eigentlich kommen Drosseln weltweit vor. *Die* Drossel als Art gibt es nicht. Wenn eine einzelne Drosselart gemeint ist, muss man schon genauer werden und einen erweiterten Namen nennen. Zur Familie der Drosseln zählen Singdrossel, Einsiedlerdrossel, Wacholderdrossel und einige Dutzend Spezies mehr, darunter so exotische wie die Riesen-, die Kakao-, die Rahmbauch- oder die Nacktaugendrossel. Ach ja, und die Schwarzdrossel soll hier nicht vergessen werden, auch Amsel genannt.

Hummeln können nicht stechen.

Irrtum, sie tun es nur sehr selten. Man soll sich aber von ihrem niedlichen Aussehen nicht täuschen lassen: Über den dazu notwendigen Stachel verfügen Hummeln schon, zumindest die Königin und die Arbeiterinnen. Die männlichen Hummel-Drohnen sind unbewaffnet. Hummeln sind vergleichsweise friedliche Wesen, ihr Aggressionspotenzial ist gering. Nur wenn ein Mensch sie festhält, quetscht oder ihr Nest in Gefahr bringt, wehren sich die Tiere – grundlos und aus Boshaftigkeit stechen sie nicht. Erdhummeln wehren sich, wenn man ihr Nest öffnet.

Hummeln benutzen ihren Stachel aber nur nach Vorwarnung: Kaum zu glauben – bevor eine Hummel sticht, kündigt sie das an. Erste Warnstufe: Das Tier hebt sein mittleres Bein in Richtung des Angreifers, und das soll bedeuten: Vorsicht, ich bin bewaffnet! Lässt der Angreifer nicht von der Hummel ab, folgt die zweite Warnstufe: Das Brummen der Hummel wird lauter, sie dreht sich auf den Rücken und zeigt dem Angreifer das Hinterteil mit dem Stachel. Durch diese Lage auf dem Rücken kann sie erstaunlich fest zustechen. Wer jetzt nicht die Finger von dem Tier lässt, ist selbst schuld.

Glücklicherweise ist der Stich einer Hummel weniger schmerzhaft als der einer Biene oder Wespe, deren Stachel oft abreißt und, in der Wunde steckend, weiter Gift hineinpumpt. Das Hinterteil der Hummel bleibt heil, aber der Angreifer wurde hoffentlich abgeschreckt.

Eisbären fressen Robben und Pinguine.

Wer einen Zoo besucht, kann dort den Eindruck gewinnen, dass es sich bei Arktis und Antarktis um so gut wie dasselbe Biotop handelt. Neben dem Becken mit den Robben sind die Pinguine zu Hause, und gleich dahinter liegt das (hoffentlich großzügig angelegte) Gehege mit den Eisbären – ganz so, wie sie auch an Nord- und Südpol Nachbarn sind. Wirklich?

Gegen einen Pinguin auf ihrem Speisezettel hätten Eisbären vermutlich nichts einzuwenden, denn in ihrer Heimat am Nordpol wird ihr Lebensraum immer kleiner. Es wird immer schwieriger für sie, ihre Hauptnahrung, nämlich Robben, zu erbeuten. Andererseits dürften die in Freiheit lebenden Pinguine froh sein, dass ihnen im Laufe ihres Lebens nie ein Eisbär begegnen wird – am Südpol gibt es keine Eisbären, und auch nicht in den wärmeren Gebieten der Südhalbkugel, die manche Pinguinarten bewohnen. Deshalb haben Pinguine auch keine Angst vor Eisbären. Und wahrscheinlich hoffen die Pinguine auch, dass nicht irgendein verrückter Biologe auf die Idee kommt, Eisbären am Südpol anzusiedeln, um die Art vor dem Aussterben zu bewahren. Das genau nämlich droht den großen weißen Verwandten des Braunbären, wenn am Nordpol das gesamte Meereseis schmilzt.

Es gibt keine giftigen Vögel.

Wer von giftigen Tieren spricht, redet vermutlich über fiese Insekten, Schlangen mit bedrohlichen Giftzähnen oder Quallen mit meterlangen giftigen Fäden. Von giftigen Vögeln hat noch niemand gehört, oder? Der Zweifarbenpitohui aus Neuguinea macht seinem Namen alle Ehre, ist schwarz und orange gefärbt und darüber hinaus – äußerst selten unter Vögeln – sehr giftig. Seine Haut und seine Federn enthalten Homobatrachotoxin, ein starkes Gift, das zu schweren Muskelkrämpfen führt und dem Gift von südamerikanischen Pfeilgiftfröschen ähnelt. In deren Körper findet sich dieses allerdings in zehnmal höherer Konzentration. Das Gift bewahrt den Vogel sicher vor dem Gefressenwerden; auch die eingeborenen Papua haben ihn nicht auf ihrer Speisekarte. Vermutlich stellt der Zweifarbenpitohui sein Gift nicht selbst her, sondern nimmt es über die Nahrung auf: Eine Käferart, die übrigens auch schwarz und orange gefärbt ist, könnte die Quelle sein. Ein zweiter giftiger Vogel ist der Blaukappenflöter, er lebt ebenfalls in Neuguinea.

Übrigens stammt auch das Gift bunter exotischer Frösche vermutlich nicht aus Eigenproduktion, sondern wird über die Nahrung – besagte Käferart – aufgenommen. Ein Hinweis darauf ist die Tatsache, dass giftige tropische Frösche in Gefangenschaft ihre Toxizität verlieren.

Motten zieht es wie magisch ins Licht.

Eigentlich nicht. Es sind wir Menschen, die verschiedene Arten von nachtfliegenden Insekten in Lebensgefahr bringen, mit Magie hat das nichts zu tun. Sie stürzen sich keineswegs freiwillig in das Licht, das sie verbrennen lässt. Ihnen unterläuft ein Orientierungsfehler: Sie verwechseln eine künstliche Beleuchtung, eine Kerze oder offenes Feuer mit dem Mond. Motten und andere Insekten haben ein einfaches Orientierungssystem, um in der Dunkelheit geradeaus zu fliegen. Wenn der Mond links oder rechts von ihnen steht, fliegen sie immer geradeaus, weil er für sie unveränderlich an derselben Stelle bleibt. Das tut der Mond, weil er vergleichsweise weit entfernt ist. Verwechseln sie aber eine nahe Lampe mit dem Mond, so kommt bei ihrem Navigationssystem ein spiralförmiger Sturz in das Licht heraus. Das Tier versucht, seinen Orientierungsfehler – die Lichtquelle soll ja stillstehen – durch eine veränderte Flugrichtung zu korrigieren, die Todesspirale beginnt.

Der Eisvogel kommt aus dem hohen Norden.

Eis und Schnee sind nicht Sache dieser Vogelart, denn Eisvögel brauchen das ganze Jahr über offenes Wasser, um zu überleben. Dabei sind sie nicht wählerisch, sondern nehmen natürliche Gewässer wie Flüsse, Bäche, Teiche und Seen ebenso als Lebensraum an wie vom Menschen geschaffene Wasserflächen, zum Beispiel Kanäle oder Talsperren. Zwei Bedingungen müssen allerdings erfüllt sein: Es muss natürliche Steilufer mit einer relativ weichen Erdschicht für die Nisthöhlen geben und in den Gewässern müssen kleine

Fischarten vorkommen. Wo dies der Fall ist, finden sich in Europa und nahezu ganz Asien auch Eisvögel. Wenn das Klima mild ist, leben Eisvögel ortsfest, sonst werden sie zu Zugvögeln, die im Winter wärmere Regionen aufsuchen. Eis ist ihnen keine Freude, auch wenn der deutsche Name dies vermuten lässt.

Zur Entstehung ihres Namens gibt es mehrere Mutmaßungen: Er könnte mit dem althochdeutschen *eisan* zusammenhängen, was so viel wie *schillern* oder *glänzen* bedeutet. Das farbige Gefieder dieses Vogels ist ein Argument für diese Variante. Andere Deutungen beziehen sich auf die gute Sichtbarkeit des Vogels bei Eis und Schnee oder auf die eisblauen Rückenfedern. Auch eine Deutung als *eiserner Vogel* oder *Eisenvogel* existiert. Schließlich ist der Eisvogel auf dem Rücken stahlblau und an der Unterseite rostrot gefärbt. Früher stellte sich die Frage nach dem Namen seltener, denn da waren für den Vogel die Bezeichnungen Uferspecht, Blauspecht oder Königsfischer in Gebrauch. Königliche Züge sehen auch die Menschen in den englischsprachigen Regionen, denn dort wird er *kingfisher* genannt.

Fruchtzwerge stehen im Kühlschrank.

Zugegeben, es ist kein besonders populärer Irrtum, dass Fruchtzwerge anderswo als im Kühlschrank beheimatet sein könnten. Was hat denn dieser Joghurt mit einem Kapitel über Tiere zu tun? Eine ganze Menge, denn der Schokoladen-Fruchtzwerg ist keine Joghurtsorte (Schokolade gibt es sowieso nicht bei den Fruchtzwergen), sondern die Früchte fressende Fledermausart *Enchisthenes hartii*, die zu den Fruchtvampiren gehört. Er ernährt sich, wie der Name schon vermuten lässt, von kleinen Früchten, die er im Fluge von den Bäumen pflückt und dann gemütlich an einem Ast hängend verzehrt. Ihren deutschen Namen verdankt diese kleine Fledermaus, nur sechs Zentimeter lang und 17 Gramm schwer, wahrscheinlich ihrem schokoladenbraunen Fell.

Im Winter gibt es keine Insekten.

Zumindest tanzen sie uns nicht auf der Nase herum oder quälen uns mit ihren Stichen. Aber wo sind sie geblieben? Insekten sind wechselwarme Tiere, ihre Körpertemperatur ist abhängig von der Temperatur ihrer Umgebung. Ihr Blutkreislauf, ihr Stoffwechsel und ihre Muskeln funktionieren am besten, wenn es draußen angenehm warm ist. Zeigt das Thermometer zu tiefe Temperaturen, erstarren sie und können sich nicht bewegen. Viele Insekten sterben bei Frost, andere überwintern bewegungslos an geschützten Orten. Manche Insekten schützen sich im Winter durch ein selbst produziertes Frostschutzmittel in ihrem Körperinneren vor dem Erfrieren in der Kältestarre: Glyzerin, das auch im Kühlkreislauf des Automobils als Frostschutz verwendet wird. Mit seiner Hilfe können manche Arten sogar einfrieren, ohne Schaden zu nehmen. Sie überwintern sozusagen tiefgefroren. Das Überleben anderer Arten sichern Eier oder Larven tief im Boden.

Die Nachtigall singt nur nachts.

Das althochdeutsche Wort *gal* bedeutet tatsächlich *Gesang* – die Nachtigall ist also die *Nachtsängerin*. Aber auch wenn der Name dies vermuten lässt: Nachtigallen singen auch tagsüber, und zwar keinesfalls weniger eindringlich und ergreifend. Allerdings mischt sich ihr Gesang, beginnend mit dem frühen Morgen, mit den Rufen und Melodien aller anderen Vogelarten und wirkt daher weniger prominent und auffällig, zumal einige Sänger im Chor der Singvögel die Nachtigall an Lautstärke deutlich übertreffen. Wer sich wieder ganz dem wunderbar vielfältigen Gesang der Nachtigall widmen möchte, muss also bis nach Sonnenuntergang warten und kann dann eines ihrer Solokonzerte belauschen.

Giftschlangen sterben, wenn sie sich auf die eigene Zunge beißen.

Nein, Schlangen sterben natürlich nicht am eigenen Gift, und zwar aus unterschiedlichen Gründen. Zum einen: Sie beißen sich einfach nicht selbst. Ihr Kiefer ist so gebaut, dass sie sich nicht mit den eigenen Giftzähnen verletzen können. Zum anderen sind die meisten Arten gegen ihr eigenes Gift immun. Ebenso geschützt sind auch andere giftige Tiere, zum Beispiel der Pfeilfrosch oder der Kugelfisch. Ihr Körper ist gegen das mit der Nahrung aufgenommene oder selbst hergestellte Gift völlig unempfindlich. So verhält es sich meist, aber es gibt auch Schlangenarten, die ihr arteigenes Gift ganz und gar nicht vertragen und deshalb wie ihre Opfer zu Schaden kommen, wenn sich unterschiedliche Individuen der gleichen Art gegenseitig beißen.

Waschbären waschen ihr Futter, bevor sie es fressen.

Hach, wie reinlich sind sie doch, die niedlichen kleinen Bären, die sich auch bei uns in Westeuropa in immer größerer Stückzahl ansiedeln. Jedes Stück Nahrung wird gewaschen, bevor sie es sich ins Maul stecken – könnte man glauben. In Wirklichkeit handelt es sich bei in Freiheit lebenden Waschbären um ein Verfahren, Beute zu machen. Vom Ufer aus tasten sie im flachen Wasser eines Baches oder Flusses nach etwas Essbarem und haben dabei häufig Erfolg. Sie erbeuten zwischen den Steinen und Wurzeln am Rande des Gewässers Muscheln, Schnecken, Krebse, Würmer und Insektenlarven. Diese Art der Nahrungssuche scheint ihnen angeboren zu sein, denn wenn man sie in Gefangenschaft daran hindert, führen sie die Bewegungen in einer Art Übersprunghandlung dennoch aus. Das sieht zwar niedlich aus, aber anstatt uns daran zu begeistern, sollten wir uns lieber Gedanken über die artgerechte Haltung von Wildtieren machen.

Delfine sind Meeresbewohner.

Was für eine Sensation, wenn einmal ein Delfin den Rhein stromaufwärts schwimmt! Von den 40 Arten in dieser Familie der Zahnwale leben 35 im Meer, darunter der Gemeine Delfin, der Große Tümmler und der Orca oder Große Schwertwal. Fünf Spezies kann man aber auch regelmäßig in einem Fluss antreffen, wobei eine Art, der Chinesische Flussdelfin, vom Aussterben bedroht oder vielleicht schon ausgestorben ist. Der Amazonasdelfin ist, wie der Name schon vermuten lässt, in den Flüssen des Amazonasbeckens in Südamerika zu finden und erfreut uns mit einer ausgesprochen seltenen Farbe im Tierreich: Erwachsene Tiere sind rosa. Anders als seine Verwandten im Meer lebt er ruhig und einzelgängerisch. Der La-Plata-Delfin ist die kleinste Art und kommt im Flusssystem des Rio de la Plata vor. Auch die übrigen Flussdelfine leben im mittleren Südamerika. Der Chinesische Flussdelfin kam ausschließlich im Jangtsekiang vor. Trotz intensiver Suche konnte aber kein lebendes Tier mehr nachprüfbar nachgewiesen werden.

Das Schnabeltier ist das einzige giftige Säugetier.

Bei den wirklich hoch entwickelten Säugetieren hat sich die Natur wohl dazu entschlossen, auf die Nutzung von Gift zu verzichten. Raubtiere wie Löwen haben keine Giftzähne, und selbst die schwächsten und kleinsten Säugetiere nutzen effektiv andere Mittel und Methoden zu ihrer Verteidigung als Gift. Nur ein einziges, sehr altes Säugetier, das sogar noch Eier legt, greift noch auf giftige Substanzen zurück: das Schnabeltier. Und auch bei dieser Tierart sind es nur die Männchen, die rund 1,5 Zentimeter lange Giftsporne an den Hinterbeinen besitzen. Das Gift kommt vermutlich in den Paarungskämpfen der Männchen zum Einsatz und bringt einen damit vergifteten Rivalen nicht um, soll aber stark genug sein, um einen angreifenden Hund zu töten oder bei einem Menschen langwierige, stark schmerzende Schwellungen zu verursachen. Also Finger weg vom Schnabeltier! Sonst kann uns ja in Sachen Vergiftung nichts passieren im Bereich der Säugetiere – alles, was ein Fell hat, ist ungiftig, oder?

Großer Irrtum! Gleich drei weitere Säugetiere verfügen über Gift. Die zu den Feuchtnasenaffen zählenden Plumploris produzieren in einer Drüse am Arm ein Gift, das im Zusammenhang mit ihrem Speichel seine Wirkung entfaltet. Sie nutzen es zum Beutefang und um ihre Jungen zu schützen. Sie schlecken sie einfach ab und machen sie so als Beute für Angreifer sehr unappetitlich.

Zu den weiteren Tierarten, die auf Gift setzen, gehören die Kurzschwanzspitzmäuse. Die gerade einmal acht Zentimeter langen und bis zu 30 Gramm schweren Raubtiere töten kleinere Beute mit Krallen und Zähnen, können aber auch größere Tiere erlegen. Dazu benutzen sie das Gift in ihrem Speichel. Die ebenfalls bei uns lebende Wasserspitzmaus fängt ihre Beute unter Wasser und nutzt wie ihre Verwandte giftigen Speichel.

Wie große Spitzmäuse sehen der Kuba-Schlitzrüssler und der Haiti-Schlitzrüssler aus, zwei seltene Tierarten, von denen nur noch sehr wenige Exemplare existieren. Auch ihr Speichel ist giftig, man wird aber kaum die Gelegenheit bekommen, ihnen über den Weg zu laufen.

Bei den Tieren kümmern sich die Weibchen um Aufzucht und Brutpflege.

Es stimmt schon, bei den Säugetieren ist die Mutter sehr gefragt: Nur sie hat die Milch zur Ernährung des Nachwuchses. Bei anderen Tierarten können aber auch die Väter bei Aufzucht und Brutpflege mithelfen. Bei den maulbrütenden Fischarten gibt es zum Beispiel solche, bei denen die befruchteten Eier bis zum Schlüpfen im Maul des Vaters verbleiben und bei denen die Jungen bei Gefahr in das Maul des Vaters fliehen. Bei den Geburtshelferkröten sammelt das Männchen die vom Weibchen gelegten Eier ein und wickelt sich die Eischnüre um die Hinterbeine. Anschließend trägt es die Eier etwa 20 bis 50 Tage mit sich herum. Dann erst landen sie in einem Teich, wo der Nachwuchs schlüpft und als Kaulquappen bis zur Verwandlung in neue Kröten im Wasser lebt. Bei den Seepferdchen verfügt das Männchen über eine Bruttasche, in der es die befruchteten Eier sammelt, manchmal von mehreren Weibchen. Nach zehn bis zwölf Tagen »gebiert« das Männchen die Jungen in einem Versteck im Seegras. Tierarten, bei denen Männchen und Weibchen gemeinsam Brutpflege betreiben, sind nicht selten. Die tierische Vaterrolle umfasst durchaus auch häusliche Aufgaben und solche der »Kindererziehung«.

Haie kriegen keinen Krebs.

Aus Haiknorpel hergestellte Präparate helfen gegen Krebs, das weiß man doch! Wer dieser Behauptung auf den Leim geht und ein Nahrungsergänzungsmittel auf Basis von Haiknorpel kauft, ist Opfer einer weitverbreiteten und ziemlich simplen Lügengeschichte. Haie denken positiv, behaupten immer wieder selbst ernannte Knorpelfisch-Psychoneuroimmunologen. Demnach sollen Haie stets supergut gelaunt sein (grinsen die nicht immer?), denn sie haben ja keine Angst vor gar nichts und somit auch keinen Stress. Wer sollte ihnen, den gefährlichen Raubfischen mit den messerscharfen Zähnen, etwas zuleide tun? Sie schwimmen, von der Natur als perfekte Jäger ausgestattet, durch ein Meer voller Nahrung in Hülle und Fülle und haben keine natürlichen Feinde. Da muss man doch positiv denken ...

Zum einen haben Haie sehr wohl natürliche Feinde: Delfine verteidigen sich sehr effektiv mit Stößen ihrer Schnauze in die Kiemen von Haien, und wenn Große Schwertwale in der Nähe sind, sollten Haie lieber das Weite suchen. Die größten Raubtiere der Welt haben nämlich Haie zum Fressen gern, betäuben sie mit ihren Schwanzflossen, und aus den gefährlichen, bis zu sechs Meter langen Raubfischen wird hilflose Beute. Positives Denken? Kein Stress? Ach ja, und dann wäre da noch der Mensch, der Haie zu Suppe und Nahrungsergänzungsmitteln verarbeitet.

Zum anderen sind in einem Krebsregister niedriger Tierarten der George Washington University bei Haien von Meeresbiologen vorgefundene Krebsarten dokumentiert. Entdeckt wurden Hirntumore, Geschwulste in den Nieren und Hoden sowie bösartige Missbildungen der Haut. Die Krone der Absurdität: In den Knorpeln der Haie, die ängstlichen Menschen zu Überpreisen als Mittel gegen Krebs verkauft werden, finden sich beim Hai häufig Sarkome.

Hunde, die mit dem Schwanz wedeln, freuen sich.

Eigentlich bedeutet das Schwanzwedeln: Der Hund ist aufgeregt, wachsam, handlungsbereit. Ja, auch wenn er freudig erregt ist, wedelt er mit dem Schwanz. Deshalb mag im häuslichen Umfeld des Hundehalters die eigentlich nicht ganz richtige Deutung »Er freut sich!« zutreffen. Was der Hund aber letztlich ausdrücken will, hängt von seiner Körpersprache ab. Wenn er sich zum Beispiel mit hocherhobenem Kopf und aufgestellten Ohren groß macht (Imponiergehabe), mag das Wedeln mit dem Schwanz auch der Verteilung seines Duftes in der Umgebung dienen. Die Sprache der Hunde ist eben eine Fremdsprache für uns Menschen, die es zu erlernen gilt. Immer daran denken: Einen fremden Hund kann man leicht missverstehen.

Fische können nicht hören.

Wie konnte es dann sein, dass im alten China Goldfische mit einem Glöckchen herbeigerufen werden konnten? Und dann gab es in den 1920er-Jahren den Verhaltensforscher Karl von Frisch, der einen Wels namens Xaverl mit einem

Pfiff aus seiner Höhle locken konnte. Es kommt ganz darauf an, wie man Hören definiert. Wenn man sagt, Hören ist die Wahrnehmung von Schallwellen, ist damit nicht unbedingt gesagt, dass man diese mit Ohren wahrnehmen muss, wie sie an unserem Kopf sitzen.

Fische besitzen sehr wohl innere Ohren, die speziell für das Hören unter Wasser ausgelegt sind, aber auch Geräusche jenseits der Wasseroberfläche wahrnehmen können. Überhaupt nehmen sie Geräusche mit dem ganzen Körper auf. Einige Fische nutzen zusätzlich ihre gasgefüllte Schwimmblase als Resonanzkörper. Und: Fische verfügen über ein ausgesprochen empfindliches Organ in ihrer Seitenlinie, das feinste Schwingungen und Druckunterschiede wahrnehmen kann, wie sie auch durch Geräusche entstehen. Übrigens: Die Geräusche eines im Meer vorüberfahrenden Schiffes können für die darunter befindlichen Fische unerträglich laut sein.

Eintagsfliegen leben nur einen Tag lang.

Keine sonderlich lange Lebensspanne, denkt sich ein Mensch, dessen Existenz auf dieser Erde mehrere Jahrzehnte dauern kann. Stimmt es wirklich, dass diese bemitleidenswerten Tiere nur einen Tag alt werden? Manche Eintagsfliegen schaffen nicht einmal das, sie leben als fertige Insekten nur vier bis fünf Stunden. Andere Arten – allein in Mitteleuropa gibt es über 100 – schaffen drei Tage. Auf jeden Fall immer lange genug, um sich zu paaren und Eier abzulegen. Sie können nicht einmal fressen, denn ihre Mundwerkzeuge und ihr Verdauungsapparat sind verkümmert. Dennoch ist ihr Leben nicht kurz: Sie haben zuvor mehrere Jahre als Larven im Wasser von Bächen, Flüssen und Seen gelebt.

Maulwürfe sind blind.

Es gibt verschiedene Qualitäten des Sehens. Sicher reichen die Augen des Maulwurfs, der sie in der Dunkelheit unter der Erde kaum benötigt, nicht einmal im Entferntesten an die großartige Auflösung eines Raubvogel-Auges heran. Das müssen sie auch nicht, denn Gehör, Geruchs- und Tastsinn sind für das unterirdische Leben großartig ausgebildet und zu Höchstleistungen fähig. Aber ganz und gar blind sind Maulwürfe nicht. Sie können hell und dunkel unterscheiden und sicher auch Umrisse erkennen, denn sonst wären sie bei ihren ziemlich seltenen Ausflügen an die Oberfläche etlichen Gefahren ausgesetzt, zum Beispiel Angriffen durch die sehr gut sehenden Raubvögel. Auch wenn das Sprichwort es behauptet – blind wie ein Maulwurf sind Maulwürfe nicht.

Fische sind stumm.

Wer zu Hause ein Aquarium hat, wird nicht unbedingt behaupten, er habe neulich die Unterhaltungen seiner Fische belauscht. Fischgeräusche gehören nicht zu unserem Alltagslärm. In ihrem natürlichen Lebensraum aber geben viele Fische eine Fülle von Geräuschen von sich. Sie brummen, klickern, meckern, quietschen, grunzen und knurren – jede Art hat ihre eigene Sprache. Mit ihren Geräuschen werben Fische um Partner, verteidigen ihr Unterwasserrevier und versuchen, sich Feinde vom Leib zu halten. Die jeweiligen Geräusche erzeugen sie auf unterschiedliche Weise. Die Fischfamilie der Knurrhähne verdankt ihren Geräuschen sogar ihren Namen. Oft helfen wie beim Hering die Schwimmblase oder der Darm bei der Schallerzeugung, manchmal sind es die Flossengelenke oder die Kiemendeckelknochen, mit deren Hilfe sich Fische akustisch bemerkbar machen.

Das lauteste Geräusch der Tierwelt ist das Brüllen eines Löwen.

Wer mag schon widersprechen, gilt doch der Löwe als König der Tiere. Jedoch sind die Rekordhalter in Sachen Lautstärke keine Raubkatzen oder sonstige landlebende Säugetiere, sondern unter Wasser lebende Gliederfüßler, sogenannte Knall- oder Pistolenkrebse. Mit ihren Scheren produzieren sie auf ziemlich komplizierte Weise extrem laute Knallgeräusche, in einem kleinen Bereich Temperaturen wie auf der Sonnenoberfläche und einen gezielten Wasserstrahl – eine erstaunlich wirksame Waffe, die sie zur Verteidigung und für den Beutefang einsetzen.

Murmeltiere schlafen wie … die Murmeltiere eben.

Stimmt es, dass Murmeltiere so viel schlafen? Wenn sie im Frühjahr einmal wach geworden sind, schlafen sie in der warmen Jahreszeit nicht mehr als andere Tierarten auch. Aber wenn sie im Herbst in den Winterschlaf gefallen sind, werden sie so schnell nicht mehr wach. Bis zum Oktober muss sich ein Murmeltier eine ganze Menge Winterspeck angefuttert haben, denn es wird bis April schlafen – mehr als sechs Monate! Das liegt am Lebensraum im Hochgebirge, in dem es in der kalten Jahreszeit sehr ungemütlich ist. In dieser Zeit wäre es für die Murmeltiere schwierig, Nahrung zu finden. Deswegen schlafen sie im Winter wie die Murmeltiere. Aber: nur im Winter.

Vögel haben keine Ohren.

Einige Arten wie die Waldohreule oder der Uhu besitzen Federbüschel am Kopf, aber im eigentlichen Sinne sind es keine Ohren wie bei Säugetieren oder Menschen. Vögel haben keine Ohren, oder genauer gesagt: Ohrmuscheln. Ohren besitzen sie nämlich durchaus. Allerdings sind diese häufig unter dem Gefieder verborgen. Wozu sonst sollten die Männchen der Singvögel ihr Lied anstimmen, wenn die Weibchen oder Revierkonkurrenten sie doch nicht hören könnten? Mehr noch: Vogelweibchen erfahren über die Art und Weise und die Lautstärke des Gesangs, wie gesund und leistungsfähig ein potenzieller Bewerber um ihre Gunst ist. Warum allerdings manche Singvögel wie Singdrosseln, Rotkehlchen und Nachtigallen so komplexe und vielstrophige Gesänge anstimmen, ist noch nicht geklärt. Fest steht: Je komplizierter der Gesang, desto ausgeprägter das Revierverhalten. Gute Sänger sind Einzelgänger, Vögel mit einfacheren »Liedern« wie der Haussperling leben oft gesellig in Gruppen.

Menschen und Dinosaurier lebten gemeinsam auf der Erde.

Spielfilme, Comics und einfallsreiche Fantasygeschichten verwischen die Wahrheit. Entweder hat sich irgendwo in der Welt des modernen Menschen noch eine Restpopulation an sich ausgestorbener Riesenechsen gehalten oder frühzeitliche Horden kämpften tapfer gegen überlegende Reptilien.

Nein, Urmenschen und die großen Dinosaurier sind sich nie begegnet, Millionen von Jahren liegen zwischen dem Verschwinden des letzten Dinosauriers und dem Erscheinen des ersten Urmenschen, so die gängige Lehrmeinung.

Es gibt aber durchaus widersprüchliche Ansichten zu den gängigen Theorien der Paläontologie. Nicht nur die streng bibeltreuen Kreationisten glauben, dass Menschen und Dinosaurier diesen Planeten für einige Zeit gemeinsam bevölkert haben. Auch andere Verschwörungstheoretiker unterstellen der Wissenschaft Ignoranz und behaupten, dass all die alten Sagen und Märchen über Drachen und Seeungeheuer ganz einfach zu erklären sind: In ihren Vorstellungen übernehmen Dinosaurier diese Rollen. Und das Bild eines Urmenschen im Bärenfell mit Keule vor einem Panorama mit diversen Dinosauriern passt einfach zu schön in die Vorstellung mancher fantasiebegabter Mitmenschen. Adam und Eva auf dem Rücken eines gigantischen Brachiosaurus – das hat doch was! Leider sprechen die Fakten dagegen. Nach der Radiokarbonmethode lassen sich Fossilien zeitlich ziemlich genau bestimmen, und die letzten Dinosaurier starben 65 Millionen Jahre vor unserer Zeit.

Der Kuckuck ist ein erfolgreicher Nestschmarotzer.

Die Strategie ist einfach: Das Kuckucksweibchen fliegt in einem unbeobachteten Moment die Nester anderer Vogelarten an – darunter so unterschiedliche wie Grasmücke, Rotschwänzchen, Rotkehlchen, Teichrohrsänger und Bachstelze – und legt ein eigenes Ei ins Nest der Wirtsvögel. Das geschieht in Sekundenschnelle. Damit der Schwindel nicht auffliegt, frisst das Kuckucksweibchen ein Ei aus dem Gelege des Wirtsvogels oder wirft eines der Eier aus dem Nest. Oft bemerken die Wirtsvögel den Schwindel nicht. Sind die Jungvögel geschlüpft, geht es den Jungen der Wirte an den Kragen. Der junge Kuckuck wächst mit erstaunlicher Geschwindigkeit und wirft, wenn er groß genug ist, eines seiner »Stiefgeschwister« nach dem anderen aus dem Nest. Ein Kuckucksweibchen kann in einer Saison fünf bis 25 fremde Nester mit seinen Eiern »beglücken«.

So erfolgreich, wie man annehmen könnte, ist die Strategie des Kuckucks aber nicht immer: Manche Vogelarten, zum Beispiel Bachstelzen, erkennen das fremde Ei und werfen es aus dem Nest. Andere verwerfen das ganze Gelege und fangen anderswo neu an. Wieder andere bauen über dem Gelege mit dem Kuckucksei mit frischem Nistmaterial ein neues Nest und legen neue Eier oben auf das alte Gelege. Legt der Kuckuck sein Ei in das Nest einer Art mit nestflüchtenden Jungen, wird das Kuckucksjunge verhungern. Ein ähnliches Schicksal erwartet das Junge, wenn das Kuckucksweibchen das Nest eines Haussperlings erwischt. Die Sperlinge brüten das Ei zwar aus, verweigern dem Kuckucksküken aber konsequent das Futter.

Eichhörnchen sammeln vor strengeren Wintern größere Vorräte.

Tiere haben unterschiedliche Strategien entwickelt, um durch die kalte Jahreszeit zu kommen. Einige suchen wärmere Regionen auf, wie die Zugvögel. Andere bleiben an Ort und Stelle und schaffen es trotz der kalten Witterung, am Leben zu bleiben, zum Beispiel viele Singvögel. Ameisen ziehen sich in ein spezielles Winternest unter der Erde zurück. Andere Tiere tragen den Wintervorrat gleich bei sich – als Winterspeck. Sie verbringen dann den Winter meist schlafend, im Winterschlaf eben.

Zu den Tieren, die spezielle Wintervorräte anlegen, gehören die Eichhörnchen. Sie sammeln im Herbst Nüsse, Eicheln, Bucheckern und die Zapfen von Nadelbäumen und vergraben sie im Boden. Eine vorausschauende Wetter- bzw. Klimaprognose für die folgenden Wintermonate können diese Tiere aber nicht erstellen. Sie nehmen das, was sie finden – in mageren Jahren weniger, in Jahren des Überflusses mehr, wobei das Angebot von Temperatur und Niederschlag in der jeweiligen Sommerzeit abhängt und auch Schädlingsbefall eine Rolle spielen kann.

Maikäfer gibt es nur im Mai.

Es gibt sie schon im Rest des Jahres, allerdings führen sie dann ein ziemlich verborgenes Dasein. Den größten Teil seines Lebens verbringt ein Maikäfer unterirdisch. Zunächst lebt er als Larve, Engerling genannt, in der Erde. Zum Ende des Sommers verpuppt sich der Engerling und schlüpft spätestens im Frühherbst als Käfer aus der Puppenhaut. Den Winter verbringt der Käfer im Boden, wo es gemütlich warm ist, wenn draußen Schnee und Eis herrschen. Erst im Frühjahr, meist in den Monaten April und Mai, krabbeln alle Maikäfer gemeinsam aus der Erde hervor und fliegen zu nahe gelegenen Laubbäumen, um Blätter zu fressen und sich zu vermehren. Den Käfern bleibt nur eine Lebensspanne von vier bis sieben Wochen. Die Männchen sterben nach der Befruchtung der Eier, die Weibchen nach der Eiablage. Nach etwa sechs Wochen schlüpfen aus den Eiern neue Engerlinge – die nächste Generation Maikäfer.

Aus einem halbierten Regenwurm entstehen zwei neue.

Mit dieser Schutzbehauptung beruhigen sich vermutlich Gärtner, die mit ihrem Spaten beim Graben aus einem quicklebendigen Regenwurm zwei zuckende Regenwurmteile gemacht haben. Es ist ja nicht so schlimm – das beschädigte Ende wächst wieder nach, und dann kriechen zwei Regenwürmer durch den saftigen Mutterboden.

Irrtum, nur mit viel Glück können Regenwürmer eine Teilung überleben. Regenwürmer bestehen aus weit über 100 ringförmigen Segmenten, die sich fast alle gleichen. Die Funktion eines verlorenen Segments kann also durch ein anderes übernommen werden. Einige Teilstücke jedoch haben besondere Funktionen, etwa der Kopf. Wird der Wurm in Kopfnähe durchteilt, stirbt das kurze Kopfende ab. Ist der Teil zwischen dem neunten und fünfzehnten Segment unbeschädigt geblieben, bildet das Hinterteil einen neuen Kopf aus. Ist dieser Teil mit den regenerativen Organen beschädigt, sterben wahrscheinlich beide Enden. Weder kann das kurze Kopfende einen Schwanz noch das lange Hinterteil einen neuen Kopf bilden. Wenn das hintere Segment in diesem Fall die Teilung lange genug überlebt, bilden sich zwar neue Segmente aus, aber es entsteht ein Regenwurm mit zwei Hinterteilen, der verhungert, weil er keine Mundwerkzeuge hat. Ein Wurm, der einen Teil seines Schwanzes verliert, kann diesen regenerieren.

Vogelspinnen sind tödlich giftig.

Vogelspinnen – es gibt über 900 Arten – gehören zu den ältesten Lebewesen auf der Erde. Es gibt sie seit 350 Millionen Jahren. Für manche Leute sehen sie gruselig aus und viele glauben, ihr Biss sei tödlich. Aber: Es ist zwar nicht angenehm, von einer Vogelspinne gebissen zu werden, aber die Folgen sind ungefähr so schlimm wie die eines Wespenstichs. Bei allergischen Reaktionen kann es natürlich gefährlicher werden. Auch Infektionen der Bisswunde können Probleme verursachen – sie sollen recht häufig vorkommen. Bei manchen Arten kommt es bei den Gebissenen auch zu Muskelkrämpfen und Benommenheit. Viel giftiger hingegen sind bestimmte Arten von Trichternetzspinnen in Australien. Ihr Gift ist tödlich, wenn nicht sofort ein Gegenmittel gespritzt wird.

Die beiden am häufigsten in Deutschland heimischen größeren Spinnenarten – Kreuzspinne und Wasserspinne – sind übrigens für Menschen nicht sonderlich gefährlich. Zwar können sie beißen, wenn man sie bedrängt, aber der Schmerz soll in etwa einem Bienen- oder Wespenstich gleichkommen. Menschen und Wasserspinnen treffen nur selten aufeinander, weil Wasserspinnen nur in sauberen Seen unter Wasser zu finden sind. Einzig der versteckt lebende Dornfinger *(Cheiracantium punctorium)*, eine wärmeliebende Spinnenart aus dem Mittelmeerraum, die in warmen Regionen Deutschlands vereinzelt vorkommt, besitzt ein etwas stärkeres Gift, das auch für Menschen unangenehme Folgen haben kann.

Schlangen fühlen sich schleimig und glitschig an.

Auf diese Idee können nur Menschen kommen, die eine Schlange noch nie angefasst haben. Wie kommt es zu der Vorstellung von der glitschigen Schlange? Auf den ersten Blick ähneln ja besonders kleine Schlangen von Form und Bewegungseigenschaften her Würmern. Eine feuchte Schleimhautoberfläche haben sie aber nicht. Trocken und hart, muskulös und elastisch sind eher Eigenschaften, die zur Oberfläche einer Schlange passen. Menschen, die eine Schlange in der Hand hatten, beschreiben sie als angenehm kühl, trocken und glatt, wie ein geschmeidiger Muskelstrang mit einer Oberfläche aus Leder. Kein Schleim, nichts Glitschiges.

Schmetterlinge sind zerbrechliche und empfindliche Wesen.

Einerseits ja – mit unseren großen und groben Fingern können wir den zarten Körper eines Schmetterlings leicht beschädigen oder sogar zerstören. Andererseits ertragen Schmetterlinge Strapazen, die man einem so leicht gebauten und zarten Wesen gar nicht zutrauen würde: Manche Arten legen auf ihren Wanderungen Abertausende von Kilometern zurück.

So die Monarchfalter: Millionen dieser Schmetterlinge in den Farben Orange und Schwarz wandern regelmäßig auf der Flucht vor dem harten nordamerikanischen Festlandswinter aus dem Norden in ihr Winterquartier in einem Bergwald in der mexikanischen Sierra Nevada nordwestlich der Hauptstadt Mexiko. Sie kommen aus verschiedenen Staaten der USA und sogar aus Kanada. Bis zu 4000 Kilometer legen sie zurück. Erstaunlich ist dabei nicht nur die reine Flugleistung. Die Falter werden im Norden geboren, finden aber dennoch zielsicher ihr Winterquartier. Erfahrung oder Erinnerung kann ihnen dabei nicht helfen. Forscher vermuten, dass die Reiseroute ihnen mit dem Erbgut übermittelt wird.

Das Faultier ist das langsamste Tier.

Keineswegs, denn etliche Tierarten sind langsamer. Das Dreifinger-Faultier *(Bradypus tridactylus)* bringt es am Boden immerhin auf eine Durchschnittsgeschwindigkeit von 1,8 bis 2,4 Meter pro Minute – also bis zu 0,144 Kilometer pro Stunde. In seinem liebsten Lebensraum hoch in den Bäumen erreicht es seine Spitzengeschwindigkeit: 4,6 Meter pro Minute, was 0,28 Kilometern pro Stunde entspricht. Die Bernsteinschnecke ist mit nur zwei Zentimetern pro Minute deutlich langsamer – 0,0012 Kilometer pro Stunde. Auch die »superschnelle« Weinbergschnecke mit ihren sieben Zentimetern pro Minute (0,0042 Kilometer pro Stunde) und die pfeilschnellen Nacktschnecken (elf Zentimeter pro Minute = 0,0066 Kilometer pro Stunde) lassen das Faultier raketenschnell erscheinen. Den absoluten Rekord stellen aber Korallen und etliche Muschelarten auf. Ja, Korallen sind Tiere und keine Pflanzen. Durchschnittsgeschwindigkeit: null Kilometer pro Stunde – Korallen und Muscheln sitzen meist ortsfest auf einem Untergrund.

Zoos retten gefährdete Tierarten.

Hier handelt es sich um ein strittiges Thema, aber wahrscheinlich um einen Irrtum von Menschen, die sich für Zootiere begeistern können. Die meisten gefährdeten Tierarten lassen sich zwar in einem Zoo halten, für ihre Populationen in der freien Natur bringt das aber keinen Vorteil, denn die in einem Zoo gezüchteten Tiere können in den meisten Fällen nicht ausgewildert werden. Im Zoo aufgewachsene Raubkatzen, Bären und Menschenaffen werden in ihrem natürlichen Biotop nicht überleben, weil ihre natürlichen Instinkte verkümmert sind und sie im Zoo lebenswichtige Verhaltensweisen nicht erlernen können. Raubtiere zum Beispiel haben im Zoo die Angst vor Menschen verloren und es sehr leicht zu gefährlichen Konfrontationen kommen würde. Auch für das Auswildern von Nashörnern, Giraffen oder Eisbären stehen die Chancen schlecht. Bei kleineren, robusteren Arten zeigen die Nachzuchtprogramme der Zoos allerdings Erfolge. Bestimmte Haiarten, Schildkröten und Krokodile konnten schon wieder ausgewildert werden.

Bienen stellen Honig aus Nektar her.

Die folgenden Zeilen könnten Ihnen den Appetit verderben: Der von vielen Honigliebhabern besonders geschätzte Tannenhonig wird gar nicht aus Nektar hergestellt. Wie auch, Tannen sind schließlich keine Blütenpflanzen. Das Grundmaterial für den Tannenhonig ist Honigtau, ausgeschieden von Blatt- und Rindenläusen, die in den Wäldern Pflanzensäfte aus den Nadeln und der Rinde von Bäumen saugen. Fichten, Douglasien, Kiefern und Tannen dienen als Wirtspflanzen. Der Honigtauhonig von der Weißtanne *(Abies alba)* hat zum Beispiel einen kräftigen und würzigen Geschmack, zeigt einen grünlich-schwarzen Farbton und bleibt über viele Jahre flüssig.

Neben dem Nadelbaumhonig gewinnen Bienen auch Blatthonig, der etwa von Eiche, Linde und Ahorn stammen kann. Ein Mischung daraus stellt der Waldhonig dar. Er enthält neben Honigtauhonig auch zu einem gewissen Anteil den Nektar von Blütenpflanzen. Waldhonig unterscheidet sich je nach Gehalt der Grundmaterialien in Geschmack und Farbe.

Im Zoo kann man etwas über Tiere lernen.

Ja, das schon, aber Zoobesucher lernen nur, wie sich bestimmte Tierarten in einem Zoo verhalten. Auch bei größten Anstrengungen kann ein Gehege den meisten Tieren nicht den natürlichen Lebensraum ersetzen. Weder können Raubtiere auf natürliche Weise Beute machen, noch Vögel wie in Freiheit fliegen oder Meerestiere frei schwimmen. Menschen wie Pfleger und Zuschauer verändern das soziale Verhalten von Tieren, die in Gruppen leben, und verhaltensgestörte Tiere vermitteln einen falschen Eindruck von der tatsächlichen Wesensart dieser Lebewesen. Tierarten, die ihr natürliches Bewegungsbedürfnis nicht befriedigen können, zeigen Übersprungreaktionen wie das »Herumtigern«. Die im Vergleich zur Natur geringeren Anforderungen an die Aktivität lassen Tiere apathisch werden – sie müssen sich in vielen Fällen ja noch nicht einmal um ihre Futtersuche kümmern.

Zoos fördern den Artenschutz.

Die Vorstellung, dass sich Zoobesucher für die dort ausgestellten großartigen Tierarten begeistern und sich deshalb für ihre Erhaltung engagieren könnten, ist ein Irrglaube. Die Haltung »Es ist ja nicht so schlimm, wenn manche Tierarten aussterben – es gibt immer noch welche in den Zoos, die man notfalls wieder auswildern kann« ist falsch. Die Tierschutzorganisation PETA nennt ein Beispiel: Im Jahre 1844 öffnete der Berliner Zoo seine Pforten, einer der ersten in Deutschland. Zu diesem Zeitpunkt gab es in Asien noch etwa 100 000 Tiger. Mittlerweile ist die Population dieser großen Raubkatzen auf 3200 Exemplare geschrumpft – und das, obwohl sie in zahllosen Zoos überall auf der Welt präsentiert werden. Das Interesse an Artenschutz fördern Zoos offenbar nicht. Auch handeln sie nicht immer nach Artenschutz-Gesichtspunkten. Noch immer sind zahlreiche Tiere in deutschen Zoos sogenannte Wildfänge – Tiere, die ihrem natürlichen Lebensraum entrissen wurden. Hierzu zählen Elefanten, Menschenaffen, Robben und Delfine, Haie, andere Fischarten und Korallen. Wildfänge sind für Zoos notwendig, weil der Genpool der im Zoo lebenden Tiere zu klein ist und schon nach kurzer Zeit »frisches Blut« gebraucht wird – andernfalls können bei den Nachtzuchten schwere genetische Defekte durch Inzucht auftreten.

Der Holzwurm ist ein Wurm.

Nein, wie das Glühwürmchen ist auch dieser Wurm ein Käfer, und zwar ein winzig kleiner. Der Gemeine oder Gewöhnliche Nagekäfer *(Anobium punctatum)* erreicht nur etwa 2,5 bis 5 Millimeter Körperlänge und sieht nicht aus wie ein Wurm. Wurmartig sehen nur seine Larven aus, die alles aus Holz annagen: Hölzerne Kunstobjekte, Möbel, Musikinstrumente und jede Art von Geräten aus Holz können ihnen zum Opfer fallen.

Da Käfer und Larven es gern kühl und feucht mögen, stehen besonders Holzgegenstände in Kirchen auf ihrer Speisekarte. Immerhin belassen sie es bei ihrer Nagearbeit häufig bei Schäden im Splintholz, sodass zum Beispiel Sitzbänke ihre Stabilität nicht verlieren und der Pfarrer keinen plötzlichen Absturz mit seiner hölzernen Kanzel befürchten muss. In schlimmen Fällen können sie aber sogar das Kernholz befallen und die Statik von Gebäuden gefährden, indem sie Dachbalken anknabbern.

Heringe leben nur in Salzwasser.

Die Heringe zählen zu den Echten Knochenfischen. Der Atlantische Hering schwimmt tatsächlich nur im offenen Meer und in Küstengewässern. Unter den vielen Hundert Heringsartigen und Heringsfischen haben aber über 50 das Süßwasser als Lebensraum. So leben zum Beispiel die zu den Heringen zählenden heimischen Maifische und die Tanganjika-Sardinen in reinem Süßwasser. Diese gerieten vermutlich mit einer riesigen Meeresflut vor 20 bis 25 Millionen Jahren in den Binnensee. Der Hering des Kaspischen Meeres kann auch im Brackwasser sowie im Süßwasser von Flüssen überleben, in die er häufig bis in den Oberlauf aufsteigt.

Es gibt einen Fisch, der in den Penis schwimmt.

Das Biest heißt lateinisch *Vandellia cirrhosa* und ist der größte unter den auch als Harnröhrenwelse oder Penisfische bezeichneten Arten. Der Überfall auf einen nichts ahnenden Mann geschieht, wenn dieser im Wasser steht und pinkelt. Zunächst läuft es ganz gut, aber dann durchfährt ihn ein stechender Schmerz, denn ein winziger Fisch zwängt sich durch seine Harnröhre. So soll es in einer »BBC«-Dokumentation zu sehen gewesen sein. Und natürlich musste der Fisch operativ entfernt werden, weil er freiwillig nicht wieder hinauswollte. Jeder Mann windet sich bei diesem Gedanken vermutlich auf seinem Stuhl.

Kritische Zeitgenossen halten das für einen Schwindel, nachweislich belegte Fälle gibt es nicht. Warum auch sollten die im Amazonas und Orinoco lebenden kleinen Welse in männliche Fortpflanzungsorgane eindringen, könnten sie sich doch – wie von der Natur vorgesehen – viel besser in den Kiemen größerer Fischarten festsetzen, um dort, umspült von sauerstoffreichem Wasser, Blut zu saugen. Es existieren allerdings historische Aufzeichnungen, die belegen, dass diese Fische in die Vagina badender Frauen eingedrungen sind, von wo sie aber ohne größere Probleme wieder entfernt werden konnten.

Falsche Palmen veräppeln

Pflanzen und Garten

Pflanzen – wir essen sie, kleiden uns in ihre Fasern, gießen sie regelmäßig, nutzen sie als Baumaterial, jäten sie als Unkraut, rauchen ihre getrockneten Körperteile, bewundern die Schönheit ihrer Blüten, rotten sie mit der chemischen Keule aus, kultivieren sie in Töpfen, ernten ihre Früchte oder schenken uns ihre frisch abgeschnittenen Teile mit großer Geste zu feierlichen Anlässen. Nicht nur als Blumenstrauß – Pflanzen sind allgegenwärtig. Erstaunlich, dass das Wissen über sie nicht genauso umfangreich ist wie der Gewinn, den die Gattung Mensch aus Pflanzen zieht.

Zwiebeltriebe soll man vor der Ernte abknicken.

Nicht mehr viele Menschen ziehen sich heute ihre Zwiebeln selbst, aber vielleicht werden es in Zukunft wieder mehr sein. Das Bewusstsein für eine gesunde Ernährung soll ja wachsen. Deshalb findet sich hier ein gravierender Irrtum aus Opas Gartenwissen: Bevor man die Zwiebeln im Garten erntet, ist es gut, wenn man die röhrenförmigen Blätter der Pflanze abknickt. Dann bleibt die Energie der Zwiebelpflanze unterirdisch in der Zwiebel und lässt sie dicker werden, weil die Kraft der Pflanze nicht mehr in die Blätter schießt und dort für Wachstum verschwendet wird. So wurde es viele Jahre lang in vielen Gärten praktiziert – der reine Blödsinn. Die Frage ist: Wer beliefert hier wen? Woher kommt denn die Energie der Zwiebel? Von unten aus der Erde? Aus dem grünen, oberirdischen Spross natürlich! Abgeknickt können die grünen Teile der Pflanze keine Speicherstoffe mehr in ihr Reservelager, die Zwiebel, schicken. Deren Wachstum stagniert.

Bananen wachsen auf Bäumen.

Bei der Bananenpflanze handelt es sich nicht um einen Baum, sondern um eine Staude. Die wird allerdings baumhoch – bis zu sechs Meter. Für den Irrtum mit dem Bananenbaum gibt es einen einsichtigen Grund: Die Blätter der Banane bilden einen Scheinstamm, weil sie so dicht beieinander liegen. Viele Eigenschaften eines Baumes fehlen der Bananenpflanze jedoch: Sie hat kein starkes Wurzelwerk und erreicht auch nicht das manchmal sagenhafte Alter eines Baumes. Nachdem sie Früchte getragen hat, stirbt sie ab. Allerdings lebt sie in ihren Schösslingen weiter, die ein paar Meter entfernt aus dem Boden schießen. Auf diese Weise wandern Bananenpflanzen von ihrem ursprünglichen Standort aus immer ein wenig weiter.

Pflanzen haben keine Gefühle.

Manche Wissenschaftler glauben, dass Pflanzen eine gewisse Art von Emotionen haben. So reagieren sie auf Bedrohungen durch Schädlinge oder schlechte Umweltbedingungen. Manche Gärtner reden mit ihren Pflanzen und glauben, dass sie dadurch besser gedeihen. Wie sich eine Pflanze fühlt, kann allerdings niemand genau sagen.

Der Zellularbiologe Frantisek Baluska von der Universität Bonn meint zu wissen, dass Pflanzen riechen, schmecken, sehen, hören und sogar sprechen können. Er geht sogar davon aus, dass Pflanzen über mehr Sinne verfügen als Menschen, denn sie können 20 verschiedene Umweltfaktoren wahrnehmen, darunter das Licht, die Bodenstruktur und die Schwerkraft, die auf sie einwirkt. Deshalb sind manche Pflanzen zu erstaunlichen Leistungen fähig. Das Wurzelnetz der Roggenpflanze – eine einzige Pflanze besitzt 13 Millionen Wurzelfasern – ähnelt in Struktur und Aufbau dem Internet. Viele miteinander vernetzte Pflanzen besitzen so etwas wie ein gemeinsames botanisches Gehirn, wie die Bonner Botaniker in Zusammenarbeit mit einer Forschergruppe um den italienischen Botaniker Stefano Mancuso aus Florenz herausfanden. Die Pflanzen verständigen sich über im Wasser gelöste Botenstoffe, sie schmecken sozusagen miteinander. Auch andere Pflanzen kommunizieren mit ihrer Umwelt: Maispflanzen senden Duftstoffe aus, um Schlupfwespen anzulocken, die schädliche Raupen eliminieren. Einzig für Schmerzempfindungen konnten bisher keine Anzeichen gefunden werden.

Pflanzen bewegen sich nicht aktiv.

Sie werden vom Wind hin und her geweht, ändern ihre Größe durch Wachstum oder bringen Früchte hervor. Außer Wachstumsbewegungen haben aber Pflanzen motorisch nichts zu bieten – oder haben Sie schon mal einen Baum gesehen, der nach einem Gärtner greift? Aber es gibt durchaus Pflanzen, die auf unterschiedliche Reize mit Bewegungen reagieren. So folgen die Blätter und auch die Blüten vieler Pflanzen dem Sonnenlicht – so langsam, dass die unaufmerksamen Menschen es nicht bemerken. Doch um den obigen Satz definitiv als Irrtum zu klassifizieren, genügt uns die Venusfliegenfalle *(Dionaea muscipula)*, eine fleischfressende Pflanze aus der Familie der Sonnentaugewächse. Die hat nämlich aufwendig gebaute Fangblätter entwickelt, deren Hälften sie ausgesprochen schnell zuklappen kann, um darin Insekten oder Spinnen zu fangen. Berührt eines dieser armen Opfer eine Auslöseborste an einem Fangblatt, löst dies einen Mechanismus aus, der die Falle in einer Zehntelsekunde zuschlagen lässt.

Rasen im Garten erspart Arbeit.

»Wozu sich mit viel Gartenarbeit quälen?«, fragt sich mancher Hausbesitzer. Säen wir doch einfach Rasen ein, der macht am wenigsten Arbeit. Denkste! Wenn es ein schöner Rasen werden soll, muss er schon bald regelmäßig gemäht werden, zumindest einmal in der Woche. Dann verlangen die meisten Rasensorten nach Dünger, hin und wieder muss auch ein besonders beanspruchtes Stück durch Nachsäen aufgefrischt werden. Vor dem Winter sollte man den Rasen zur Lüftung vertikutieren, eventuell muss Herbstlaub zusammengefegt und entfernt werden. Und wenn dann endlich aus der jungen Saat ein schönes, glattes Stück Rasen geworden ist, kommt vermutlich ein Maulwurf.

Beifuß hat etwas mit dem menschlichen Fuß zu tun.

Zwar glaubte der große römische Gelehrte Plinius, dass dieses Kraut, an das Bein eines Marschierenden gebunden oder in seine Sandalen gelegt, vor Ermüdung schützen könne, doch hat sein Name mit dem Fuß nichts zu tun. Der hat sich aus der alten Bezeichnung *Pipoz* entwickelt, die ein Kraut bezeichnet, das *gestoßen* oder *beigestoßen* werden muss. Wer einmal selbst Beifuß gesammelt (immer, bevor sich die Blüten geöffnet haben) und getrocknet hat, versteht diese Bezeichnung besser, denn die getrockneten Pflanzenteile verlangen einige Arbeit mit Mörser oder Messer bis zum fertigen Gewürz. Auch kann man die Pflanze leicht mit dem Beifußblättrigen Traubenkraut, auch Beifuß-Ambrosie genannt, verwechseln, eine Pflanze, die starke Allergene enthält. Der echte Beifuß ist übrigens hervorragend für fettes Geflügel wie Gans oder Ente geeignet.

Ein zweites Kraut hat tatsächlich Bezug zu unseren menschlichen Extremitäten: Auf Beinwell schwört die Kräutermedizin, wenn es darum geht, Wunden an den Beinen zu heilen. Es wurde in alten Zeiten bei offenen Verletzungen und Knochenbrüchen angewandt, weil es entzündungshemmend, abschwellend und schmerzlindernd wirkt.

Efeu ist ein Schmarotzer.

Verwechseln Sie Efeu nicht mit der Würgefeige aus dem tropischen Dschungel: Efeu ist keine »böse« Pflanze. Manchen Gartenbesitzer packt die Panik, wenn sich eine Efeupflanze allzu effektiv an einem Baum emporrankt. Keine Angst, die Ranken des Efeus sind nicht die Organe eines saugenden Vampirs – sie sind Haftwurzeln, dringen nicht in die Rinde ein, sondern halten sich einfach nur am Baum fest. Die Kletterpflanze stiehlt dem Baum keine Nahrung, sondern versorgt sich, anders als zum Beispiel die Mistel, vollständig selbst mit ihren eigenen Blättern und Wurzeln. Für sie ist der Baum nur eine Kletterhilfe auf dem Weg zum Licht. Efeupflanzen sollten auch deshalb nicht entfernt werden, weil sie wertvollen Lebensraum für viele kleine Tierarten und Nistplätze für unsere heimischen Vögel bieten. Blühender Efeu bietet auch den nektarsuchenden Insekten Nahrung. Kritisch kann starker Efeubesatz an einem alten und schwachen Baum sein. Durch die vielen Blätter haben der Wind und vor allem die Herbststürme eine viel größere Angriffsfläche, was zu Holzbruch führen kann. Einem jungen und gesunden Baum droht diese Gefahr nicht.

Lavendel vertreibt Blattläuse von Rosen.

Es gibt viele Gartenweisheiten über Pflanzen, die besonders gut zueinander passen: So gehören zum Beispiel Bohnen zu Gurken, Kopfsalat zu Radieschen, vertragen sich aber nicht mit Erbsen, Knoblauch, Lauch und Zwiebeln. Der Gartenprofi pflanzt Erdbeeren neben das Zwiebelbeet, es dürfen aber auch Kopfsalat, Karotten oder Zucchini sein. Manchen dieser Zusammenstellungen werden Wirkungen für die Pflanzengesundheit nachgesagt. Und nicht nur auf dem Gemüsebeet gibt es entsprechende Empfehlungen: Lavendel soll die ideale Partnerpflanze für Rosen sein – aus Gründen der Schädlingsbekämpfung. Blattläuse haben nämlich etwas mit den meisten menschlichen Gartenfreunden gemeinsam: Sie lieben Rosen.

Von der ästhetischen Seite her kann man zustimmen. Die Farbe der Blätter und Blüten von Lavendel harmoniert mit der Rosenpflanze, auch der Duft stört bei diesem Paar nicht. Doch das sind die einzigen günstigen Effekte dieser Zusammenstellung. In ihren Bedürfnissen unterscheiden sich Lavendel und Rose deutlich. Während die Lavendelpflanze es trocken, heiß und nährstoffarm mag, braucht die Rose eine eher kühle Umgebung und einen nährstoffreichen Boden. Ganz und gar falsch ist obendrein die Behauptung, der Lavendel vertreibe Blattläuse. Das lässt sich nicht belegen. Die meisten Gärtner machen folgende Erfahrung: Die Blattläuse fressen sich an der Rosenpflanze satt, obwohl daneben reichlich Lavendel blüht. Wirklich hilfreich ist die Blattlausbekämpfung mit natürlichen Feinden. Marienkäfer sind eine gute Waffe – besonders ihre sehr verfressenen Larven.

Meerrettich hat etwas mit dem Meer zu tun.

Nicht einmal im Entferntesten: Vielleicht hängt der Name mit der Größe zusammen – mehr Rettich, weil eben größer als gewöhnlicher Rettich –, möglicherweise aber auch mit der Mähre, also einem Pferd. Der Pferderettich würde auch zum englischen *horse raddish* passen. Und wenn wir schon einmal dabei sind: Auch der Name der Meerkatze hat nichts mit dem Meer zu tun – er stammt von dem Wort *marcata* aus der Hindi-Sprache. Es bedeutet schlicht und einfach: *Affe.*

Anders die Meerschweinchen: Diese possierlichen Tierchen sollen ihren Namen tatsächlich ihrer Herkunft verdanken. Sie sehen wie Schweinchen aus und kamen übers Meer zu uns nach Europa.

Rindenmulch ist gut für den Boden.

Rindenmulch ist ein beliebtes Hilfsmittel beim Gärtnern. Man kann damit frisch angelegte Beete bedecken und so das Austrocknen der Erde verhindern. Unkraut hat es schwer, Fuß zu fassen, ohne dass man nach der chemischen Keule greifen müsste – das tun unterdessen wohl nur noch sehr gedankenlose Hobbygärtner. Rindenmulch ist ein natürliches Material und kann bedenkenlos überall verwendet werden.

Nein, das ist so nicht richtig. Wenn es auf die Qualität des Bodens ankommt, wirkt Rindenmulch unter Umständen in die falsche Richtung. Durch die Verrottungsprozesse entzieht die geschredderte Baumrinde dem Boden Nährstoffe und säuert ihn an. Es treten schädliche Gase aus. Das ist bei Unkraut willkommen, aber auch viele erwünschte Pflanzenarten vertragen dieses Klima nicht, besonders wenn sie neu angepflanzt worden sind. Das beste Mittel für ein frisch angelegtes Beet ist immer noch fleißiges Jäten.

Die Yuccapalme ist eine Palme.

Die beliebte Zimmerpflanze sieht zwar im Gesamteindruck einer Palme nicht unähnlich, ist aber weder mit der Kokospalme noch mit der Dattelpalme verwandt, sondern gehört zur Gattung der Palmlilien (auch wieder ein irreführender Name) aus der Familie der Spargelgewächse, zu denen auch die Agaven zählen. Die Zimmerpflanze ist meist eine *Yucca elephantipes,* die ihren Namen vermutlich der Ähnlichkeit ihres Stammes mit einem Elefantenfuß verdankt. Sie kann bis zu fünf Meter hoch werden. Ob die Blätter der Yucca für Haustiere giftig sind, wie vielfach behauptet wird, ist ungeklärt. Während die eine Fraktion die Scheinpalme für schwere Vergiftungen bei Haustieren verantwortlich macht, behauptet die andere, dass es keinerlei Gefährdung für Hund, Katze und Hamster gäbe. Richtig ist, dass die Yuccapalme Saponine enthält, die Pflanzen als Defensivstoffe beispielsweise gegen Pilzbefall und Insektenfraß schützen, allerdings in einer Konzentration, die für Menschen ungefährlich ist.

Jemanden »veräppeln« hat etwas mit Äpfeln zu tun.

Keineswegs, beim Veräppeln geht es um nichts – *Eppel* ist das jiddische Wort für das deutsche Wort *nichts.* Wer jemanden veräppelt, wünscht sich also, dass dieser ein Nichts werden soll, er möchte ihn vernichten. Das hört sich gut an, oder? Die Welt der Irrtümer ist komplex, denn es gibt zwei weitere Theorien über die Herkunft der Redewendung, und von dreien müssen dann also zwei falsch sein. Hier die beiden anderen Kandidaten:

Die Redewendung hängt doch mit dem Apfel zusammen und stammt aus dem Niederdeutschen, wo es im 16. Jahrhundert in Wirtshäusern durchaus üblich gewesen sein soll, jemanden mit Äpfeln zu bewerfen. Na ja …

Oder: *Veräppeln* kommt nicht von *Apfel*, sondern von dem niederdeutschen Wort für den *Affen – ape*. Jemanden zu veräppeln hieße dann entweder, ihn zum Affen zu machen, oder ihn wie einen Affen zu behandeln. Wählen Sie selbst.

Nadelbäume behalten im Winter ihre Nadeln.

Falsch. Die meisten tun es, aber nicht alle. Die »Blätter« der Nadelbäume haben einen besonderen Schutz gegen die Verdunstung von Wasser: eine dicke Wachsschicht an den Nadeln. Das bewahrt sie vor Austrocknung, denn die Wurzeln könnten sie nicht mit neuem Wasser versorgen, wenn der Boden gefroren ist. Auch die schlanke Form und die geringe Oberfläche der Nadeln sorgen dafür, dass möglichst wenig Wasser durch Verdunstung verloren geht. Deshalb können viele Nadelbaumarten im Winter ihre Nadeln behalten.

Die bekannte Ausnahme bilden in unseren Breiten die Lärchen: Sie machen es wie die Laubbäume, vermutlich weil ihre weichen Nadeln einen Winter nicht überstehen könnten. Und auch der in Asien vorkommende Urweltmammutbaum *(Metasequoia glyptostroboides)*, ein lebendes pflanzliches Fossil, befreit sich im Herbst von all seinen Nadeln.

Bei der Algenblüte blühen die Algen.

Wie mag die Blüte einer Alge aussehen? Grün, weiß, rot? Mit hübschen Blütenblättern, klein und unauffällig oder groß und beeindruckend? Algen sind zwar Pflanzen, aber keine Blütenpflanzen. Als Algenblüte bezeichnet man eine plötzliche und massenhafte Vermehrung einer Algenart in einem Gewässer. Die Wasseroberfläche färbt sich je nach Algenart grün, blau oder rot, das Wasser wird trüb und lässt nicht mehr ausreichend Licht für andere, darunter befindliche Wasserpflanzen und tierische Lebewesen durch. Algenblüten werden meist durch ein zu großes Nährstoffangebot wegen Überdüngung verursacht.

Nicht nur Algen blühen: Auch die früher zu den Algen gezählten Cyanobakterien (Blaualgen) vermehren sich manchmal explosionsartig. Sie sondern eine große Zahl von organischen Verbindungen ab, darunter starke Gifte, die auch für Menschen gefährlich werden können.

Der Weihnachtsstern hat schöne Blüten.

Die großen roten Blüten des Weihnachtssterns *(Euphorbia pulcherrima)*, eines Wolfsmilchgewächses, sind eigentlich gar keine. Die Pflanze wendet einen überaus effektiven Trick an, um Insekten für ihre Bestäubung anzulocken. Was auch wir Menschen für Blüten halten, sind in Wirklichkeit die intensiv rot gefärbten Hoch- und Laubblätter der Pflanze. Die eigentlichen Blüten sind ziemlich klein, grünlich-gelb gefärbt und liegen unscheinbar zwischen den Hochblättern. Doch der Trick funktioniert: Menschen und Insekten werden von der Pflanze magisch angezogen.

Der Fliegenpilz lockt Fliegen an.

Wenn ein Pilz Fliegen anlockt, dann die möglicherweise in der Nähe eines Fliegenpilzes wachsende Stinkmorchel *(Phallus impudicus)*, die mit ihrem penetranten Aasgeruch tatsächlich Insekten aller Art wie magisch anzieht, damit sie ihre Sporen verbreiten. Der Fliegenpilz hingegen hat seinen Namen aus zwei Gründen: Zum einen soll er, in Stücke geschnitten und in warme Milch eingerührt, als probates Mittel gegen Fliegen gewirkt haben. Die Fliegen, die von diesem tödlichen Milchshake naschten, starben am Gift des Pilzes. Zum anderen soll der Fliegenpilz eingeweihten Kräuterfrauen zu beachtlichen Flugerlebnissen verholfen haben – es war der Pilz, der sie das Fliegen lehrte ...

Brennnesselbrühe hilft gegen Blattläuse.

Das Wundermittel des ökologischen Landbaus kam in letzter Zeit durch einige Untersuchungen in Misskredit. Als man von Blattläusen befallene Pflanzen mit Brennnesselbrühe übergoss und die Zahl der Läuse vorher und nachher feststellte, war die Anzahl der noch vorhandenen Blattläuse reduziert worden, jedoch nicht in dem Umfang, den man erwartet hatte. Die Behandlung mit Brennnesselbrühe zeigte in etwa denselben Effekt wie eine Dusche mit klarem Wasser. Ein Teil der Läuse wurde von der Flüssigkeit abgespült, der andere saugte fleißig weiter an der befallenen Pflanze. Immerhin hat Brennnesselbrühe einen gewissen Nutzen als Mineraldünger.

Ein Kupfernagel kann einen Baum töten.

Dahinter steckt die Vorstellung, dass Kupferverbindungen giftig sind. Wenn man also einen Baum auf seinem Grundstück loswerden will und die Naturschutzbehörde etwas dagegen hat, kann man klammheimlich einen Kupfernagel in den Stamm schlagen, und schon bald siecht der Baum dahin und muss gefällt werden. So die Vorstellung mancher Baumhasser, die sich herabfallende Äste und Unmengen von Laub im Herbst ersparen wollen. Nur: Es funktioniert nicht. Kupferverbindungen sind zwar schädlich für Pflanzen und Tiere, aber der Nagel im Baum wird nichts bewirken. Der Baum wächst weiter. Er ist in der Lage, den Nagel als Fremdkörper zu erkennen und einzukapseln.

Warum man dem Salat nicht alles glauben soll

Essen

Sagen Sie nicht, Sie wüssten mit letzter Sicherheit, wie Sie sich gesund ernähren können. Großmutters Küche und die zugehörigen Ernährungsregeln werden schon lange infrage gestellt, die gute alte Hausmannskost gibt es nicht mehr, oder wir haben irgendwo irgendetwas darüber gelesen, dass Rouladen mit Püree und Rotkohl den modernen Menschen quasi im ICE-Tempo ins Grab bringen. Immer mehr Experten äußern sich widersprüchlich, immer neue Diäten und Ernährungsregeln geistern durch die Presse. Die Tage der großen Bio-Hoffnungen sind dahin, immer wieder verunsichern uns neue Berichte über Schlampereien auf dem Ökohof, Unverträglichkeiten und Schadstoffbelastungen. Dieses Kapitel wird Sie nicht rundum sicherer machen, eher im Gegenteil. Bei einigen der nun folgenden Informationen werden Sie aufatmen, andere könnten Ihnen den Appetit verderben.

Grüner Salat ist gesund – auch im Winter.

Wenn Sie 100 Gramm grünen Blattsalat auf dem Teller haben, sind davon 95 Gramm Wasser. In den übrigen fünf Gramm muss sie nun wohl stecken, die Gesundheit. Vitamine gibt es nicht allzu viele. Paprika, Tomaten und Äpfel wären die bessere Quelle. Und wenn der Salat nicht vom Feld, sondern womöglich aus dem Treibhaus kommt, enthalten die letzten fünf Gramm auch noch eine ordentliche Portion Nitrat aus dem Dünger. Es wäre gesünder, nasse Papiertaschentücher zu essen, wie ein Lebensmittelchemiker feststellte.

Gesund am Salat könnte aber gerade sein, dass so gut wie nichts drinsteckt. Man kann 100 Gramm Nahrung zu sich nehmen, sich gesättigt fühlen und hat gerade einmal runde zwölf Kilokalorien aufgenommen. Manche Ernährungswissenschaftler raten deshalb dazu, sich vor der Mahlzeit mit Salat vollzustopfen, dann nimmt man später weniger hochenergetische Lebensmittel zu sich. Prima, sagen jetzt die Salatfanatiker, und der Essig in der Salatsoße verzögert auch noch die Aufnahme von Kohlenhydraten. »Bringt das etwas?«, merken jetzt die Salathasser kritisch an. »Wird man nicht einfach nur ... etwas später dick?«

Sich mit Salat satt zu essen dürfte kaum gelingen, denn dazu müsste man mehrere Kilogramm grüne Blätter verspeisen. Dann käme man vielleicht im Winter doch noch in den Genuss höherer Dosen von Carotinoiden, Flavonoiden, Phytosterinen und anderen Pflanzenstoffen, wenn der Salat unter freiem Himmel gewachsen ist. Es könnte aber sein, dass man später unter heftigen Blähungen leidet.

Noch ein Grund, seinen Salat besser im Sommer zu essen: Frischer Blattsalat enthält eine gewisse Menge von Antioxidantien, die im Körper freie Radikale bekämpfen –

Stoffe, die unter anderem zu Krebs führen können. Verpackter Salat aus dem Supermarkt allerdings enthält davon nur noch geringe Mengen. Gesünder als der simple grüne Blattsalat sind im Winter Feldsalat, Chicorée oder andere Gemüsesorten.

Auf der Pizza ist Käse.

Tomaten, Salami, Mozzarella – die Zutaten einer traditionellen Pizza kennt jeder. Und wenn es kein Mozzarella ist: Auf jeden Fall ist Käse drauf.

Nein, das muss nicht sein. Es darf nur nicht »Käse« auf der Packung stehen, wenn kein Käse drin ist. Das ist verboten, immerhin. Besonders Billigpizzen werden hin und wieder mit Analogkäse belegt, der mit echtem Käse so viel zu tun hat wie eine Schuhsohle mit einem guten Steak, und das ist – erstaunlicherweise – nicht strafbar. Analogkäse besteht aus Resteiweiß aus der Milchverarbeitung, Pflanzenfetten, Verdickungsmitteln und Aromastoffen. In der Liste der Zutaten taucht dieses fragwürdige Lebensmittel dann als Pizzamix, Gastromischung, Kasolino oder unter einem anderen kreativen Namen auf.

Obst und Gemüse kühlt man am besten im Gemüsefach.

Dieser Irrtum ist nur ein gradueller, so pauschal kann man das nicht sagen. Nicht alle Sorten Obst und Gemüse vertragen sich im Kühlschrank miteinander. Früchte geben das Gas Ethen ab, das ihre Reifung fördert, im Kühlschrank aber Salat und Blattgemüse schneller welken lässt, wenn sie im selben Fach liegen. Getrennt von Obst und in eine Folie oder ein feuchtes Tuch gewickelt, bleibt das Gemüse länger frisch. Festes Gemüse wie Radieschen, Blumenkohl, Möhren oder Lauch mögen es gern, wenn sie im Kühlschrank in einem Plastikbeutel mit Luftlöchern untergebracht werden, sie bleiben dann länger knackig. Pilze lieben im Kühlschrank die frische Luft – sie können offen in ihrem Schälchen aufbewahrt werden.

Brot enthält keine künstlichen Zusatzstoffe.

Ein Reinheitsgebot wie für das deutsche Bier gibt es für Brot nicht. Nur Wasser, Hefe und Mehl – das wäre zu schön! Zwar werden sicherlich einige Bio-Bäckereien nach dieser Vorgabe arbeiten, aber die Regel für industriell hergestelltes Brot ist das nicht. Mal genauer auf der Verpackung nachlesen, was denn drinsteckt, sollten Sie vielleicht, wenn das Gebäck auffällig lang knusprig und knackig bleibt. Auch dass Toastbrot in der Packung über Tage und Wochen immer gleich feucht und weich zur Verfügung steht, bis es getoastet wird, sollte Ihnen zu denken geben. Die Hauptzutaten von Toastbrot sind Weizenmehl, Wasser, Milch oder Milchpulver, Fett, Zucker, Speisesalz und Triebmittel wie Hefe, Sauerteig oder Backpulver. Die Bräunung beim Toasten hängt mit dem hohen Eiweißgehalt zusammen. Die meisten Toastbrot-Sorten enthalten aber auch Natriumdiacetat, einen Stoff, der die Säure im Teig reguliert und deutlich konservierende Eigenschaften besitzt.

Die Käserinde kann man immer mitessen.

Bei vielen Weichkäsesorten wie Camembert, Brie oder Romadur mag das stimmen, aber ob man sie tatsächlich mit verzehrt, ist Geschmackssache. Die Rinde bei rotgeschmierten Käsesorten schmeckt manchmal scharf und verändert die Geschmackswahrnehmung, wenn man Wein dazu trinkt. Ein Risiko, Listerien zu erwischen, die unangenehme Infektionen verursachen können, gibt es bei schlecht gelagertem und nicht ausreichend gekühltem Weichkäse – im Zweifelsfall lieber die Rinde abschneiden. Blauschimmelkäsesorten können komplett verzehrt werden. Höher ist das Risiko bei Rohmilchkäse. Die Listeriengefahr ist deutlich größer als bei Käse, der aus pasteurisierter Milch hergestellt wurde.

Bei Hartkäsesorten wird die Rinde nicht mitgegessen, wenn der Hersteller darauf hinweist: »Rinde nicht zum Verzehr geeignet!« Wichtig zu wissen: Industriell gefertigter Hartkäse wird äußerlich mit einem Konservierungsstoff gegen Pilzbefall behandelt. Natamycin (E235) dringt tief in den Käse ein, deshalb die Rinde besser großzügig abschneiden (etwa einen halben Zentimeter).

Dunkles Brot ist gesünder.

Es verhält sich ähnlich wie bei Zucker – brauner Rohrzucker unterscheidet sich in seinen Inhaltsstoffen deutlich von mit Zuckercouleur behandeltem Rübenzucker. Ersterer ist braun, weil er noch alle Mineralien und Nährstoffe enthält, Letzterer ist ein Schwindel. Beim Brot macht Malz Weißmehlprodukte zu dunklen Sorten, meist zu erkennen an der sehr einheitlichen Braunfärbung.

Nicht immer geschieht dies, um Kunden hinters Licht zu führen; manchmal geht es auch um den Geschmack des Brotes, denn Malz macht das Brot etwas süßlicher. Aus der Sicht des Ernährungswissenschaftlers sind diejenigen Brote wertvoller, die ihre dunkle Farbe von Vollkornmehlen erhalten. Übrigens: Wenn Vollkorn draufsteht, muss auch Vollkorn drin sein. Bei dunklen »Vitalbroten« ist Vorsicht angebracht – was den Eindruck von Vollkornbrot erweckt, muss nicht gesund sein.

Frisches Brot macht Bauchschmerzen.

Eigentlich war dieser Satz immer schon eine falsche Behauptung. Er soll in mageren Kriegszeiten erfunden worden sein, um hungrige Kinder daran zu hindern, zu viel von dem frisch gebackenen Brot zu essen, das für lange Zeit reichen sollte. Die Vorstellung, dass die im Brot enthaltene Hefe im Magen weiter gären könnte, ist jedenfalls ein Irrglaube. Was tatsächlich zu Problemen führen kann, ist zu hastiges Essen und die dabei verschluckte Luft. Wer sein Essen hinunterschlingt, kann Verdauungsbeschwerden bekommen – auch bei frischem Brot. Aber das Nahrungsmittel selbst ist dann nicht die Ursache, sondern die ungesunde Art, wie es verzehrt wurde.

Käse schließt den Magen.

Am Ende der Feinschmeckermahlzeit stand lange Zeit die Käseplatte, weil ja Käse den Magen schließt und so die Mahlzeit abrundet. Der Käse-Irrtum soll auf den römischen Schriftsteller Plinius zurückgehen, der die Meinung vertrat, das Eiweiß im Käse würde die restliche, noch von der Mahlzeit verbliebene Magensäure verbrauchen. Andere Vorstellungen sehen den Käse wie einen weichen, formbaren Pfropf oben auf dem gefüllten Magen. Natürlich trifft nichts von beidem zu. Richtig gut endet ein ausgedehntes Essen mit einem leichten Dessert, einer Tasse Kaffee und einer erlesenen Praline, versichern erfahrene Feinschmecker.

Es ist gefährlich, einen Kaugummi zu verschlucken.

Die Bürgersteige mancher städtischer Straßen sehen abenteuerlich aus; überall platt getretene Kaugummis. Wie zäh und haltbar muss diese Substanz sein, wenn doch täglich Tausende von Füßen darüberlaufen? Und was geschieht damit, wenn man sie verschluckt? Verklebt man innerlich wie eine Gehwegplatte in der Fußgängerzone? Richtig ist, dass unser Magen und unser Darm nicht für die Verdauung der Grundsubstanzen von Kaugummi gemacht sind – sie können nichts damit anfangen. Aber für derartige Stoffe gibt es in unserem Körper einen Plan B: oben rein, unten raus, und zwar weitgehend unverändert. Wie verschluckte Münzen oder sogar Glasscherben (bitte nicht versuchen) im Regelfall einen Menschen problemlos durchqueren können, so geschieht es auch mit Kaugummi. Spätestens nach ein paar Tagen ist er wieder draußen. Gefährlich kann verschluckte Kaugummisubstanz nur für Kleinkinder werden, und auch nur dann, wenn sie viel davon aufessen. Vorsichtige Eltern sorgen also für leicht verdauliche Süßigkeiten oder etwas Gesundes als Nascherei.

Knäckebrot macht schlank.

Es wirkt so leicht und scheint eigentlich nur aus Luft zu bestehen – aber tatsächlich hat es, je nach Sorte, zwischen 350 und 400 Kalorien pro 100 Gramm zu bieten. Knäckebrot hilft beim Abnehmen eigentlich nur dann, wenn man wenig davon isst. Andere Brotsorten sehen von der Energiebilanz günstiger aus. Simples Weißbrot zum Beispiel hat – auch hier variieren die Werte je nach Rezept – zwischen 230 und 250 Kalorien pro 100 Gramm, wie auch die meisten Toastbrotsorten. Jedoch kommt es bei einer gesunden Ernährung nicht nur darauf an, allzu viele Nährstoffe zu vermeiden; wichtig ist auch, wie lange ein gegessenes Lebensmittel das Gefühl von Sättigung aufrechterhält. Und in diesem Zusammenhang sind bei Brot alle Vollkornsorten die erste Wahl.

Leistungssportler brauchen Fleisch.

Woher soll auch sonst die Grundsubstanz für den Muskelaufbau kommen? Richtig, viele Leistungssportler essen regelmäßig Fleisch. Es gibt aber auch etliche Spitzensportler, darunter Welt- und Olympiasieger die sich rein vegetarisch ernähren. Alle Sportler schätzen Nudeln und Reis als gute Energiespeicher, und pflanzliches Eiweiß ist in Bohnen und Sojaprodukten in ausreichender Menge enthalten. Fleisch ist also keine Notwendigkeit für sportlichen Erfolg.

Olivenöl verhindert, dass Nudeln im Topf verkleben.

Hier handelt es sich um einen häufig wiederholten Küchentipp, der aber leider nicht funktioniert. Weil Öl leichter ist als Wasser, schwimmt es an der Oberfläche, statt wie gewünscht die Nudeln mit einem trennenden Film zu überziehen. Gegen das Verkleben im Topf hilft etwas Salz und regelmäßiges Umrühren. Hilfreich ist, wenn die Nudeln in einem großen Topf in sehr viel Wasser schwimmen – 100 Gramm Nudeln in mindestens einem Liter Wasser. Auch sprudelnd kochendes Wasser verhindert, dass Nudeln verkleben. Wer verklebte Nudeln hasst, sollte seine Nudeln vielleicht selbst herstellen. Wenn man sie vor dem Kochen in etwas Stärkemehl wälzt, verkleben sie nicht.

Pommes und Burger machen süchtig.

So mancher von uns kennt das: Eigentlich möchte man nicht schon wieder weich werden, aber irgendwie zieht uns etwas wie magisch zum Fast-Food-Tempel. Ursache dafür sind aber nicht suchterzeugende Zusätze in Pommes frites, Burgern oder Wraps, auch wenn das manche Verschwörungstheoretiker glauben. Aus diesen Kreisen wurde auch schon der Verdacht geäußert, dass die Klopse in Burgern aus eigens dafür gezüchteten Regenwürmern hergestellt werden. Die Macht, die uns immer wieder an die Fast-Food-Theke oder den Autoschalter zieht, ist unser antrainiertes Ernährungsverhalten. Besonders in jungen Jahren prägen sich Gewohnheiten und Bedürfnisse zum Essverhalten intensiv ein – das sollten junge Eltern bei der Erziehung ihrer Kinder im Auge behalten. Eine einmal eingeübte Verhaltensschleife ist ähnlich schwierig zu bekämpfen wie die Entzugserscheinungen durch eine Droge, glauben manche Ernährungswissenschaftler. Diabolische Wissenschaftler, die auf Befehl von profitgierigen Konzernen nicht nachzuweisende Drogen für das schnelle Essen entwickeln, gibt es aber nicht.

Schimmel am Brot kann man einfach abschneiden.

Oha, was ist denn das? Ein bisschen Schimmel am Brot, nur so ein weißer oder grünlicher Tupfer ... Ach, ich will mal nicht so pingelig sein, ich schneide das ab. Es wäre ja auch zu schade, das ganze Brot wegzuwerfen! Besser wäre es aber schon. Als Schimmel bezeichnet man verschiedene Pilzarten, und viele davon sind giftig. Die von ihnen produzierten Giftstoffe, besonders die Aflatoxine, können Leber und Nieren schädigen, Krebs begünstigen oder sogar das Erbgut schädigen, wenn man immer wieder verschimmelte Lebensmittel isst. Bei Personen mit Immunschwäche können Pilzerkrankungen (Mykosen) auftreten, die im schlimmsten Fall zum Tod führen können.

Aber wenn man den Schimmel doch abschneidet – da kann doch nichts mehr passieren, oder? Leider doch. Auch dort, wo noch nichts vom Schimmel zu sehen ist, befinden sich bereits Schimmelsporen oder nicht sichtbare Pilzfäden, die ähnliche Beschwerden wie die sichtbaren Pilzgebilde auslösen können. Deshalb ist auf der sicheren Seite, wer verschimmeltes Brot, aber auch Lebensmittel mit Schimmelspuren wegwirft.

Was kann man tun gegen Schimmel am Brot? Besonders industriell hergestellte Brotsorten enthalten Konservierungsstoffe wie etwa Sorbinsäure und sind daher weniger anfällig für Schimmel. Brot wird mittlerweile bei der Herstellung – ähnlich wie Milch – pasteurisiert. Wer aber derartig behandeltes Brot nicht essen mag, sollte sich um die richtige Aufbewahrung kümmern. Im Plastikbeutel ist das Klima ideal – für Schimmelpilze. Ein Brotkasten mit Luftlöchern oder auch ein offenes, mit einem Tuch abgedecktes Keramikgefäß, das man hin und wieder mit Essigwasser reinigt, schützen das Brot besser vor Schimmel. Wer sein Brot im Kühlschrank aufhebt, um Schimmel zu vermeiden, wird vielleicht enttäuscht darüber sein, wie schnell das Brot dort altert. Länger frisch bleibt es jedenfalls nicht.

Schimmel auf Käse ist kein Problem.

Das gilt nur, wenn es sich um den richtigen, das heißt den erwünschten Rot-, Weiß- oder Blauschimmel handelt. Diese Arten von Schimmel gehören bei vielen Käsesorten mit zum Genuss. Leider ist es aber nicht immer der gute Schimmel, den man auf dem Käse findet. Dieselben schädlichen Schimmelpilze, die auf Brot siedeln, können auch den Käse befallen – oft zu erkennen an der grünlich-grauen Farbe. Wer auf Nummer sicher gehen will, wirft den Käse weg. Die einzige Ausnahme von dieser Regel soll Schimmel an Hartkäse darstellen. Wie auch an luftgetrockneter Wurst oder Schinken kann der Schimmel sich auf Hartkäse nur sehr langsam ausbreiten – hier kann großzügiges Abschneiden bei geringem Schimmelbefall noch helfen. Ob es nachher noch so richtig schmeckt, muss jeder für sich entscheiden. Übrigens hilft das einfache Entfernen von erstem Schimmel auch bei Marmelade mit einem Zuckergehalt von mehr als 60 Prozent.

Zurück zum Käse: Wenn man unterschiedliche Käsesorten zusammen in einem Gefäß oder im Kühlschrank aufbewahrt, kann es auch sein, dass sie sich gegenseitig »anstecken«. Dann findet sich plötzlich flauschiger Camembertschimmel auf dem Gouda oder Blauschimmel auf dem Brie. Beim Verzehr besteht keine Gefahr. Wenn der fremde Schimmel optisch stört, kann er abgeschnitten werden. Das Dilemma für viele vorsichtige Menschen: Wer kann schon entscheiden, ob der weiße Flaum nun wirklich vom Camembert auf den Gouda übergesprungen ist oder ob es sich nicht doch um eine schädliche Art von Schimmel handelt?

Steaks aus Argentinien belasten die Umwelt.

Über die Umweltbelastung von Lebensmitteln macht sich mancher die falschen Gedanken. Was von so weit herkommt, das kann doch nicht umweltfreundlich produziert worden sein! Wenn man alle Aspekte mit berücksichtigt, kann es sein, dass man in der Umweltbilanz zu einem anderen, etwas überraschenden Ergebnis kommt. Betrachten wir die Gesamtzusammenhänge für das Steak aus Argentinien, so muss mit bewertet werden: Argentinische Fleischrinder sind Selbstversorger. Sie verbringen ihr Leben in der Pampa und fressen Gras. Ihr Fleisch wird gekühlt per Schiff nach Deutschland transportiert, und nicht etwa tiefgefroren im Flugzeug.

Deutsche Mastrinder hingegen leben in Ställen und werden mit sojahaltigem Futter ernährt, das importiert werden muss. Meist kommt dieses Futter aus: Brasilien und Argentinien. Um ein Kilo Fleisch zu gewinnen, braucht man sieben bis zehn Kilo Sojafutter, die möglicherweise über diese lange Strecke transportiert werden müssen. Statt eines Kilos Rindfleisch gehen sieben bis zehn Kilo Soja auf die Reise. Pro Kilogramm Rindfleisch werden im industriellen Großstall 15 000 Liter Wasser verbraucht – weitaus mehr, als argentinische Rinder verbrauchen. Ein weiteres Umweltproblem stellen die Unmengen von Gülle dar, die ein industrieller Maststall produziert. Wegen der unnatürlich engen Haltung der Tiere werden außerdem Medikamente benötigt, um Krankheiten zu vermeiden – ebenfalls kein Problem bei argentinischer Freilandhaltung. Überzeugt?

Wenn es so einfach wäre! Extensive Rinderhaltung, wie in Argentinien praktiziert, degradiert ökologisch wertvolles Grasland zu einem einzigen riesigen Stall, verringert die Artenvielfalt, führt zur Abholzung von Wäldern und damit zur Freisetzung erhöhter Mengen von Treibhausgasen und verschmutzt natürliche Flüsse und Seen über die Maßen mit den Fäkalien der riesigen Herden. Einziger Ausweg: weniger Fleisch essen.

Sushi besteht aus rohem Fisch.

Die Zutaten für Sushi sind vielfältig. Kalter gesäuerter Reis gehört fast immer dazu, roher oder geräucherter Fisch und rohe Meeresfrüchte wie Muscheln und Garnelen werden ebenfalls verwendet. Wer davon allerdings nicht kosten möchte, kann auch rein vegetarische Varianten wählen. Mit etwas Reis in Nori – getrocknetem und geröstetem Seetang – eingewickelt, schmecken Gemüse, verschiedene Tofu-Sorten und Ei ausgezeichnet und ohne jeden Ekelfaktor. Weitere wohlschmeckende und rein vegetarische Zutaten können Algen, Avocado, Gurke, Sesam, fein gehackte Karotte, getrocknete Kürbisstreifen, Rettich und japanische Pflaumenpaste sein. Dazu kann man Wasabi (scharfen grünen Meerrettich) und eingelegten Ingwer essen.

Vegetarisches Essen macht schlank.

So manche vegetarische Ernährungsphase wird motiviert von der Hoffnung, etliche Kilos hinter sich zu lassen. Wer nur Pflanzliches isst, bekommt weniger Kalorien ab und erreicht deshalb automatisch sein Idealgewicht. Irrtum. Auch wer auf Fleisch und Fisch verzichtet, findet etliche Möglichkeiten, sich »zu belohnen«. Hochkalorische Nahrungsmittel wie Müsli mit Nüssen, Schokolade, Nuss-Nugat-Creme, süßer Joghurt, Sahnefrischkäse und viele andere Käsesorten enthalten zwar kein Fleisch, sind aber dennoch wahre Energiebomben. Auch bei dieser Art, sich zu ernähren, muss jeder die aufgenommene Nahrungsmittelmenge unter Kontrolle halten. Einzig bei der veganen Ernährung sinkt die durchschnittliche Energiedichte der aufgenommenen Lebensmittel deutlich – wer Milchprodukte, Butter, Eier und Käse weglässt, hat etwas bessere Ausgangschancen für eine schlanke Figur. Aber auch bei diesem Ernährungskonzept können zum Beispiel Müsli, Nüsse, Zucker und Pflanzenfette in zu großer Menge beim Abnehmen stören.

Verpacktes Hackfleisch ist unhygienisch.

Hackfleisch sollte frisch sein. Wenn der Metzger es durch den Fleischwolf dreht, steht seine Qualität außer Frage. Kritischer sollte man verpacktem Hackfleisch aus dem Supermarkt gegenüberstehen. Wenn es offen im Kühlregal liegt und nur lose mit einer Folie umwickelt ist, könnte es mit Keimen in Kontakt gekommen sein und sollte noch am selben Tag verbraucht werden. Ist dies nicht möglich, hilft nur Einfrieren, um es länger essbar zu halten.

Mittlerweile gibt es aber auch verpacktes Hackfleisch, das eingeschweißt ist und unter einer Stickstoff-Schutzgas-Atmosphäre hergestellt wurde. Es enthält meist weniger Keime als frische Ware, wie die Stiftung Warentest feststellte. Auch verhindert die automatische Verpackung in der Maschine, dass das Fleisch mit Menschenhänden und somit mit Keimen in Berührung kommt.

Vitamin C gibt es nur in Obst.

Nein, manchmal findet man es an ganz und gar unerwarteter Stelle. So enthalten zum Beispiel viele Wurstsorten Ascorbinsäure und somit reines Vitamin C, um ihr kräftig rotes Aussehen zu verbessern. Manche Liebhaber deftiger Brotbeläge nehmen daher mehr Vitamin C über die Wurst zu sich als über Obst und Gemüse. An einem Vitamin-C-Mangel sollte in unseren Breiten niemand leiden. Zusätzliche Gaben von Vitamin C in Tablettenform erübrigen sich und haben eher schädliche Wirkungen. Zu viel Vitamin C verursacht Durchfall und wird für die Bildung von Nierensteinen mit verantwortlich gemacht.

Weißbrot ist ungesund.

Das stimmt so nicht – zumindest nicht immer. Menschen mit Verdauungsproblemen vertragen zum Beispiel Weißbrot deutlich besser als Vollkorn- oder Schwarzbrot. Auch Kinder ziehen oft Weißbrot vor, es schmeckt ihnen besser und vielleicht ist es auch für sie bekömmlicher. Außerdem stimmen die Märchen vom absolut »leeren« Weißbrot nicht. Mit Auszugsmehlen der Type 405 hergestellte Backwaren enthalten immerhin noch 405 Gramm Mineralstoffe pro 100 Gramm Mehl – das ist mehr als zum Beispiel in 100 Gramm vieler Früchte enthalten sind. Zwar enthalten beispielsweise aus Vollkornmehl der Type 1700 gebackene Brote die mehr als vierfache Mineralstoffmenge pro 100 Gramm und deutlich mehr Vitamine aus dem Keimling und den Randschichten des Getreidekorns, aber schädlich oder gar giftig ist Weißbrot nicht.

Süßigkeiten lösen ADHS aus.

Was würden manche Leute nur ohne den weißen Zucker machen? Sie haben sich rückhaltlos dem Kampf gegen das süße Gift verschrieben und machen Zucker für alles Böse auf der Welt verantwortlich. Mineralstoffe und Vitamine soll der weiße Industriezucker dem Körper entziehen, sogar süchtig machen und die Zuckerkrankheit auslösen. Nun ist gerade ADHS in Mode (früher waren das einfach zappelige Kinder), und was ist natürlich die Ursache dafür? Der Zucker in Süßigkeiten. Und Zucker soll auch die Symptome fördern.

Nüchtern betrachtet: Niemand weiß bisher, warum manche Kinder unruhiger als andere sind, ein höheres Bewegungsbedürfnis haben und sich schlechter konzentrieren können. Viele Forscher vermuten genetische Ursachen und dadurch bedingte Veränderungen im neuronalen System. Auch Probleme der Mutter während der Schwangerschaft und psychosoziale Ursachen – eine unvollständige Familie, eine psychische Erkrankung eines Elternteils, die Antisoziale Persönlichkeitsstörung des Vaters, Streit zwischen den Eltern, niedriges Familieneinkommen, sehr beengte Wohnverhältnisse, fehlende Regeln und eine inkonsequente Erziehung, häufige Bestrafung usw. – werden in Betracht gezogen. Zusammengefasst: Man weiß noch nichts Genaues. Wer vermag da noch zu sagen, ob die Ernährung eine Rolle spielt?

Zitrusfrüchte bauen Fett ab.

Zuerst war es nur die Grapefruit, doch irgendwann wurden alle Zitrusfrüchte zum »Geheimtipp« für die Modelfigur. Wer nur fleißig Zitrusfrüchte isst und ihren Saft trinkt, kurbelt seine Fettverbrennung an und schrumpft so quasi über Nacht auf Idealmaße? Leider sind Zitrusfrüchte wie andere Früchte keine besonderen Schlankmacher. Eine förderliche Wirkung auf die Fettverbrennung konnte bisher nicht nachgewiesen werden. Im Gegenteil: Zitrusfrüchte verschleiern über ihre Säure ihren Zuckergehalt. Wer sich an Früchten richtig satt essen will, sollte lieber zu Papayas, Aprikosen, Pfirsichen, Kiwis oder Erdbeeren greifen – die enthalten weniger, zum Teil etwa halb so viel Fruchtzucker wie zum Beispiel Zitronen. Der einzige Weg, um zum Beispiel mit Zitronen abzunehmen: alle Mahlzeiten einfach durch eine Zitrone ersetzen. Viel Spaß!

Sellerie lässt Pfunde purzeln.

Schlankheitsirrtum Numero ... Wo waren wir stehen geblieben? Hier wird nicht eine gesteigerte Fettverbrennung unterstellt, hier wirkt die Theorie von den negativen Kalorien, die Menschen fasziniert, die um ihr gesundes Gewicht kämpfen müssen. Richtig viel essen und dabei auch noch dünner werden – ist das nicht genial? Manche Lebensmittel, so heißt es, verbrauchen während der Verdauung mehr Kalorien, als sie dem Körper zuführen. Ananas und Sellerie gelten als solche Wundernahrung, aber auch Erdbeeren und Spargel kommen in Negativ-Kalorien-Diäten zum Einsatz. Der Haken an der Sache: Es gibt keine negativen Kalorien. Zwar werden während der Verdauung etwa 20 Prozent der erhaltenen

Kalorien für den Prozess verbraucht, aber übrig bleiben immer 80 Prozent der in der Nahrung enthaltenen Energie. Bei Essen mit hoher Energiedichte und bei kalorienarmen Nahrungsmitteln verhält es sich genauso – es bleibt immer reichlich übrig. Wer mehr Kalorien verbrauchen will, als er zu sich nimmt, muss sich bewusst ernähren und/oder für körperliche Aktivität sorgen.

In der Sauna verliert man Pfunde.

Wer mag bloß auf die Idee gekommen sein, dass man überflüssige Pfunde wegschwitzen kann? So ganz ohne Ernährungsumstellung oder körperliche Anstrengung weicht kein Schwimmring, auch wenn man nach einem ausgiebigen Saunagang etwas weniger Gewicht auf die Waage bringt. Der Körper hat etwas Wasser verloren, indem er es ausgeschwitzt hat. Schon mit dem ersten Getränk nach dem Saunagang schnellt das Gewicht wieder nach oben.

Überflüssige Pfunde lassen sich wegfrieren.

Die einen versuchen es in der Sauna mit Schwitzen, die anderen mit klappernden Zähnen. Frieren hilft beim Abnehmen, oder? Schließlich verbraucht der Körper ja Energie, um seine Temperatur konstant bei 37 °C zu halten. Also stellen wir die Heizung in der Wohnung mal auf 17 °C.

Schon richtig, der Körper verheizt Energie, wenn er gegen kühle oder sogar kalte Außentemperaturen anarbeitet. Aber: Das ist nur der eine Effekt. Andererseits will der Körper nämlich einen besseren Schutz vor anhaltend niedrigen Temperaturen dadurch erreichen, dass er eine dickere Fettschicht aufbaut. Und wie macht er das? Der Mensch bekommt Hunger – sehr großen, quasi unwiderstehlichen Hunger. Motorradfahrer, die mal an einem sehr kalten Tag über längere Strecken unterwegs waren, können ein Lied davon singen: das Lied von der übermenschlich verlockenden Currywurst.

Braune Eier sind gesünder.

Die Auffassung, dass die Farbe Braun für Gesundheit steht, funktioniert bei einfach strukturierten Konsumenten schon beim Zucker ganz gut. Braun gefärbter Zucker wird für die gesündere Sorte gehalten, auch wenn es keineswegs Vollzucker ist. Aber wieso gibt es überhaupt braune und weiße Hühnereier? Es hängt nicht von der Farbe des Huhnes ab, wie das Ei gefärbt ist. Manche Hühnerrassen legen immer weiße Eier, andere immer braune. Eine kleine Hilfe, die zumindest meist stimmt: Die Ohrscheiben der Hühner (das ist die Stelle hinter dem Auge rund um das Ohr des Huhnes) sagen voraus, welche Farbe die Eier haben werden. Hühner mit roten Ohrscheiben legen braune, Hühner mit weißen Ohrscheiben legen weiße Eier. Warum, weiß niemand. Und qualitativ unterscheiden sich die beiden Sorten nicht.

Ketchup kommt aus Amerika.

Ketchup ist, wenn man so will, eine sehr alte Soße. Das Grundrezept war schon seit Jahrhunderten bekannt – allerdings nicht in den Vereinigten Staaten (die gab es damals noch gar nicht), sondern in China. Es waren chinesische Einwanderer, die ihre Lieblingssoße unter dem Namen *Ketsiap* mit auf den nordamerikanischen Kontinent brachten. 1790 kamen erstmals Rezepturen mit Tomaten in Gebrauch, 1869 entdeckte Henry John Heinz, ein Nachfahre deutscher Emigranten, die Soße für sich. Er wandelte das Rezept ab und ließ ab 1876 Ketchup in großen Mengen industriell herstellen und verkaufen. Nicht umsonst ist *Heinz* noch heute eine der bekanntesten Ketchup-Marken.

Tote Milch und Schwefel im Glas

Trinken

Bier, Wein, Limonaden und Energydrinks – man kann sie nicht nur trinken, über Getränke kann man auch endlos lange reden. Wir alle regen uns über sie auf oder sind von ihnen begeistert. Wir beweisen in der Kneipe unsere Kennerschaft noch vor dem ersten Schluck Bier in markigen Worten, und zahllose »Kenner« besprechen Weine wie Bücher. Sind wir nicht alle wahre Experten auf dem Gebiet des genussvollen Trinkens? Oder warum sonst müssen wir unseren Mitmenschen unsere feine Zunge beweisen und auch im doppelten Blindversuch das teure Mineralwasser von dem billigen unterscheiden? Warum versuchen Menschen, Jahrgang und Anbaulage eines Weins aus nichts weiter als einem Schluck davon zu bestimmen? Letztlich entscheidet der eigene Geschmack, und wenn auch der Sommelier Stein und Bein schwört, dass er den besten Wein aus seinem Keller serviert, entpuppt sich mancher teure Traubentrank als flüssiger Irrtum.

Alle guten Weine kommen aus Frankreich.

Dies ist ein weitverbreiteter Irrtum, den in der Mitte des letzten Jahrhunderts deutsche Winzer mit schlechten Weinen untermauerten. Es folgte der Glykolskandal von 1985, der Frankreichs Überlegenheit in Sachen Wein zu einer Art ewigen Wahrheit machte. In Österreich hatten Winzer sich der Weinverfälschung schuldig gemacht und ihre schlechten Weine unter Missachtung der gesetzlichen Bestimmungen mit Diethylenglykol »aufgewertet«. Deutsche Weingroßhändler mischten diese fragwürdigen Produkte mit anderen Weinen und vermarkteten sie, bis der Skandal ans Tageslicht kam. Zwar konnten keine gesundheitlichen Schäden bei den Konsumenten nachgewiesen werden, aber nicht nur die österreichische Weinwirtschaft litt unter starken Absatzrückgängen. Weil Weine aus Italien mit fragwürdigen Transportmethoden ins Gerede gekommen waren – Lkw nach Italien mit einem Tank voller Flüssigseife, Lkw zurück mit Wein im selben Tank –, standen Frankreichs Winzer irgendwann wie der Fels in der Brandung da. Heute, viele Jahre später, kommen wieder gute Weine aus diversen europäischen Ländern.

Frische Milch vom Bauernhof ist gesünder.

Diese zweifelhafte Weisheit unserer Vorväter kann, eins zu eins in die Tat umgesetzt, üble Folgen haben: Wie die Bundesanstalt für Milchforschung in Kiel herausfand, enthalten 20 Prozent aller Milchproben frisch vom Hof Krankheitserreger. Rohmilch direkt vom Erzeuger beinhaltet zwar höhere Anteile an positiv wirksamen Bakterienstämmen, Enzymen, Antikörpern, Vitaminen und Nährstoffen als verarbeitete Milch, kann aber besonders für Kinder, alte Menschen und Personen mit verminderten Abwehrkräften gefährlich sein und sollte unbedingt vor dem Genuss abgekocht werden. Man riskiert sonst den Kontakt mit Listerien, Rindertuberkulose und die Frühsommer-Meningoenzephalitis (FSME), eine durch Viren verursachte Gehirnhautentzündung, die auch durch Zecken übertragen wird. Hinzu kommt, dass der Gesundheitsgewinn durch den Genuss von Rohmilch gering ist. Die meisten ihrer Inhaltsstoffe werden ohnehin durch die Magensäure zerstört – sagt die eine Fraktion von Ernährungswissenschaftlern. Rohmilch ist ein gesundes, nicht denaturiertes Nahrungsmittel, behaupten Vertreter einer naturnahen Ernährung, die andere Fraktion. Besonders im Zusammenhang mit weiteren gesunden Verhaltensweisen – regelmäßiger Kontakt mit Stalltieren, Stroh, Heu und Mist – mindert Rohmilch zum Beispiel das Allergierisiko von Kindern und stärkt das Immunsystem. Diesen wissenschaftlich belegten Gesundheitsvorteil nennt man Bauernhof-Effekt.

Beim Wein kommt es auf den Jahrgang an.

»Der 2010er war ein sagenhafter Jahrgang!« So oder ähnlich äußern sich Weinkenner manchmal über die Objekte ihrer Begierde. Dabei ist eine so pauschale Aussage nicht möglich. Die Qualität eines Weines ist abhängig von Rebsorte, Boden, Klima und konkreter Witterung in einem Jahr. Besonders in den weiter nördlich gelegenen Weinbauregionen können deshalb die Temperaturkurve und die Niederschlagsmenge erhebliche Kapriolen schlagen, die sich auf die Qualität eines Weines auswirken werden. Alle beeinflussenden Faktoren fallen in der Regel regional sehr unterschiedlich aus. Man kann also nicht pauschal von guten oder schlechten Jahrgängen sprechen.

Noch fragwürdiger wird die Aussage vom guten oder schlechten Jahrgang, wenn man berücksichtigt, dass heute

Weine aus allen Regionen der Welt kommen. Zwischen Kalifornien, Australien und Südafrika liegen derart große Entfernungen, dass es keinerlei Faktoren gibt, die einheitlich auf den Wein eines Jahrgangs wirken und ihn gleich gut oder schlecht werden lassen könnten.

Getränke machen nicht so dick wie feste Nahrung.

Was flüssig ist, kann nicht allzu viel Energie enthalten – Irrtum! Am günstigsten für Menschen, die ihr Gewicht halten wollen, ist Mineralwasser: 0,0 Kalorien pro 100 Gramm. Ein Glas trockenen Weins enthält etwa 80 bis 100 Kalorien, ein Glas Fruchtsaft steht mit 100 Kalorien auf der Ernährungsbilanz. Eine Latte macchiato liefert 130 Kalorien, ein Glas Cola 145 Kalorien. Erstaunlich ist, dass eine Tasse heiße Schokolade mit 200 Kalorien von einer Flasche Bier mit 215 Kalorien übertroffen wird. Noch mehr Nährstoffe bieten manche Cocktails an. Eine Piña colada geht mit 290 Kalorien auf die Schwimmringe, fast so wie ein gut belegtes Brötchen mit Käse und Butter (360 Kalorien). Das Gefährliche an nährstoffreichen Flüssigkeiten ist, dass man sie zu einfach und bequem konsumieren kann. Mit vielen alkoholischen Getränken könnte man sich mühelos flüssig ernähren – wäre da nicht der Mangel an Vitaminen und Mineralstoffen.

Nur Bier macht einen Bierbauch.

Auch andere energiereiche Nahrungs- und Genussmittel verursachen bei vielen Männern die frontale Schwellung, die jedermann zum Bierbauch erklärt. Das Bier trägt aber häufig seinen Teil dazu bei. Wer an einem Wochenende einen Kasten Bier konsumiert, hat ungefähr 12 × 210 = 2520 Kilokalorien zusätzlich zu sich genommen. Außerdem fördert der frische Geschmack von Bier den Appetit auf Deftiges. Deshalb halten geschäftstüchtige Gastwirte immer ein paar Frikadellen oder Mettbrötchen bereit.

In alkoholfreiem Bier ist kein Alkohol.

Auch alkoholfreies Bier enthält Alkohol, wenn auch nur eine geringe Menge, durchschnittlich etwa 0,5 Volumenprozent. Dennoch besteht keine Gefahr, betrunken zu werden. Die Menge an alkoholfreiem Bier, die man für einen Rausch zu sich nehmen müsste, hätte eher eine »Vergiftung« durch zu viel Wasser zur Folge als einen Schwips. Übrigens enthalten auch andere Lebensmittel Spuren von Alkohol: Traubensaft 0,4 Prozent, Obstessig 1,5 Prozent, Kefir bis zu 2 Prozent, reife Bananen 0,6 Prozent und sogar Milch. Ein Junggesellenabschied mit Kefir hat also bessere Aussichten, zu einem wilden Gelage zu werden, als einer mit alkoholfreiem Bier.

Bier aus der Dose schmeckt nicht anders als Bier aus der Flasche.

Doch, nämlich schlechter, meinen viele Biertrinker. Sie glauben, beim Dosenbier einen metallischen Geschmack wahrnehmen zu können – und sie haben recht. Zum einen ist Glas deutlich geschmacksneutraler als die metallische Dose, die feine Zunge der Biertrinker bildet sich den metallischen Geschmack nicht nur ein. Es sind tatsächlich Metallionen im Bier, wenn es in der Dose geliefert wurde. Zum anderen wird Dosenbier im Gegensatz zu Flaschenbier pasteurisiert, das heißt ziemlich stark erhitzt, um es länger haltbar zu machen. Das verändert den Geschmack, zumindest für die Feinschmecker unter den Biertrinkern. Na dann Prost – hoffentlich aus der Flasche.

Bier schmeckt besser aus dem Glas als aus der Flasche.

Das ist nicht unbedingt ein Irrtum, aber Geschmackssache. Bier-Feinschmecker behaupten, dass es für jede Biersorte ein passendes Glas gibt und dass sich der jeweilige Geschmack dadurch besser entfalten kann. Fruchtige Biersorten sollten aus Gläsern mit weiter Öffnung, herbe und bittere Biersorten eher aus schmalen Gläsern genossen werden. Entscheidend für den Geschmack sollen dabei mehrere Faktoren sein, unter anderem die Fließgeschwindigkeit des Bieres und der Punkt auf der Zunge, wo die Flüssigkeit auftrifft. Außerdem macht es sicherlich Spaß auszuprobieren, wie welches Bier am besten schmeckt.

Billiges Bier ist schlechter als teures.

Gleichgültig, wie teuer die Flasche Bier ist: Für alle Biersorten in Deutschland gilt das Reinheitsgebot. In einem Bier dürfen nur Hopfen, Malz, Hefe und Wasser enthalten sein. Preisunterschiede ergeben sich durch die Preise für diese Bestandteile. Qualitativ hochwertiger Hopfen ist teurer und verleiht dem Bier unter Umständen einen ganz eigenen Geschmack und Charakter. Aber auch das Herstellungsverfahren spielt eine Rolle. Schnellen industriellen Brauverfahren stehen aufwendige traditionelle Brauweisen gegenüber. Das kann Geschmacksunterschiede zur Folge haben. An der grundsätzlichen Qualität von Bier als Lebensmittel – ob billig oder teurer – gibt es aber nichts zu bemängeln. Ob billiges Bier aus der Brauerei jemandem schmeckt oder ob er lieber Spezialitäten mit Tradition und verbriefte Markenqualität trinken will, ist Geschmackssache, und auch der Geldbeutel hat ein Wort mitzureden.

Bier kann ziemlich schnell schlecht werden.

Wozu sonst tragen Bierflaschen einen Hinweis auf die Mindesthaltbarkeit? Irrtum, das Mindesthaltbarkeitsdatum sagt nur: Bis zu diesem Stichtag garantiert die Brauerei den gleichbleibenden Geschmack des Bieres. Danach bleibt es ohne jede Gefährdung für die Gesundheit genießbar, nur schmeckt es etwas anders. Solange die Flasche geschlossen ist, verhindern der im Bier enthaltene Alkohol und die Bitterstoffe des Hopfens, dass sich Bakterien vermehren können. Biertrinker berichten von reuefreiem Genuss auch Monate oder Jahre nach Ablauf der Mindesthaltbarkeit, die für Bier wohl nur eine Geschmacksgarantie darstellt. Mancher mag aber nicht auf den eigenen Geruchs- und Geschmackssinn vertrauen und kippt abgelaufenes Bier lieber weg – auch eine Möglichkeit.

Obergärige Biere verursachen einen stärkeren Kater.

Weizenbier, Kölsch und Alt sollen, so vielfach der Glaube in Biertrinkerkreisen, zu einem stärkeren Kater führen als untergärige Sorten. Solche Nachrichten verbreiten natürlich jeweils die Fans eines bestimmten Brauverfahrens über die jeweils anderen. Doch wenn das Bier sorgfältig hergestellt und richtig vergoren ist, machen alle Biersorten in etwa den gleichen Brummschädel. Dabei hängt dessen Intensität vor allem davon ab, wie viel man über den Durst getrunken hat. Zusätzlich zugeführtes Wasser (!) kann den Kater am Tag danach mildern, weil der im Bier enthaltene Alkohol dem Körper mehr Wasser entzieht, als ihm mit dem Bier zugeführt wurde.

Dunkles Bier ist stärker als helles.

Es gibt zwar einige sehr starke dunkle Biersorten, aber im Allgemeinen sagt die Farbe des Bieres nichts über seinen Alkoholgehalt aus. Farbgebend und bestimmend für den Geschmack einer Biersorte ist der Grad der Röstung des darin enthaltenen Malzes. Wie viel Alkohol ein Bier enthält, ist hingegen von der Menge des Malzes abhängig, denn Malz wird von der Hefe zu Alkohol vergoren. Dabei kann es sich durchaus auch um eine helle Malzsorte handeln, die in größerer Menge aus einem Bier ein Starkbier macht.

Die Farbe der Flasche hat keine Bedeutung für den Geschmack eines Bieres.

Warum sonst werden in Supermärkten Biersorten in klaren Flaschen angeboten? Ja, warum eigentlich? Der Geschmack eines so lebendigen Getränks, wie Bier es ist, leidet unter der Einwirkung von UV-Licht. Dunkles Glas schützt das Getränk und seine Inhaltsstoffe vor diesen energiereichen Komponenten des Lichts und erhält das Bier deshalb über längere

Zeit unverändert. Bier in klaren Flaschen sollte schnell konsumiert werden, denn sonst bekommt es den sogenannten Lichtgeschmack. Chemiker können das erklären: Das unerwünschte Aroma entsteht durch Veränderung der enthaltenen Hopfenbitterstoffe. Aus den erwünschten Bittersubstanzen werden dann intensiv schweflig oder ranzig schmeckende Aromen wie das 3-Methyl-2-buten-1-thiol, ein Terpentinoid, das vom menschlichen Geschmackssinn schon in winzigsten Mengen (sieben Nanogramm/Liter) wahrgenommen werden kann. Allerdings sollte man in diesem Zusammenhang auch wissen, dass es bereits klare Flaschen mit eingebautem UV-Schutz gibt. Ob dunkles Glas oder klares: Bier hält länger seinen guten Geschmack, wenn es dunkel gelagert wird.

Zum Essen trinkt man nicht.

Die Vorstellung, dass man durch das Trinken beim Essen die Verdauungssäfte verwässert, ist ziemlich alt, aber deshalb noch lange nicht richtig. Wissenschaftler vergangener Tage glaubten nicht nur, dass die verwässerte Magensäure die Lebensmittel nicht richtig verdauen könnte, sondern folgerten sogar, dass es zu Entzündungen und anderen Erkrankungen kommen könnte, weil die Erreger in der Nahrung durch die verdünnte Magensäure nicht zuverlässig abgetötet würden.

Heute sieht man das anders: Die zugefügte Flüssigkeitsmenge erleichtert dem Körper vor allem die Verdauung von trockener Nahrung wie Haferflocken oder bestimmten Müslizubereitungen. Trocken »heruntergewürgt« können sie zu Problemen im Darm beitragen und letztlich die Bildung einer Divertikulitis begünstigen – einer Erkrankung des Dickdarms, bei der sich die Divertikel genannten Ausstülpungen der Schleimhaut entzünden. Zudem erhöht sich der Kalorienverbrauch durch das Trinken von Wasser, das auf die Körpertemperatur erwärmt werden muss.

Hartes Wasser kann zu Arterienverkalkung und Nierensteinen führen.

Früher vertraten Mediziner die Ansicht, dass stark kalkhaltiges Wasser gesundheitsschädlich sei. Sogenanntes hartes Wasser, reich an Magnesium- und Kalziumionen, stand in Verdacht, die Ablagerung von Kalkrückständen in den Adern, die Arteriosklerose, zu fördern und zur Bildung von Nierensteinen beizutragen. Neuere Untersuchungen zeigten, dass es so gut wie keine Verbindung zwischen der Härte des Trinkwassers und den genannten Erkrankungen gibt. Warum auch sollten sich die Mineralien aus dem Trinkwasser ausgerechnet in den Arterien ansiedeln? Warum sollten die Nieren, unser auf die Reinigung von Flüssigkeiten spezialisiertes Organ, ausgerechnet Kalk in ihrem Inneren ablagern, statt ihn auszuschwemmen?

Tafelwasser ist besser als Mineralwasser.

Wer Tafelwasser in dem Glauben trinkt, an einer festlichen Tafel ein edles Getränk aus einer wertvollen Quelle zu sich zu nehmen, irrt sich gewaltig, auch wenn eine schick gestylte Flasche ihn dies glauben machen will. Tafelwasser ist ganz gewöhnliches Leitungswasser, das durch die Zugabe einiger Mineralien »aufgewertet« wird. Dadurch soll sich der Geschmack verbessern. Es handelt sich also um alles andere als ein natürliches Nahrungsmittel.

Ein Mineralwasser hingegen muss garantiert aus einem unterirdischen Vorkommen stammen und an der Quelle abgefüllt werden. Auch das ist noch kein unumstößlicher Qualitätsbeweis, denn das Wasser aus manchen Mineralwasserquellen ist mit anorganischen Substanzen in nicht unbedingt günstiger Zusammensetzung belastet. Mineralwässer können zum Beispiel viel zu viel Kochsalz enthalten.

Wenn Sie wissen wollen, wie viel nicht unbedingt gesundheitsförderndes Kochsalz Ihr Mineralwasser enthält, addieren Sie die Milligramm-Angaben von Natrium- und Clorid-Ionen auf dem Etikett. Rechnen Sie dann die Milligramm-Werte in Gramm um, indem Sie durch die Zahl 1000 dividieren. Die Weltgesundheitsorganisation WHO empfiehlt maximal fünf Gramm Salz pro Tag.

Erwachsene können das Kalzium in der Milch gar nicht nutzen.

Es gibt viele merkwürdige Ansichten über Ernährung, und eine nicht kleine Gruppe von Fanatikern kämpft gegen die Vollmilch. Kuhmilch ist in ihrer Sichtweise das Getränk des Teufels. Sie enthält ausschließlich ungesättigte Fette (igitt!) und verschleimt den ganzen Verdauungsapparat. Sie fördert Allergien, Darmerkrankungen und Entzündungen im Körper. 75 Prozent der Weltbevölkerung leiden unter Laktoseintoleranz und müssen sich nach dem Verzehr von Milch mit Blähungen und Durchfällen plagen. Diesen armen Menschen fehlt die Laktase, ein Enzym zur Verdauung von Milchzucker. Und wenn wir schon einmal dabei sind: Milch soll Osteoporose fördern, ohne Milch sollen unsere Knochen gesünder bleiben. Als Beispiel wird die geringe Osteoporose-Rate in Afrika angeführt, wo viel weniger Milch getrunken wird (übersehen wird dabei das um Jahrzehnte niedrigere Durchschnittsalter der Bevölkerung). Des Weiteren soll die industrielle Verarbeitung der Milch das enthaltene Kalzium »entwerten« – der Körper kann es nicht mehr aufnehmen.

Eine weitere Geißel der Menschheit wird durch Kuhmilch gefördert: Akne. Milchtrinker (die armen verirrten Seelen) sollen ein um 44 Prozent größeres Risiko für Pickel im Gesicht haben. Das hat alles nichts mit der hormonellen Umstellung während der Pubertät zu tun – die Milch ist schuld! Und klar, es liegt auf der Hand, Milch erhöht natürlich auch das Risiko, an Krebs zu erkranken. Warum sind wir milchtrinkenden Europäer nicht längst ausgestorben?

Nein, wir sind keine Kleinkinder mehr und unser Verdauungsapparat ähnelt nicht dem von Kälbern. Dennoch können wir einen Großteil des in der Milch enthaltenen Kalziums aufnehmen und verwerten. Wichtig dabei ist eine ausreichende Menge an Vitamin D. Entscheidender Faktor für die Knochengesundheit sind gute Erbanlagen. Wichtig zur Osteoporose-Vermeidung ist aber auch Bewegung – und ein hinreichendes Kalziumangebot in der Nahrung. Zum Beispiel in Milch. Sogar H-Milch genügt, das haltbar gemachte Teufelszeug.

Wer zu viel Milch trinkt, riskiert, dass Kalzium seine Adern verstopft.

Noch ein Argument der Laktose- und Gluten-Taliban, und wieder liegen sie daneben. Tierversuche haben gezeigt, dass Milch die Plaquebildung in den Blutgefäßen reduziert und damit eine Ursache für Arteriosklerose, eine Verkalkung oder Verhärtung der Arterien, beseitigt. Ob jemand diese Systemerkrankung bekommt, ist abhängig von seinen Erbanlagen, seiner kompletten Ernährung, beginnend in der Kindheit, und einigen anderen Faktoren. Milchfett und das in der Milch enthaltene Kalzium spielen dabei keine herausragende Rolle.

Milch löst schwere Allergien aus.

Allergien durch Milch sind bei Erwachsenen sehr selten, doch Kinder bis zu zwei Jahren können allergisch auf Milcheiweiß reagieren. Bei den wenigen Allergiefällen, die dennoch auftreten, ist oft homogenisierte Milch im Spiel. Die einheitlichen Fetttröpfchen in dieser verarbeiteten Milch sind für den Körper gut verfügbar – mitunter wohl viel zu gut. Angst vor schweren Allergien durch Milch ist auf jeden Fall unbegründet.

Milch und Milchmischgetränke verursachen Karies.

Milch enthält eine besondere Art von Zucker, nämlich Milchzucker, und wo Zucker ist, sind auch Kariesbakterien, oder? Wenn ich häufiger Milch trinke, muss ich dann Löcher in den Zähnen befürchten? Es gibt keinen Grund zu übermäßiger Vorsicht – Karies durch pure Trinkmilch ist schon deshalb nicht zu befürchten, weil die Bakterien in den Zahnbelägen diese Art von Zucker nur sehr begrenzt für ihre Energiegewinnung verwerten können. Kritischer sind Milchmixgetränke zu sehen: Sie enthalten gewöhnlichen Zucker. Ob dieser zu Zahnschäden führt, hängt davon ab, wie lange er Kontakt zum Zahnschmelz hat. Andere Lebensmittel und vor allem Süßigkeiten sind klebriger und haften deutlich länger an den Zähnen als zum Beispiel ein Kakaogetränk, das vom Speichel mühelos weggespült werden kann. Umgekehrt schützt Milch die Zähne gleich auf mehrere Arten. Das enthaltene Kalzium festigt den Zahnschmelz. Die von den Plaque-Bakterien gebildeten Säuren werden in ihrer Wirkung neutralisiert, unter anderem auch, weil Milchprodukte den Speichelfluss anregen.

Milch macht dick.

Es ist wie so oft: Natürlich streiten sich die Experten. Sicher, wer Milch statt Mineralwasser trinkt, um seinen Durst zu löschen, führt seinem Körper unnötig viele Kalorien zu. Andererseits belegen Studien, dass Menschen mit höherem Verzehr von Milch und Milchprodukten dünner sind als anders ernährte Gruppen und dass ihre Körper einen geringeren Körperfettanteil aufweisen. Auch nehmen sie bei reichlicher Verköstigung nicht so schnell zu. Wieder ist es das Kalzium, dem die positive Wirkung zugeschrieben wird. Es soll die Fetteinlagerung reduzieren und die in der Nahrung enthaltenen Fette in Kalziumseifen binden. Diese können dann einfach ausgeschieden werden. Auch wenn dieser Zusammenhang tatsächlich besteht: Vollmilch und Sahne sind im Vergleich Kalorienbomben. Aber es gibt ja die Alternativen: fettarme Milch und Joghurt.

H-Milch ist tot und enthält keine Nährstoffe mehr.

Richtig ist: H-Milch wird in sehr kurzer Zeit – etwa zwei bis drei Sekunden – auf 135 bis 150 °C erhitzt und bis zu sechs Sekunden bei dieser Temperatur gehalten. Das tötet alle darin enthaltenen Organismen ab und macht die Milch dauerhaft haltbar. Falsch ist: Dadurch werden die enthaltenen Nährstoffe verändert und können nicht mehr verwertet werden. Der Eiweißgehalt und auch der Anteil an Fett bleiben unverändert, der menschliche Körper kann sie genauso verdauen wie bei Rohmilch oder pasteurisierter Milch. Auch der Gehalt an Mineralstoffen wie Kalzium ändert sich nicht nennenswert.

Von einem »lebendigen Lebensmittel« kann man allerdings nicht mehr reden. Zur gesunden Flora im menschlichen Körper trägt H-Milch nicht mehr bei. Lebendige Milchsäurebakterien enthält aber auch pasteurisierte Milch nicht. Den Vorgang des Pasteurisierens (Erhitzen bis 100 °C) überleben sie nicht, aber ausgerechnet Schimmelpilzsporen und einige hitzebeständige Krankheitserreger bleiben aktiv. Wer naturnahe Milchprodukte möchte, muss auf Rohmilch oder probiotischen Joghurt zurückgreifen.

Nur Rotweine können »große« Weine sein.

Diese Vorstellung hat in unserem Lande ihre Ursache vielleicht in den »Schandtaten« mancher Winzer in den 1950er- und 1960er-Jahren, in denen deutsche Weißweine wegen ihrer schlechten Qualität verschrien waren – Massenware, die unter Namen wie *Liebfrauenmilch* oder *Oppenheimer Krötenbrunnen* verramscht wurde. Die Ablehnung deutscher Weine gipfelte in der Vermutung, nur Rotweine aus Frankreich hätten das Potenzial, zu wirklich großen Weinen heranzureifen. Mittlerweile hat sich einiges geändert: Wenn die Rebsorte, der Standort, der richtige Boden und das Mikroklima stimmen, können auch Weißweine aus Deutschland Premiumqualität erreichen – vorausgesetzt, der Winzer versteht sein Handwerk.

Geschwefelte Weine verursachen Kopfschmerzen.

Nein, die Kopfschmerzen kommen von zu viel Alkohol, der Schwefel spielt dabei keine Rolle. Geschwefelt werden Weine und auch Weinfässer, um schädliche Keime zu vernichten. Auch bestimmte im Wein enthaltene Enzyme, die ihn im Laufe der Zeit verändern könnten (zum Beispiel in der Farbe), werden durch die Behandlung mit Schwefel deaktiviert. Wirksam ist dabei das stechend riechende Gas Schwefeldioxid, das alle Erreger wie Bakterien und Pilzsporen abtötet. Weine mit hohem Zuckergehalt werden stärker geschwefelt, weil sie mehr Nahrung für schädliche Erreger enthalten als trockene Weine. Weißweine werden stärker geschwefelt als Rotweine, die durch ihren Gerbstoffgehalt weniger anfällig sind. Wie viel Schwefel verwendet wird, hängt auch vom Zustand der gelesenen Weintrauben ab, also vom Zeitpunkt der Weinlese. Sind mehr edelfaule Trauben enthalten, muss auch mehr gegen Bakterien- und Pilzbefall getan werden. Erlaubt sind Schwefelmengen von 150 Milligramm pro Liter für sehr trockene Weine bis zu 400 Milligramm pro Liter für Trockenbeerenauslesen und Eisweine. Auch andere Lebensmittel enthalten Schwefel: Trockenfrüchte und Nüsse (je nach Art 500 bis 2000 Milligramm pro Kilo), Trockenfisch (max. 200 Milligramm pro Kilo) oder Kartoffelchips (max. 50 Milligramm pro Kilo), um nur einige zu nennen. Gesundheitliche Folgen durch die Schwefelung sind nicht zu befürchten, schon gar keine Kopfschmerzen.

Rotwein muss bei Zimmertemperatur getrunken werden.

Diese Regel stammt wohl aus grauer Vorzeit, aus Perioden der Menschheitsgeschichte, in denen Wohnräume alles andere als gut geheizt waren. Man vergisst es sehr leicht, aber noch vor wenigen Jahrzehnten lag die durchschnittliche Raumtemperatur bei unter 20 °C, während heute die meisten Menschen Temperaturen weit über 20 °C vorziehen. Früher zog man halt einen Pullover an, statt den Ofen noch einmal mit neuer Kohle zu beschicken. Sie müssen also nicht mehr warten, bis sich der Wein in der Flasche an die Raumtemperatur angepasst hat. Dem Rotweingenuss ist es abträglich, wenn die Temperatur allzu deutlich über 20 °C liegt. Dann dominiert der Alkohol im Geschmack und viele Aromen verdunsten schnell aus dem offenen Glas. Besonders junge und fruchtige Rotweine verlieren durch eine zu hohe Trinktemperatur. Es bleibt zwar ein Unding, Rotwein mit Eiswürfeln zu trinken, aber kühler – etwa bei 14 bis 16 °C – schmecken junge Rotweine besser. Es macht also nichts, wenn Sie die Flaschen erst kurz vor dem Einschenken aus dem Keller holen.

Zu Fisch immer Weißwein!

Es ist richtig, dass Weißwein besser zu dezent gewürzten Fischgerichten und den dabei verwendeten Gewürzen passt, besonders wenn der Fisch weißfleischig ist und gekocht oder gedünstet wurde. Es gibt aber Fischgerichte, zu denen durchaus auch ein leichterer Rotwein gereicht werden kann. Immer dann, wenn Fisch gegrillt oder gebraten wird, passt auch ein leichter Rotwein, zum Beispiel zu geräuchertem Lachs oder gegrillten Sardinen. Je fetter der Fisch ist, desto kräftiger kann der Wein gewählt werden. Zu geschmortem Aal ist ein Spätburgunder durchaus denkbar. Einleuchtend ist, dass der Wein, mit dem ein Fischgericht zubereitet wurde, auch als Getränk zum Essen serviert wird.

Zu Käse passt nur Rotwein.

Möglicherweise spielt das stereotype Bild des Franzosen dabei eine Rolle: Baskenmütze, Rotwein, Käse, Baguette unter dem Arm. Fertig ist das Klischee. Aber: Franzose ist nicht gleich Franzose, Käse ist nicht gleich Käse und Rotwein nicht gleich Rotwein. Zum Beispiel passen die meisten milden Weißweine ausgezeichnet zu den vielen Käsesorten. Bei der Orientierung helfen können vielleicht die folgenden Grundregeln:

- Je fetter der Käse, desto mehr Säure im Wein.
- Je salziger der Käse, desto süßer und/oder kräftiger der Wein.
- Je säuerlicher der Käse, desto süßer der Wein.
- Je härter der Käse, desto kräftiger der Wein.
- Wenn Käse und Wein aus derselben Region stammen, passen sie oft gut zusammen.

Weichkäse mit weißem Edelpilz (Brie, Camembert) verträgt sich gut mit Riesling oder Grauburgunder; wenn es rot sein soll, wählt man am besten Spätburgunder oder Trollinger. Weichkäsesorten mit gewaschener Rinde wie zum Beispiel Livarot aus der Normandie oder Munsterkäse aus dem Elsass sind so kräftig, dass sie trockenem Riesling, Gewürztraminer oder kräftigem Dornfelder Paroli bieten können. Frischkäsesorten wie Mozzarella oder Mascarpone und junge Käsesorten mit mildem Aroma harmonieren am besten mit leicht fruchtigen, säuerlichen Weißweinen.

Zu Ziegenkäse passen fruchtiger Silvaner, Weißburgunder oder ähnliche Weinsorten, wie Kenner versichern. Ist der Schimmel blau wie bei Roquefort oder Gorgonzola, kommen halb trockene oder sogar süße Weine zum Einsatz. Bei Schnittkäse wie Emmentaler, Appenzeller, Gruyère, altem Gouda oder Cheddar kommt es auf die Stärke des Aromas an. Weißwein oder auch Rotwein sollten genug Kraft und Gehalt besitzen, um dem Käse etwas entgegenzusetzen. Bilden sich auf dem Hartkäse schon Salzkristalle, darf der Wein sogar richtig süß sein. Kontrast belebt die Küche.

Smoothies sind gesund.

Zwar stimmt es, dass wir nach Meinung von Ernährungsexperten jeden Tag mehrere Portionen Gemüse und Obst zu uns nehmen sollen – 600 bis 650 Gramm sollen es sein –, aber auch die Art und Weise spielt eine Rolle. Smoothies passen zwar ganz gut in den gestressten Alltag, können bequem konsumiert werden und die Hersteller versprechen »Gesundheit to go«, aber die Deutsche Gesellschaft für Ernährung meint, auf wenige Worte reduziert: gelegentlich ja, aber keinesfalls immer.

Zum einen gehen bei der Herstellung von Obst-Smoothies Nährstoffe verloren, weil Schale und Kerne nicht mit in den Smoothie kommen. Im Gegenteil, der Smoothie wird möglicherweise noch mit zusätzlichem Fruchtsaft verdünnt. Das Ergebnis: Bestimmte sekundäre Pflanzenstoffe, Ballaststoffe, Vitamine und Mineralien fehlen.

Hinzu kommt das Sättigungsproblem: Wenn wir unverarbeitete Nahrung wie Obst oder Gemüse kauen, braucht das seine Zeit, und dem Nahrungsbrei werden mit dem Speichel wichtige Verdauungsenzyme zugesetzt. Auch benötigt unser Gehirn bei der Nahrungsaufnahme einige Zeit, bis es das Signal »satt« sendet. Wenn wir etwas in Sekunden herunterschlucken und nicht einmal kauen, tritt der Sättigungseffekt gar nicht erst ein. Mit dem Getränk namens Smoothie spülen wir uns aber eigentlich eine kleine Mahlzeit hinunter, denn in gewisser Weise ist so eine Fruchtzubereitung eine Kalorienbombe – zumindest für ein Lebensmittel aus Obst und Gemüse. Manche Billigprodukte werden sogar noch zusätzlich gezuckert.

Grüne Smoothies verursachen Nierensteine.

Es gibt zwar Blattgemüse, das Oxalsäure enthält, und Nierensteine bestehen manchmal aus dem Kalziumsalz der Oxalsäure (Kalziumoxalat). Die Verbindung zwischen Oxalsäure im Smoothie und einem Nierenstein ist aber nicht so direkt, wie man es sich ausmalen könnte. Kalzium aus der Milch + Oxalsäure aus dem Spinat = Nierenstein – das ergibt eine allzu einfache Verschwörungstheorie der Körpersäfte und Mineralien. Die tatsächlichen Zusammenhänge sind komplizierter.

1. Nierensteine bekommt, wer zu wenig trinkt. Bei Flüssigkeitsmangel können Salze aus dem Urin auskristallisieren. Wird dann noch zu viel Kochsalz gegessen, lagert sich Oxalsäure als Natriumoxalat in der Niere ab.
2. Ein weiterer Faktor ist eine Ernährung, die zu wenig Magnesium und Kalium enthält. Beide Stoffe hemmen die Bil-

dung von Nierensteinen. Schwarzbrot und Kartoffeln liefern sie in ausreichender Menge.

3. Mit der Darmflora ist etwas nicht in Ordnung. In einem gesunden Darm leben Bakterien, die Oxalsäure binden können. Fehlen sie, nimmt das Risiko, Nierensteine zu bekommen, deutlich zu.

Wein muss atmen.

Als man noch nicht allzu viel über Weinbau wusste, gerieten oft saure und gerbstoffreiche Weine in den Handel, die kaum trinkbar waren. Man bemerkte bald, dass solche fragwürdigen Getränke an Qualität gewannen, wenn man sie längere Zeit in einem Holzfass aufbewahrte. Darin war der Wein nicht hermetisch abgeschlossen, sondern kam in Kontakt mit dem Luftsauerstoff. Dadurch veränderten sich seine Inhaltsstoffe, Gerbstoffe wurden oxidiert, Säuren gepuffert oder neutralisiert. Heute ist eine solche »Luftkur« für Weine überflüssig, sie muss auch nicht mehr im Glas oder in einer offenen Flasche nachgeholt werden.

Weinverschnitte sind minderwertig.

Eine Horrorvorstellung des puristischen Weinkenners ist ein fies grinsender Winzer, der die übrig gebliebenen Reste aus mehreren Fässern zusammenpanscht und dann versucht, das entstandene Mixgetränk unter einem wohlklingenden Namen zu Überpreisen an den Mann zu bringen. Winzer verschneiden Weine nicht aus reiner Profitgier – oft geht es um die Qualität des Getränks. Chianti- und Bordeaux-Weine gewinnen durch das Verschneiden, in Frankreich gilt das Mischen von Weinen sogar als hohe Kunst. Diese Technik des Winzers wird *se marier* genannt, und wer sie in Perfektion beherrscht, genießt hohes Prestige – unterschiedliche Weine aus verschiedenen Rebsorten mit passenden Eigenschaften werden *miteinander verheiratet*.

Weine werden mit dem Alter immer besser.

Es verhält sich ganz wie bei uns Menschen: Wer in seiner Jugend nicht die intellektuellen Anlagen zeigt, wird auch im Alter kein Genie. Für manche Weine ist es besser, wenn sie schnell getrunken werden. Der Großteil aller durchschnittlichen und guten Weinsorten würde durch lange Lagerung nicht gewinnen, sondern allenfalls seine Qualität halten. Und das auch nur, wenn die Flaschen in einem dunklen Raum bei einer konstanten Temperatur um die 12 °C für Weißwein untergebracht sind, Rotwein verträgt ein paar Grad mehr. Viele moderne Keller in unseren Wohnhäusern sind unterdessen viel zu warm, um als Weinkeller zu dienen. Auch Temperaturschwankungen zwischen Sommer und Winter müssen vermieden werden.

Düfte und Gerüche rund um den Wein können seinem Geschmack schaden – zu Zeiten, als die Grundnahrungsmittel noch im Keller gelagert wurden, konnte es durchaus sein, dass Wein mit der Zeit ein leichtes Kartoffel- oder Zwiebelaroma erwarb. Auch den »Duft« von Heizöl und Lackfarben sollte man in der Nähe eines Weinregals vermeiden.

Weine mit Schraubverschluss sind von schlechter Qualität.

Die Vorstellung hat sich in den Köpfen festgesetzt: Gute Weine werden in einer Flasche mit Naturkork geliefert, nur billige Ware hat einen Schraubverschluss. Das war lange Zeit richtig. Als dann das Naturprodukt Kork knapper und teurer wurde, unternahmen Winzer die ersten Versuche mit einem Schraubverschluss – und stellten fest, dass es sich dabei um eine perfekte Möglichkeit handelt, eine Weinflasche sicher zu verschließen.

Kork hat nämlich einige Nachteile: Zum einen müssen verkorkte Flaschen liegend gelagert werden, damit der Kork nicht trocken und damit durchlässig wird. Zum anderen besteht beim Öffnen der Flasche immer die Gefahr, einen guten Wein mit Kork zu verunreinigen. Besonders hoch ist diese Gefahr bei Presskork – kleinere Korkstücke werden mit Leim zu einem Flaschenkorken verbunden. Nicht nur, dass der Korkenzieher diese Art von Kork leichter in Stückchen zerfallen lässt – der darin enthaltene Leim wird bei der Lagerung vom Alkohol im Wein gelöst und vermischt sich mit dem Getränk. Keine wirklich appetitliche Aussicht. Auch Pfropfenverschlüsse aus Plastik sind nicht ohne Probleme, vor allem nicht geschmacksneutral, wie feine Zungen bemerken. Alles spricht für den Schraubverschluss auch bei teureren Weinen. Einzig auf das Ritual des Flaschenöffnens mittels Korkenzieher muss man beim Schraubverschluss verzichten – schade um die Show, aber für den Wein ist es besser.

Kaffeebohnen gehören in den Kühlschrank.

Licht, Luft und Wärme setzen dem Aroma der Bohnen zu. Ist eine Kaffeepackung angebrochen, so ist der Wohlgeschmack in Gefahr. Da könnte es doch eine gute Idee sein, den Kaffee im Kühlschrank zu verwahren, oder? Nein: Zwar vermindert sich durch die niedrige Temperatur der Aromaverlust, aber überall lauern Fremdgerüche, die sich nur allzu gern im feucht-kühlen Klima auf die offenen Poren der Bohnen stürzen. In der Tiefkühltruhe hingegen kann Kaffee für längere Zeit gelagert werden. Darin gefrieren die Öle in der Bohne und verflüchtigen sich nicht. Allerdings sollte man nicht zu große Portionen einfrieren und sie zum Gebrauch auftauen, indem man sie im verschlossenen Gefäß belässt.

Kaffee sollte man immer in derselben Dose aufbewahren.

Eine nur bedingt gute Lösung, es sei denn, die Dose wird hin und wieder sorgfältig gereinigt. Wenn man immer nur neuen Kaffee aus der Folienpackung in ein Gefäß aus Blech oder Keramik einfüllt, bleiben alte Öle aus dem Kaffee haften und werden mit der Zeit ranzig. Das kann man riechen und schmecken. Zwar passt die Kaffeedose vielleicht besser zur Kücheneinrichtung, aber die verschließbare Folienpackung ist die bessere Aufbewahrungsmöglichkeit.

Energydrinks machen am besten wach.

Fast alle Energydrinks enthalten zwischen 30 und 32 Milligramm Koffein pro 100 Milliliter, einige sogar etwas weniger – gerade mal ein bisschen mehr als die »stärksten« Cola-Sorten (25 Milligramm pro 100 Milliliter). Verglichen mit Espresso sind Energydrinks müde und meist viel zu süße Wässerchen: In 100 Milliliter Espresso sind nämlich je nach Sorte 100 bis 120 Milligramm Koffein enthalten. Die durchschnittliche Espressotasse enthält aber nur eine kleinere Menge Flüssigkeit (in etwa 25 Milliliter) und folglich 25 bis 30 Milligramm Koffein – etwa so viel wie ein Energydrink. Der beliebte doppelte Espresso allerdings lässt mit 50 bis 60 Milligramm Koffein pro Tasse die süße Brause weit hinter sich.

Der reine Energiehammer ist – kaum zu glauben – Omas Filterkaffee. Zwar enthalten 100 Milliliter nur etwa 40 bis 80 Milligramm Koffein, in einer gewöhnlichen Kaffeetasse mit 125 Milliliter Inhalt stecken aber zwischen 80 und 120 Milligramm Koffein – nur wer drei Energydrinks zu sich nimmt, kann da mithalten.

Was Drinks versprechen, bringen Shots.

Mehr Weckkraft als die schwächelnden Energydrinks bieten die Energyshots – konzentrierte Varianten, meist vom gleichen Hersteller. Bei diesen unentbehrlichen Produkten für Partygäste stecken bis zu 160 Milligramm Koffein in 100 Millilitern. Allerdings fassen die angebotenen Fläschchen meist um die 60 Milliliter – pro Verpackungseinheit also ungefähr 96 Milligramm Koffein, ungefähr so viel wie eine Tasse Filterkaffee. Enttäuschend.

Was die süßen Flüssigwecker so gefährlich macht, ist die Möglichkeit des massenhaften Konsums. In einer üblichen Verpackungseinheit stecken zwölf oder 20 Powershots. Die aufgenommene Koffeinmenge übersteigt jedes vernünftige Maß und führt in Verbindung mit Alkohol zu unkalkulierbaren Risiken. Ganz abgesehen davon, welche rätselhaften Bestandteile Energydrinker ihrem Körper sonst noch zuführen. Die Liste der Zutaten ist lang, deren genaue Wirkung vielfach schleierhaft.

Kaffee verursacht Schlafstörungen.

Hier handelt es sich im eigentlichen Sinne nicht um einen Irrtum, sondern um einen etwas zwiespältigen Sachverhalt. Beim Kaffee gibt es, anders als es der Katalog der Alltagsweisheiten verkündet, sogar eine gegenteilige Wirkung. In der ersten Viertelstunde nach dem Genuss einer Tasse erweitern die Wirkstoffe im Kaffee die Gefäße und fördern so das Einschlafen. Wer allerdings am Abend zu viel, das heißt mehrere Tassen Kaffee trinkt, muss tatsächlich damit rechnen, kein Auge zutun zu können.

Mit etwas Salz schmeckt Kaffee besser.

So hat es Oma immer gemacht: Zum Schluss eine Prise Salz in die Kaffeekanne geben, für den guten Geschmack. Das duftende Getränk soll weniger bitter und »runder« schmecken. Zwar kann der Glaube Berge versetzen, aber im Blindversuch lässt sich Großmutters Weisheit nicht bestätigen. Kaffeetrinker stellen keinen positiven Unterschied zwischen leicht gesalzenem und Kaffee ohne Salz fest. Im Gegenteil behaupten einige, dass das Salz den Geschmack des Getränks verschlechtert.

Kaffee schadet dem Magen.

Das soll ein Irrtum sein? Und wozu gibt es dann magenschonende Sorten? Es ist nicht der Kaffee, der den Magen attackiert, sondern die Art und Weise, wie er geröstet wird. Früher war das gängige Verfahren meist »schnell und heiß« – innerhalb von 90 Sekunden war der Röstvorgang beendet, die Rösterei arbeitete bei sehr hohen Temperaturen. Die bei diesem Verfahren entstehenden Bitterstoffe führten zu Magenbeschwerden. Heute werden Kaffeebohnen häufig langsam und schonend geröstet. Dabei bilden sich die gewünschten Aromakomponenten, aber die anfangs auch entstehenden aggressiven Substanzen werden durch die Länge des Röstvorgangs wieder abgebaut.

Koffein macht süchtig.

Alkohol und Nikotin sind weitaus gefährlicher. Zwar sagen Kaffeetrinker, dass ihnen ohne ihr geliebtes aromatisches Getränk etwas fehlt, und einige klagen auch über Kopfschmerzen. Die verschwinden aber mit der Zeit wieder, und sonstige Entzugserscheinungen treten nicht auf. Allerdings kann jemand mit einer ungesunden Lebensweise – zu viel Stress, zu wenig Schlaf – den unangenehmen Zustand ohne Kaffee für eine Folge des fehlenden Koffeins halten. Zu Unrecht.

Den besten Kaffee bekommt man in Italien.

Zwar verfügt Italien über einen besonderen Kaffeegeschmack, und auch die dort verwendeten Bohnensorten zeugen von einer entwickelten Kaffeekultur. Aber mit der Verbreitung der Kaffeemaschinen über Europa und die ganze Welt hat sich diese Qualität mittlerweile ein viel größeres Reich erobert als nur diese eine Nation. Ob Espresso oder

Latte macchiato – wenn die Bohnen frisch geröstet und gemahlen sind und auch Wassertemperatur (ideal sind 95 °C) und Wasserqualität (nicht zu hart und nicht zu sauer) stimmen, sind alle Voraussetzungen erfüllt, um an vielen Orten dieser Welt guten Kaffee zu trinken. Allerdings muss auch ein Kaffeevollautomat richtig eingerichtet sein, damit Espresso, Lungo und Latte schmecken.

Das Hirn im Bauch und der siebte Sinn

Körper und Körperpflege

Da mittlerweile jeder weiß, dass ein gesunder Geist nur in einem gesunden Körper wohnen kann, ist die körperliche Selbstoptimierung ein wichtiges Thema unserer Zeit. Nicht umsonst verkauft sich allerhand elektronisches Fitnessspielzeug wie warme Semmeln. Man kann inzwischen den exakten Grad seiner eigenen Gesundheit vom Fitnessarmband ablesen oder im Computer dokumentieren. Die Frage »Was ist gesund?« steht überall im Raum. Mache ich – aktiv, wie ich bin – alles richtig? Oder würde mein Körper lieber gemeinsam mit meinem schwachen Willen auf dem Sofa liegen und sich ausruhen? Fragen, die schwer zu beantworten sind – aber einige Irrtümer betreffend Körper und Körperpflege können aufgeklärt werden.

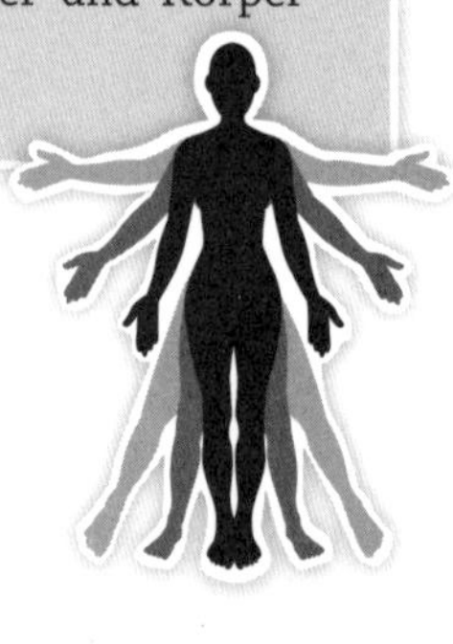

Alkohol tötet Gehirnzellen.

Das Horrorszenario für jeden Liebhaber von Bier oder Wein: Man kippt sich ein oder zwei Gläser hinter die Binde, und die darin enthaltenen Alkoholmoleküle haben nichts Besseres vor, als sich augenblicklich auf den Weg in unser Gehirn zu machen, um dort unschuldige und an sich noch ganz brauchbare Zellen in den Tod zu reißen.

Falsch. Aber nein, aufatmen können Sie jetzt nicht, denn alles ist viel schlimmer. Alkohol schädigt den ganzen Körper, sagen die Hohepriester der Gesundheit, egal in welcher Menge. Mit der Leber, dem Herzen, dem Gehirn, dem Nervensystem, den Nieren, der Blase und dem Magen geht es bergab, wenn Sie Alkohol trinken. Außerdem drohen Ihnen etliche Krebserkrankungen. Bei Frauen soll Alkohol Brustkrebs fördern. Richtig würde der Satz oben also heißen: Alkohol tötet, und zwar alles, was ihm in die Quere kommt.

Entwarnung: Jedes dieser alkoholischen Katastrophenszenarien hat eine Entsprechung auf der Gegenseite. So zum Beispiel diese Studie des Statens Institut for Folkesundhed aus Kopenhagen/Dänemark: Am längsten lebt, das haben im Jahr 2009 Wissenschaftler bestätigt, wer pro Tag etwa einen halben Liter Bier oder ein Viertel Wein trinkt und zudem fleißig trainiert. Wer den Alkohol weglässt, verkürzt sein Leben. Schön. Und dann findet wiederum jemand anderes heraus: Alkohol schädigt nicht die Gehirnzellen, sondern nur die Dendriten, welche die Kommunikation zwischen den Nervenzellen bewerkstelligen (aha, daher der Blackout!)

Neue Studie: Alkohol fördert die Gehirnleistung und ist – als Rotwein mäßig genossen – gut für Herz und Kreislauf. Und die nächste Untersuchung: Auch wenig Alkohol, etwa drei Gläser Bier oder zwei Gläser Wein, führt schon nach kurzer Zeit zu Veränderungen der Gehirnzellen, die aber reversibel sind und sich in kurzer Zeit zurückbilden. Das geschieht vermutlich beim Schädelbrummen. So festgestellt von einem Heidelberger Forscherteam mithilfe der Magnetresonanzspektroskopie (MRS).

Noch ein Gedicht: Alkohol schädigt, in größerer Menge genossen, die männlichen Spermien, fördert aber den Testosteronspiegel und damit die Männlichkeit. Na was denn nun? Da blickt man ja nicht mal mehr nüchtern durch.

Im Bauch steckt ein zweites Gehirn.

Auch wenn Sie Ihre Entscheidungen aus dem Bauch heraus treffen – ein zweites Gehirn gibt es da unten nicht. Zwar besitzt unser Unterleib ein enterisches Nervensystem, ein kompliziertes Geflecht aus Millionen von Nervenzellen, das weitgehend unabhängig vom Gehirn arbeitet, das aber vor allem Aufgaben bei der Steuerung unserer Körperfunktionen wie Verdauung und Blutfluss übernimmt und nicht in Konkurrenz zu unserem Gehirn steht. Auch ist es weder der Ort unserer Intuition noch eignet es sich zum Nachdenken, nicht über Triviales und schon gar nicht über wissenschaftliche Fragen. Dieses Nervenzentrum – gut, wir nennen es mal Bauchgehirn – kommuniziert bei seiner Arbeit ständig mit dem Kopfgehirn und gibt ihm Statusmeldungen, auf die das Gehirn in Notfällen reagiert. Zeigt das Bauchgehirn zum Beispiel Gift im Verdauungstrakt an, so gibt das Gehirn im Kopf die entsprechenden Befehle für Gegenmaßnahmen, zum Beispiel Erbrechen. Gesunde Menschen nehmen die Arbeit des Nervenzentrums im Bauch nicht wahr. Nur wer unter Bauchschmerzen, Blähungen oder Verstopfung leidet oder an einem Reizdarm erkrankt ist, spürt, dass in der unteren Etage etwas arbeitet.

Von vielem Haarewaschen werden die Haare fettig.

Besonders junge Menschen leiden erheblich, wenn ihre Haare schneller fettig werden, als sie es sich wünschen. Schon nach einem oder zwei Tagen hängen sie kraftlos am Kopf herunter, statt locker im Wind zu wehen. Bevor man sich in der Öffentlichkeit zeigen kann, müssen sie also gewaschen werden. Und da beginnt das Dilemma: Wer sich häufig die Haare wäscht, sorgt dafür, dass sie immer schneller immer fettiger werden.

Für einen Menschen in der Pubertät macht es keine Mühe, sich das einzureden, denn er zweifelt ohnehin häufig an sich selbst. Aber die Sache mit den Haaren entspricht nicht den Fakten. Ob man mehr oder weniger fettige Haare hat, hängt von der genetischen Disposition ab. Bei einem Menschen produzieren die Talgdrüsen der Kopfhaut wenig Fett, bei einem anderen eben mehr. Das häufige Haarewaschen beeinflusst sie dabei nicht. Was man aber falsch machen kann: Wer fettige Haare hat und eines der Shampoos benutzt, die eigentlich für trockenes Haar gemacht sind, bekommt es mit rückfettenden Wirkstoffen zu tun. Diese verleihen trockenem Haar einen gewissen Glanz, wirken sich aber bei ohnehin fettigem Haar ziemlich katastrophal aus.

Zu viel Säure greift den Magen an.

Ohne Magensäure kann unsere Nahrung nicht richtig verdaut werden. Deshalb produziert unser erstes Verdauungsorgan nach der Speiseröhre täglich bis zu zwei Liter salzsäurehaltige Flüssigkeit. Die beschädigt die Magenwände nicht, denn die sind mit einer widerstandsfähigen Schleimhaut bedeckt. Erst wenn diese Schleimhaut Verletzungen aufweist, findet die Magensäure Angriffspunkte an ungeschütztem Gewebe und wird zum Problem. Ähnliches geschieht, wenn der Magenmund, der obere Schließmuskel des Magens, nicht mehr richtig funktioniert. Dann kann Magensäure in die Speiseröhre aufsteigen und dort Schaden anrichten. Der davon betroffene Mensch nimmt diese Gesundheitsstörung zum Beispiel als saures Aufstoßen wahr. Ein gesunder Magen jedenfalls reagiert auf Saures und seine eigene Magensäure nicht sauer. Allerdings kann es durch eine Bakterieninfektion mit *Helicobacter pylori* zu Verletzungen der Magenschleimhaut kommt – dann entstehen Magengeschwüre, die vom Arzt behandelt werden müssen.

Wenn man furzt, stinkt es.

Der durchschnittliche Flatus (so heißt der Furz auf Latein) ist nahezu geruchlos. Er besteht aus einem Gemisch verschiedener Gase, darunter Stickstoff, Sauerstoff, Kohlendioxid und Wasserstoff, und könnte sogar brennbar sein (bitte nicht ausprobieren!). Diese Gase – von einem halben bis zu zwei Litern am Tag – entstehen als Abfallprodukte im Körper, wenn die Nahrung verdaut wird. Nur einer von etwa 100 Fürzen soll nach Auskunft von »Darmgas-Statistikern« unangenehm riechen. Das kann durch Nahrungsmittel verursacht sein, aber auch seine Gründe in einer Störung der Verdauungstätigkeit oder einer Darmerkrankung haben. Verursacher des Geruchs sind meist die Gase Schwefelwasserstoff (zuständig für die Duftnote »faule Eier«) und Methan in unterschiedlichen Mischungsverhältnissen.

Mundgeruch kommt aus dem Magen.

Meist fällt es einem selbst oder dem Partner beim Aufwachen auf: Mundgeruch! Das muss am leeren Magen liegen, schnell mal was frühstücken ... In den meisten Fällen ist aber nicht der Magen schuld, der Geruch im Mund wird tatsächlich auch dort produziert. Seine Quelle sind Bakterien, die sich auf der Zunge und an den Mundschleimhäuten angesiedelt haben. Auch krankes Zahnfleisch oder Speisereste zwischen den Zähnen äußern sich durch einen unangenehmen Geruch. Woher nun echte Mundgerüche auch kommen mögen – sie lassen sich effektiv mit Zahnbürste, Munddusche und Mundspülung bekämpfen. Eine krankhafte Quelle unangenehmen Geruchs stellen entzündliche Prozesse in der Speiseröhre dar. Nur sehr selten stammen Mundgerüche von einem kranken Magen oder Darm.

Auf der Zunge gibt es festgelegte Geschmackszonen.

Ob wir nun vier Geschmacksrichtungen wahrnehmen können – süß, sauer, bitter, salzig – oder fünf, wenn man noch die Geschmacksrichtung fleischlich-herzhaft, genannt *umami*, dazurechnet, oder sogar sechs – unsere Zunge soll nach Meinung mancher Wissenschaftler auch Rezeptoren für einen fettigen Geschmack besitzen: Die Sache mit den säuberlich getrennten Geschmackszonen ist ein Irrtum. Eigentlich werden alle Geschmacksrichtungen überall auf der Zunge wahrgenommen, wo es Geschmacksrezeptoren gibt, aber in unterschiedlicher Intensität. Der mittlere Bereich der Zunge ist frei von Geschmacksknospen. Die meisten Sensoren für »süß« finden sich zum Beispiel an der Zungenspitze, was aber nicht heißen muss, dass etwas Süßes an einer anderen Stelle der Zunge nicht wahrgenommen wird. Die bittere Geschmacksrichtung wird verstärkt an der Zungenwurzel bemerkt.

Die meiste Körperwärme verliert man über den Kopf.

So zumindest steht es in einem Feldhandbuch der US-Armee. Gleich 40 bis 45 Prozent der Körperwärme verliert der Soldat angeblich über den Kopf, wenn er seine wärmende Kopfbedeckung vergisst. Also haben auch fürsorgliche Eltern recht, die ihre Kinder in der kühlen Jahreszeit immer wieder auffordern: »Jetzt setz' dir endlich deine Mütze auf!«

Militärstrategen und Eltern sind im Irrtum. Es ist schon richtig, dass ein völlig in Kleidung eingepackter Mensch eine große Menge seiner Körperwärme über den Kopf verliert – was soll er auch sonst tun, um seine Körpertemperatur bei 37 °C zu halten, thermisch isoliert, wie er dasteht? Packt man den betreffenden Menschen aus und stellt ihn vor eine Wärmebildkamera, so zeigt sich, dass seine gesamte Hautoberfläche Wärme etwa in gleicher Menge abstrahlt.

Andererseits ist die Mütze bei Kindern vielleicht doch sinnvoll: Am Kopf friert man leichter, weil dort viele Nervenenden sitzen. Deshalb nimmt man dort Wärmeveränderungen besonders intensiv wahr.

Ebola ist die gefährlichste Seuche.

Es kommt darauf an, wie man Gefährlichkeit definiert. Wenn es um die Todesrate unter den Erkrankten geht, liegt das Marburg-Virus an der Spitze, das nahe mit dem Ebola-Virus verwandt ist. Etwa 88 Prozent der Erkrankten sterben, allerdings erkranken relativ wenige Menschen daran. Beim Grippevirus H5N1 (Vogelgrippe) droht »nur« etwa 30 bis 80 Prozent der Infizierten der Tod, dafür werden aber immer gleich Dutzende bis Hunderte Menschen erkranken. An Ebola erkrankte Personen werden zu etwa 80 Prozent sterben, und die Krankheit ist durch Blut und andere Körperflüssigkeiten von Mensch zu Mensch übertragbar. Noch leichter als Ebola verbreitet sich das Krim-Kongo-Virus, das ebenfalls eine hohe Letalitätsrate aufweist. Viele Ärzte halten es für das gefährlichste Virus der Welt auf einer Hitliste des Schreckens, auf der das Hanta-Virus, das Dengue-Fieber, das Ebola-Virus, das Marburg-Virus und das Lassa-Virus ebenfalls vordere Plätze belegen.

Wenn man Gefährlichkeit allerdings nach der Anzahl der Toten definiert, die eine Krankheit verursacht, so finden sich die meisten der genannten Krankheiten nicht weit oben auf der Liste. Mit geschätzten 25 bis 50 Millionen Toten weltweit dürfte die Spanische Grippe (Virustyp H1N1) den ersten Rang belegen, gefolgt von der (glücklicherweise ausgestorbenen) Pest mit 20 bis 30 Millionen Toten. Augenblicklich führt die Tuberkulose mit 1,3 Millionen Toten pro Jahr weltweit die traurige Statistik an. Platz zwei: Weltweit erkranken jährlich etwa 90 Millionen Menschen an Malaria, 600 000 davon sterben.

Fußballer dürfen vor dem Spiel keinen Sex haben.

Bei der Weltmeisterschaft 1974 in Deutschland sollen sich Uli Hoeneß und Sepp Maier aus dem Trainingslager geschlichen haben, um einen Abend mit ihren Ehefrauen zu verbringen. In den 1990er-Jahren meinte Bundestrainer Berti Vogts: »Sex vor dem Spiel? Das können meine Spieler machen, wie sie wollen, aber in der Halbzeit geht nichts!« Womit der GRÖBUAZ (größter Bundestrainer aller Zeiten) zwei Wahrheiten gelassen ausgesprochen hat. Sex vor einem sportlichen Wettbewerb fördert beim Mann die Leistung, weil der Testosteronspiegel und die dadurch abrufbare Aggressivität steigen. So stellten Wissenschaftler der Universität Oxford fest, dass Teilnehmer des London-Marathons, die vor dem Lauf Sex hatten, im Durchschnitt fünf Minuten schneller waren als ihre asketischen Konkurrenten. Und mehr Ausdauer kann ja auch im Fußball nicht schaden.

Und es gibt keinen Sex in der Halbzeit, weil ein gewisser zeitlicher Abstand zum Wettkampf schon bestehen muss, weil auch die Turnübung im Bett ihre Erholungsphase braucht. Gut gebrüllt, Berti!

Ob man allerdings heute dem Wunsch des Nationaltorhüters Toni Schumacher aus den 1980er-Jahren entsprechen würde, der in seiner Biografie für sich und sein Team »professionelle Liebesdienerinnen« gefordert hatte, dürfte fraglich sein.

Die rechte und die linke Gehirnhälfte haben unterschiedliche Aufgaben.

Das hört sich so an, als verrichteten sie streng voneinander getrennt ganz und gar andere Arbeiten. Ja, es gibt eine gewisse Aufteilung zwischen den Hirnhälften. Während die meisten Sprachbefähigungen ihren Platz in der linken Gehirnhälfte haben – zum Beispiel die Steuerung vieler Tausend kleinster Muskelpartien beim Sprechen und die Denkleistungen im Zusammenhang mit abstrakten Begriffen –, so reden bei allem, was mit konkreten Gegenständen zu tun hat, beide Gehirnhälften mit. Unser Verständnis für die Sprachmelodie und eventuellen Subtext hat seinen Platz in der rechten Hemisphäre. Vorstellungen von einer klaren und strengen Aufgabentrennung im Gehirn – links: analytisches Denken und Verstand, rechts: Intuition, Empathie und ganzheitliches Denken – sind falsch. Die eine Gehirnhälfte kann sogar Funktionen der anderen übernehmen, wenn diese, zum Beispiel durch eine Tumoroperation, geschädigt ist.

Muskeln werden zu Fett, wenn man sie nicht benutzt.

Das ist schon deswegen falsch, weil aus Proteinen bestehende Muskeln nicht einfach so in Fett umgewandelt werden können. Ein Sportler, der mit dem Training aufhört, verliert möglicherweise ungenutzte Muskelmasse, und wenn er sich falsch ernährt, setzt er vielleicht auch Fett an. Wenn es dabei zum Beispiel um den großen Bauchmuskel (das Sixpack) geht, könnte man als unbedarfter Betrachter auf die Idee kommen, dass aus dem Muskel der Bierbauch entstanden sein könnte. So ist es aber nicht – der Bauchmuskel liegt nach wie vor unter dem Fett, wenn auch in »abgespeckter« Version.

Nach dem Essen soll man nicht direkt schwimmen gehen.

Schon als Kind haben Sie diese Regel immer wieder gehört. Volle zwei Stunden sollte man nach Ansicht vorsichtiger Zeitgenossen warten, bevor man nach dem letzten Bissen in die

Fluten springt. Was aber Eltern ihren Kindern da erzählen, ist möglicherweise eine Erkenntnis der Lebenserfahrung, die falsch angewandt wird. Es ist schon richtig, dass man sich als Erwachsener nach einem ausgiebigen Essen eher müde und träge fühlt, weil das Gehirn nicht so gut durchblutet ist und die gesamte Energie im Verdauungsprozess steckt. Kinder, von der Natur mit überschießender Energie ausgestattet, fühlen sich aber auch nach einer dicken Portion Pommes frites keineswegs ruhebedürftig, sondern spüren eher Bewegungsdrang. Wer sie nun daran hindert, diesem nachzukommen, legt den Grundstein für falsches Ernährungsverhalten. Anders gesagt: Ruh' dich jetzt mal so richtig schön aus, damit die Kalorien sich gut in Körperfett umwandeln können und du einen schönen Schwimmring bekommst. Nein, ob man nach dem Essen ins Wasser geht, sollte jeder selbst entscheiden – auch Kinder können das. Schließlich gibt es da auch noch die schöne und offene Regel: Nach dem Essen sollst du ruh'n oder Tausend Schritte tun. Es können auch Tausend Schwimmzüge sein.

Menschen haben fünf Sinne.

Haben Sie noch alle Ihre fünf Sinne beisammen? Sehen, hören, riechen, schmecken, tasten – das waren sie doch, oder? Wenn man einen Sinn als Hilfsmittel zur Wahrnehmung der Umwelt definiert, gibt es noch weitere: Der Temperatursinn hilft uns, warm und kalt zu unterscheiden, die Schmerzempfindung teilt uns mit, wenn unser Körper in Gefahr ist, Verletzungen zu erleiden. Der Gleichgewichtssinn sorgt dafür, dass wir gerade und aufrecht durchs Leben gehen, und die Körperempfindung liefert uns Informationen über die Lage und die Bewegungen unseres Körpers, den Zustand seiner

Muskeln, schwach oder stark. Insgesamt verfügen wir also mindestens über neun Sinne.

Blut ist rot.

Das Blut aller Menschen ist rot, der rote Farbstoff Hämoglobin ist uns allen gemein. Insofern ist dieser Satz kein Irrtum. Seine uneingeschränkte Richtigkeit verliert er allerdings beim Blick in die Tierwelt. Andere Farbstoffe ersetzen das Hämoglobin, bestimmte im Meer lebende Ringelwürmer und andere Meeresbewohner setzen auf den eisenhaltigen Farbstoff Hämerythrin und haben daher violettes Blut. Tintenfische, bestimmte Schnecken, Spinnen, Krebse und auch manche Muscheln haben blaues Blut, weil sie in ihrem Körper kupferhaltiges Hämocyanin für den Sauerstofftransport verwenden. Im Körper bestimmter im Meer lebender Borstenwürmer fließen dank Chlorocruorin grüne Körpersäfte, Insekten wie die Heuschrecken haben eine farblose Körperflüssigkeit und im eigentlichen Sinne kein Blut, denn der Sauerstofftransport in ihrem Körper funktioniert nach einem anderen Prinzip, nämlich über die Tracheen.

Ich träume überhaupt nicht.

Irrtum, Schlafforscher wissen: Jeder Mensch träumt. Sie können das über eine Messung der Gehirnströme während des Schlafes nachweisen. Die Gehirnstromkurven und die Augenbewegungen während der REM-Phasen (REM = Rapid Eye Movement) belegen: Etwa alle 90 Minuten erleben wir im Schlaf einen neuen Traum. In den ersten Schlafphasen sind es Zehn-Minuten-Clips, die späteren Träume erreichen mit 30 Minuten schon Kurzfilmlänge. Worin sich Menschen unterscheiden: Die einen können sich am nächsten Morgen genau an ihre Träume erinnern, anderen gelingt das so gut wie nie. Das ist aber nicht weiter schlimm, denn anders, als mancher glaubt, besitzen die meisten Träume keine besondere Bedeutung. Zwar spiegeln sich manchmal die Erlebnisse des Tages darin wider, häufig sind sie aber auch nichts weiter als ein entspannendes Unterhaltungsprogramm fürs Gehirn. Oft erzählen uns unsere Träume schöne Geschichten, die wir nachher zu deuten versuchen, deren Sinn aber kaum zu entschlüsseln ist. Und die Albträume? Warum fühlen wir uns verfolgt, warum ertrinken wir im Traum, warum erleben wir Unfälle, stürzen endlos tief hinab, warum bedrohen uns Mörder und Monster? Der Traumforscher Antti Revonsuo von der Universität von Turku, Finnland, meint, dass es sich dabei um eine Art Sicherheitstraining für unser Gehirn handelt, eine Vorbereitung auf schlimme Notfallsituationen in der Realität – wie es das Schleudertraining für den Autofahrer ist.

Unterbrochener Schlaf ist nicht erholsam.

Niemand schläft durch, sagen die Schlafforscher. Tatsächlich werden wir alle bis zu 30-mal in einer Nacht wach, schlafen aber sofort wieder ein. Nachher erinnert man sich nicht mehr an die kurze Unterbrechung des Schlafes. Bei den Schlafgestörten ist es oft die Angst vor der Schlafstörung, die sie am Weiterschlafen hindert. Aus lauter Angst vor dem Wachliegen regen sie sich auf – und können dann tatsächlich nicht mehr einschlafen. Abhilfe: Nicht auf die Schlafstörung konzentrieren, sondern Beschäftigung suchen oder an etwas Angenehmes denken.

Eineiige Zwillinge gleichen sich wie ein Ei dem anderen.

Die DNA legt nicht bis ins letzte Detail fest, wie ein Individuum auszusehen hat. Jedes Wesen, das die Natur erschafft, ist einzigartig – es existiert kein Duplikat. Kämen irgendwo eineiige Zebra-Zwillinge auf die Welt, so besäßen sie nicht das absolut identische Fellmuster, und auch die Körper von eineiigen Menschen-Zwillingen weisen durchaus Unterschiede auf – hier ein Pigmentfleck, dort eine etwas andere Form eines Körperteils. Alles ist sehr ähnlich, aber eben nicht gleich. Zu besonderen Spekulationen gaben in der Kriminalliteratur auch die Fingerabdrücke von Zwillingen Anlass. Hinterlassen zwei Zwillinge dieselben Fingerspuren am Tatort oder hat jeder sein individuelles Muster? Tatsächlich ist das so. Auch wenn die DNA-Spuren von Zwillingen nicht zur Aufklärung einer Tat beitragen würden – seine Fingerabdrücke würden den kriminellen Zwilling entlarven.

Acht Stunden Schlaf braucht der Mensch.

So lautet der allseits bekannte Merksatz – der aber leider falsch ist. Es kommt neben der Quantität des Schlafes nämlich auf seine Qualität an. Ein leichter und oberflächlicher Schlaf mag zwar als Nickerchen genügen, für echte Erholung sorgt aber nur Tiefschlaf. Es kann sein, dass jemand acht Stunden im Bett liegt, aber, gestört von äußeren Einflüssen oder einer inneren Unruhe, keinen wirklich tiefen Schlaf findet. Dann wird ein solcher Schläfer wie gerädert aufwachen.

Die Natur hat es so eingerichtet, dass ganz individuell eine Schlafdauer von fünf bis neun Stunden normal ist. Wer sich nach seiner persönlichen Ruhephase im Bett erholt fühlt und den Tag meistern kann, hat genug geschlafen.

Auch statistisch machen die acht Stunden Probleme: Die Bürger der Bundesrepublik Deutschland schlafen nämlich im Durchschnitt nur etwa sieben Stunden pro Nacht. Der Durchschnittsdeutsche geht gegen 23 Uhr ins Bett, wo er 15 Minuten braucht, um Schlaf zu finden. Etwa um 6:45 Uhr klingelt der Wecker. Das sind aber nur siebeneinhalb Stunden. Die Briten und die US-Amerikaner werden früher wach – sie schlafen nur sieben Stunden und 22 Minuten (Großbritannien) bzw. sieben Stunden und 13 Minuten (USA). Den Kurzschlaf-Weltrekord halten die Japaner mit sechs Stunden und 22 Minuten. Allerdings darf man in Japan auch während der Arbeitsstunden mal ein Nickerchen halten.

Je wärmer das Klima ist, desto länger schlafen die Menschen – manchmal allerdings verteilt auf zwei Schlafphasen, den Nachtschlaf und die Siesta um die Mittagszeit. Ein gutes Beispiel in Sachen Schlaf sind die Mexikaner: acht Stunden und 15 Minuten – Weltrekord!

Moderne Menschen schlafen immer weniger.

Das belegen statistische Untersuchungen von Schlafforschern nicht. Was aber messbar ist, sind ein Absinken der Schlafqualität und eine Zunahme der Schlafstörungen. So verursachen Mobiltelefone im Bett Einschlafstörungen. Überhaupt raubt der zunehmende Ereigniszwang – auch als Reizüberflutung bekannt – vielen die innere Ruhe, die für den gesunden Schlaf unerlässlich ist. Was die Schlafdauer angeht, so schliefen unsere Vorfahren in vielen Fällen deutlich kürzer als wir. Die bäuerliche Bevölkerung arbeitete im

Sommer, um das Sonnenlicht zu nutzen, oft bis in die späte Dämmerung, musste aber wegen der Versorgung der Tiere morgens schon bei Sonnenaufgang wieder aufstehen. Auch die Industriearbeiter im 19. Jahrhundert hätten sich über sieben bis acht Stunden Schlaf sehr gefreut. Oft kamen sie erst am späten Abend nach Hause, mussten aber morgens in aller Frühe wieder aufstehen. Fünf Stunden Schlaf waren an der Tagesordnung.

Man kann Schlaf nicht nachholen.

Doch, das geht, allerdings sind dem Körper von der Natur Grenzen gesetzt. Wer eine oder zwei Nächte schlecht oder zu wenig schläft, wird möglicherweise in der dritten Nacht länger und tiefer schlafen – wenn seine Umwelt ihn lässt. Über einen so kurzen Zeitraum stört der Schlafmangel unseren Körper nicht, er erholt sich vollständig davon. Wer allerdings glaubt, eine stressreiche, hektische Woche mit nur wenigen Stunden Schlaf am Wochenende aufholen zu können, der liegt falsch. Bei langfristigem Schlafmangel läuft die Verdauung aus dem Ruder, die Gefahr, übergewichtig zu werden, steigt deutlich. Außerdem leiden die Zellregeneration, das Immunsystem und letztlich auch die intellektuelle Leistung, weil der natürliche Rhythmus des Körpers durcheinandergerät. Schlafmangel macht dümmer.

Auch von solchen langfristigen Entgleisungen erholt sich der Körper nach einer Weile, aber nicht in einer einzigen Nacht. Und wer über Jahre nur vier oder fünf Stunden in der Nacht schläft, also unter andauerndem Schlafmangel lebt, treibt Raubbau an seiner Gesundheit. Chronischer Schlafmangel soll sogar für die Entstehung von Krebs verantwortlich sein.

Zu viel Schlaf kann es gar nicht geben.

Es gibt tatsächlich einen Zusammenhang zwischen Schlafdauer und Langlebigkeit aber länger ist nicht automatisch besser. Statistiker fanden heraus, dass Menschen mit einer durchschnittlichen Schlafdauer von sieben Stunden das höchste Lebensalter erreichen. Nach einer Studie der American Academy of Sleep Medicine, 2013 im Fachblatt *Sleep* veröffentlicht, die das Schlafverhalten von 54 000 Amerikanern im Alter von 45 Jahren und aufwärts untersuchte, waren knapp ein Drittel der Testteilnehmer Kurzschläfer, die im Durchschnitt weniger als sechs Stunden Schlaf bekamen. Mehr als 64 Prozent der Probanden schliefen optimal lang – zwischen sieben und neun Stunden. Die Gruppe der Langschläfer war recht klein: Nur vier Prozent dehnten ihre Nachtruhe auf zehn Stunden und mehr aus.

Die Auswertung der Gesundheitsdaten zeigte folgendes Bild: Übergewicht, koronare Herzerkrankungen, Schlaganfall und Diabetes, aber auch psychische Probleme traten vermehrt in der Gruppe der Kurzschläfer auf. Genau diese Beeinträchtigungen der Gesundheit trafen auch die Langschläfer, allerdings mit noch signifikanteren Folgen als bei den Kurzschläfern.

Wer eine heiße Milch mit Honig trinkt, kann besser einschlafen.

Es gibt tausend Tricks, um besser einzuschlafen, darunter auch recht kuriose. Einige Leute schreiben Tagebuch, andere hören weißes Rauschen von der Audio-CD. Mancher beherzigt Omas Einschlaftipps und steigt mit feuchten Socken ins Bett. Andere benetzen sich den Bauchnabel mit warmem

Wasser. Alle schwören drauf: Das hilft beim Einschlafen – garantiert!

Die heiße Milch mit Honig steht in den Einschlafcharts noch immer weit oben. Zu Recht? Bei den einen funktioniert es, weil sie in der Zubereitung dieses Getränks Ruhe finden. Bei anderen wirkt vielleicht das in der Milch enthaltene winzige bisschen Tryptophan beruhigend – eigentlich eine zu kleine Dosis für ein Schlafmittel. Bei einer dritten Gruppe könnten unterschwellige Erinnerungen an die Kindheit eine Rolle spielen: Etwas Süßes bedeutet Belohnung! Man hat etwas richtig gemacht und kann deshalb in aller Ruhe die Augen schließen. Und die vierte Gruppe würde auch einschlafen, wenn irgendjemand glaubhaft machen könnte, Schlangengurken mit Senf würden den Weg in das Reich der Träume ebnen. Der Glaube kann Berge versetzen.

Probleme bereitet vor allem der schlagartige Übergang vom hektischen Alltagsgeschehen zur Ruhephase des Schlafens. Ohne Milch und feuchte Socken kommt aus, wer es versteht, am Abend Entspannung zu finden. Nachtarbeit bis zur letzten Minute, Ballerspiele am Computer und Krimis oder Horrorfilme sind keine wirkliche Hilfe.

Nach dem Sex ist jedes Lebewesen traurig.

Wer weiß, warum sich diese Weisheit aus dem Schlafzimmer der Natur über die Jahrhunderte gerettet hat. *Triste est omne animal post coitum præter mulierem gallumque (nach dem Beischlaf ist jedes Tier traurig außer der Frau und dem Hahn).* Gehässige Zeitgenossen vermuten, dass der nach klassischer Bildung klingende Spruch überlebt hat, weil Männer mit einem kleinen Johannes mit ihrem großen Latinum angeben wollten. Der Satz aus der Antike, der sowohl Aristoteles (384–323 v. Chr.) als auch dem griechischen Arzt Galenos von Pergamon (ca. 129–199 v. Chr.) zugeschrieben wird, scheint alltäglicher Beobachtung zu entspringen. Zumindest der Teil mit dem Hahn stimmt – nach gelungenem Akt kräht das Federvieh fröhlich vor sich hin und zeigt keine Anzeichen von Depression. Eine weitere Aussage des Satzes – die mit der fröhlichen Frau – belegten spätere Forschungen um das Jahr 2002, bei denen festgestellt wurde, dass männlicher Samen, so er in den Körper der Frau gelangt, zu Stimmungsaufhellung führt. Kondome wirkten verständlicherweise diesem Effekt entgegen.

Wer ist denn nun tatsächlich traurig oder niedergeschlagen nach dem Sex? Alle Männer? Alle Tiere außer dem Hahn? Für Depressionen bei anderen Tierarten gibt es keine überprüfbaren wissenschaftlichen Erkenntnisse. Wohl aber kommt postkoitale Dysphorie – kurze oder auch längere depressive Phasen – in unterschiedlicher Häufigkeit bei Männern und Frauen vor. Die Ursachen dafür liegen noch im Dunkeln. Man vermutet ein Gefühl des Machtverlusts, die Erkenntnis der eigenen Einsamkeit und Sinnlosigkeit als Ursache oder auch hormonelle Verschiebungen tief in den ältesten Teilen unseres Gehirns. Was ist nun falsch an obigem Satz? Sein Anspruch auf Allgemeingültigkeit, denn schließlich erfreuen sich zahllose Menschen und Tiere nach dem Sex bester Laune.

Nicht für Elise – für Therese!

Kunst und Kultur

Wie gern würden wir doch alle zu diesem Themenkreis alles wissen! Ein bisschen Namedropping in Sachen Philosophie, Literatur oder Musik, die neueste Einspielung des Emil-Lammerbeck-Quartetts oder der neue Roman von Jean-Claude Portnawak als Geburtstagsgeschenk, und schon steigt das Ansehen bei Freunden, Bekannten und Verwandten ins Unermessliche, auch wenn niemand je den haarsträubenden Lärm hören wollte und das 700-Seiten-Kultbuch nie gelesen wurde. Man muss nicht nur Geld, das richtige Auto, geschmackvolle Kleidung und einen hübschen Lebenspartner besitzen – für das Ansehen ist der Duft gehobener Bildung unerlässlich. Passen Sie auf, dass Ihnen auf diesem Gebiet keine Irrtümer unterlaufen ...

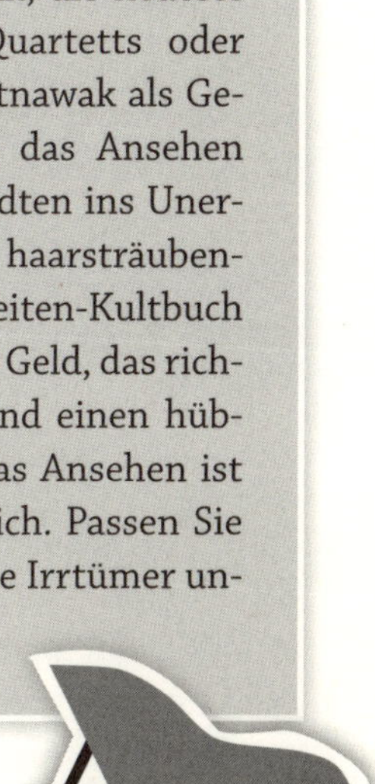

Beethoven schrieb ein Stück namens »Für Elise«.

So ganz sicher ist das nicht. Der Beethoven-Forscher Max Unger bezweifelte den Titel des Musikstücks schon in den 1920er-Jahren, denn Beethoven soll 1810, als er es komponierte, noch keine Frau namens Elise gekannt haben. Zwar traten später eine Elise Müller, Tochter des Bremer Domkantors Wilhelm Christian Müller, und eine zweite Dame namens Elise von der Recke, ihres Zeichens Schriftstellerin, in das Leben des großen Komponisten, doch geschah dies zu Zeitpunkten, als das fragliche Musikstück längst geschrieben war. Grund genug für Beethoven-Forscher Unger, an einen Fehler bei der Transkription von Beethovens Handschrift zu denken: Die Buchstaben des Meisters sollen nach Max Ungers Meinung »Für Therese« bedeuten. Dafür spricht, dass Beethoven im Jahre 1810 beabsichtigte, Therese Malfatti zu ehelichen, doch die Dame wollte nicht – er soll einen Korb bekommen haben. Dennoch befand sich die handschriftliche Notenfassung des Musikstücks lange Zeit im Besitz von Therese Malfatti.

Alte Geigen klingen besser.

Was für ein toller Dachbodenfund! Großvaters alte Geige! Schon er hat sie von seinem Vater geerbt, und der vermutlich wieder von seinem Vater. Wer weiß, wie alt das gute Stück wirklich ist? Möglicherweise ist es ja Tausende, wenn nicht gar Millionen Euro wert. Man weiß das ja, alte Geigen sind total gefragt, weil sie viel besser klingen als neue, und bringen deshalb sagenhafte Summen.

Falsch, längst nicht jede alte Geige ist gefragt, und auch nicht jede betagte Violine klingt besser als eine neue. Es kommt genau wie bei einer neuen Geige auf das Holz und auf die Qualität der Verarbeitung an. Und was vor 100 Jahren schlecht klingende Ramschware war, wurde durch das lange Lagern auch nicht besser. Ja, manche großen Geiger schwärmen von dem »alten Ton« einer betagten Meistergeige, aber diese einmalige Klangqualität haben eben nur historische Meisterstücke. Und nicht einmal das ist sicher.

Claudia Fritz von der Pariser Universität Sorbonne bat zehn anerkannte Violinisten zu einem Test: Sie wurden vor die Frage gestellt, welche von zwölf Geigen sie für eine Tournee wählen würden. Die sechs legendären Meistergeigen aus dem 17. und 18. Jahrhundert stammten aus Italien, fünf davon aus der Hand des großen Geigenbauers Antonio Giacomo Stradivari. Die übrigen sechs waren die Produkte neuzeitlicher Geigenbauer ersten Ranges. Jeder Geigenvirtuose testete nacheinander die Instrumente in einem Proberaum und in einem Konzertsaal – 75 Minuten standen ihm zur Verfügung. Damit das Erscheinungsbild der Instrumente keine Rolle spielen konnte, verhinderten spezielle Brillen, dass die Geiger einen Blick darauf werfen konnten.

Die alten Geigen siegten keineswegs. Sechs Künstler wählten eine moderne Geige für ihre Tour, auch das durchschnittlich beliebteste Instrument war neu. Neue Geigen siegten in den Disziplinen Spielbarkeit, Artikulation und Klangausbreitung. In ihrer Klangfarbe waren sich alte und neue Geigen ebenbürtig. Auch konnten die Geiger nicht bestimmen, ob sie nun ein altes oder ein neues Instrument spielten. Ihre Trefferquote zu dieser Frage lag statistisch im Bereich des Zufalls.

Es gab einen Sängerkrieg auf der Wartburg.

Nein, auf der thüringischen Wartburg mögen sich zwar gelegentlich Minnesänger und Dichter in edlem Wettstreit gemessen haben, aber ein Großereignis namens »Sängerkrieg« gab es nicht. Unter diesem Titel oder auch als »Wartburgkrieg« entstand über einen längeren Zeitraum eine Sammlung mittelhochdeutscher Sangspruchgedichte des 13. Jahrhunderts um einen angeblichen Dichterwettstreit auf der thüringischen Wartburg, das bedeutendste Zeugnis thüringischer Spruchdichtung. Die darin festgehaltenen Verse wurden später berühmten Dichtern wie Wolfram von Eschenbach und Walther von der Vogelweide in den Mund gelegt, man ließ sie mit erfundenen Konkurrenten wettstreiten. Der »Sängerkrieg« hatte große Wirkungen auf die Literatur seiner Zeit und nachfolgende Jahrzehnte, ja Jahrhunderte. Bis ins 15. Jahrhundert hinein entstanden immer wieder neue Versionen, die Texte der Sammlung wurden umgeschrieben oder durch neue Dichtungen ergänzt. Bis in die heutige Zeit: Ein neues Album der Band In Extremo aus dem Jahr 2008 heißt »Sængerkrieg«. Und ist nicht jedes Rap-Battle genau das?

Seemannsänger Freddy Quinn ist Hamburger.

Das hat er mit Herbert Grönemeyer gemein: Seine Fans bringen ihn mit einer Stadt in Verbindung, mit der er ursprünglich nichts zu tun hatte. Während Herbert Grönemeyer nicht in Bochum, sondern in Göttingen geboren wurde, ist und bleibt Freddy Quinn seit seiner Geburt 1931

Bürger der Stadt Wien und somit Österreicher. Seine Vorliebe für die Weiten des Ozeans erklärt das nicht.

Marilyn Monroe war blond.

Weder war sie der männermordende Vamp noch das naive, aber attraktive Dummchen, und eines war sie ganz und gar nicht: von Natur aus blond. Ende der 1940er-Jahre begann sie ihre Karriere mit brünetten Locken. Erst Ende der 1950er-Jahre wechselte sie ihre Rolle und blieb von da an der Stereotyp einer Blondine – nicht echt, aber sexy. In ihren ersten »blonden« Hauptrollen manifestierte sie ihren Erfolg. Hierzu gehörte der geradezu programmatische Film »Blondinen bevorzugt«. In »Wie angelt man sich einen Millionär« zeigte sie ihrem Publikum, was die meisten Frauen ohnehin schon wussten: wie man Männer um den Finger wickelt. Nicht jeder gönnte der Blondine ihren Erfolg. In den USA sollen rot- und dunkelhaarige Frauen auf die Straße gegangen sein, um gegen die Diskriminierung der Nicht-Blondinen zu demonstrieren.

Der Zauberer Merlin ist eine fiktive Figur.

Diese Behauptung könnte ein Irrtum sein. Merlin, der Zauberer der Artussage, könnte tatsächlich ein menschliches Wesen aus Fleisch und Blut und nicht nur die Erfindung eines fantasievollen Dichters gewesen sein. Aber wie immer, wenn etwas in ferner Vergangenheit liegt, sind die Quellen unsicher. Die einen behaupten, ein walisischer Barde namens Myrdin Lailoken, der im sechsten Jahrhundert lebte, könnte mit dem sagenhaften Merlin identisch sein. Er soll im Verlauf einer Schlacht für seinen König den Verstand verloren haben und später als wahnsinniger Seher im Wald gelebt und Weissagungen gemacht haben. Das korrespondiert mit einer Deutung seines Namens: *mer* steht im Walisischen für *verrückt, nicht gesund, ohne Sinn*, während *dyn* einfach *Person* bedeutet. Seine Lebensspanne verläuft aber einige Generationen nach dem legendären König Artus.

Alle Musiker brauchen das absolute Gehör.

Das ist doch selbstverständlich, dass ein professioneller Musiker einen Ton oder eine Melodie sofort erkennen und in der jeweiligen Tonhöhe benennen kann – sollte man meinen. Es ist tatsächlich so, dass viele Musiker das absolute Gehör besitzen und daraus große Vorteile ziehen. Sie sind aber nicht immer nur glücklich darüber. Und ja, es gibt sie auch, die Musiker ohne absolutes Gehör, die sogenannten Relativhörer, die einen Ton nur sicher einordnen können, wenn sie eine Bezugsgröße haben, zum Beispiel den Ton aus einer Stimmgabel.

Schwierigkeiten haben Musiker mit dem absoluten Gehör beim Transponieren von Musikstücken, dem Umsetzen in eine andere Tonhöhe. Das gelingt vielen nur mit Anstrengung. Und auch der Kammerton A macht ihnen das Leben schwer. Alle Instrumente werden mit seiner Hilfe gestimmt, in der Tonhöhe ist er mit 440 Hertz festgelegt. In der Barockmusik verwendete man aber eine Variante mit 415 Hertz oder sogar noch darunter. Einem Relativhörer macht es keine Probleme, eine Melodie eines solchen barocken Musikstücks einfach etwas tiefer zu spielen, das absolute Gehör wundert sich aber darüber, dass die Noten auf dem Notenblatt nicht mit dem übereinstimmen, was es hört.

Die Musketiere und d'Artagnan waren keine historischen Personen.

Viele Protagonisten in den Romanen von Alexandre Dumas dem Älteren (1802–70) sind erkennbar und offensichtlich tatsächlich existierende historische Personen. Es agieren Cäsar, Napoleon Bonaparte, der Kardinal Richelieu und Lady Hamilton. Die Personen in seinem bekanntesten Werk *Les trois mousquétaires* (1844) scheinen allerdings auf dem ersten Blick seiner Fantasie entsprungen.

Doch die drei Musketiere und auch d'Artagnan hatten historische Vorbilder. Charles de Batz-Castelmore d'Artagnan war tatsächlich ein besonders tapferer französischer Musketier in der Truppe von König Louis XIV. – er fiel im französisch-niederländischen Krieg bei der Belagerung von Maastricht. Henry d'Aramitz diente König Louis XIII. als Musketier wie auch Isaac de Portau, genannt Porthos, und Armand de Sillègue d'Athos d'Autevielle, kurz Athos. Zwar formte Alexandre Dumas ihre literarischen Charaktere nach den Bedürfnissen der Geschichte um, doch alle vier Protagonisten gehen auf tatsächlich existierende Personen zurück.

Wie viel des Inhalts der »Musketier«-Romantrilogie allerdings auf Alexandre Dumas zurückgeht, ist umstritten. Er soll sein Werk an Abenteuerromanen mit erheblicher Hilfe von bis zu 70 »Schreibkräften« verfasst haben – der Schriftsteller Auguste Macquet (1813–88) war Koautor nicht nur bei den Musketier-Romanen, sondern auch bei *Der Graf von Monte Christo* und *Der Mann mit der eisernen*

Maske. Das Schreiben lag der Familie Dumas allerdings im Blut. Dem unehelichen Sohn Alexandre Dumas' des Älteren, Alexandre Dumas dem Jüngeren (1824–95), verdanken wir zum Beispiel den Roman *Die Kameliendame*.

Das Saxofon ist ein Instrument des Jazz.

Es ist wie gemacht für wilde Soli im Free Jazz und sinnliche Melodien in der Lounge Music, erfunden wurde es aber dafür nicht. Das Holzblasinstrument mit dem Metallkorpus – es ist ein Holzblasinstrument, weil sein Ton mit einem Rohrblatt aus Holz erzeugt wird – erfand der Belgier Adolphe Sax im Jahre 1840, zu einer Zeit also, als noch niemand etwas von Jazzmusik ahnte, denn die ersten Formen von Jazzmusik tauchten erst um das Jahr 1900 auf. Sax wollte mit seinem Instrument, das 1846 zum Patent angemeldet wurde, ein tief klingendes Holzblasinstrument für das Symphonieorchester und die Militärmusik schaffen. Mit der Zeit wurden Saxofone in allen Tonlagen entwickelt. In der klassischen Musik fand das Saxofon zunächst wenig Anklang. Zwar schrieben Komponisten wie Maurice Ravel (»Boléro«), Georges Bizet (»L'Arlésienne-Suiten«) und Alban Berg (»Lulu«) Stücke für Saxofon, aber in der Regel spielte es ein Klarinettist mit Zusatzausbildung – oder den Part übernahm gleich eine Klarinette. Als ständiges Mitglied des Symphonieorchesters konnte sich das Saxofon nie etablieren, dafür dann aber umso mehr im Jazz. Im 20. Jahrhundert setzten es Komponisten der Neuen Musik in ihren Stücken ein, unter anderem Luciano Berio (»Kammermusik mit Saxofon«), Pierre Boulez (»Dialoque de l'ombre double«) oder Peter Eötvös (»Harakiri«).

Mozarts Musik steigert die Intelligenz.

1993 veröffentlichte die Psychologin Frances gemeinsam mit einigen Kollegen im Fachblatt *Nature* eine Arbeit, in der sie beschrieb, dass Studenten bessere Ergebnisse in einem Intelligenztest erreichen konnten, nachdem sie vor Beginn des Tests zehn Minuten lang Musik von Wolfgang Amadeus Mozart gehört hatten. Sie benannte sogar das Musikstück: Es war die Sonate D-Dur für zwei Klaviere, Köchelverzeichnis 448. Allerdings hatte dieser »Mozart-Effekt« einen Nachteil: Er hielt nur für etwa eine Viertelstunde an. Auch konnten die Forscher nicht belegen, dass es sich unbedingt um Musik von Mozart handeln müsse – vielleicht machen auch Beethoven oder Bartók schlau. Die Musikindustrie stürzte sich dennoch begeistert auf die Ergebnisse und verkaufte Mozart mit Erfolg für eine Weile als Intelligenz-Booster. Viel effektiver, als nur einmal kurz vor einer Prüfung Mozart zu hören, ist es übrigens, selbst Musik zu machen. Musikalische Aktivität fordert das Gehirn in vielfältiger Weise, und bei Profimusikern nimmt es sogar an Umfang zu.

Salieri hasste Mozart.

Antonio Salieri und Wolfgang Amadeus hatten sich mal heftig in den Haaren. Um das Jahr 1790 erwähnte Mozart in seiner Korrespondenz, dass sein Kollege Salieri Intrigen gegen ihn spinnen würde. Dabei ging es wohl um die Oper »Così fan tutte«, an der zuerst Salieri arbeitete, die dann aber auf ungeklärte Weise ein Auftrag für Mozart wurde. Man war sich nicht grün. Mozart soll auch den Verdacht geäußert haben, vergiftet worden zu sein, was Verschwörungstheoretiker dann Salieri in die Schuhe schoben.

Gesicherte Belege für diese Feindschaft gibt es nicht. Spätere Quellen spitzten die Sache zu – ein Konflikt ergibt die bessere Geschichte. Vor allem Salieri litt darunter, und nach Mozarts Tod verschärfte der erwachende Geniekult die Situation für Salieri und seine Werke noch deutlicher. Auch Salieris Nationalität als Italiener führte zur Abwertung seiner Arbeit – obwohl er seit seiner Jugend in Wien lebte.

Auch wenn es viele Gründe für ein Zerwürfnis gab, blieb Salieri fair, von Feindschaft keine Spur: Als er Hofkapellmeister am kaiserlichen Hof in Wien geworden war, ließ er Mozarts Oper »Die Hochzeit des Figaro« aufführen, obwohl er auch eines seiner eigenen Werke auf die Bühne hätte bringen können. Als Salieri 1790 zu den Krönungsfeierlichkeiten für Leopold II. zum Kaiser des Heiligen Römischen Reiches nach Frankfurt reiste, führte er die Noten zu drei Messen Mozarts mit sich. Die beiden Komponisten sollen sogar an gemeinsamen Werken gearbeitet haben und waren sich auch sonst freundschaftlich verbunden. Von einer Aufführung der »Zauberflöte« wird berichtet, dass Mozart und Salieri sie gemeinsam besuchten und Salieri sich während der gesamten Aufführung begeistert über Mozarts Arbeit geäußert hatte. Auch nach Mozarts frühem Tod sorgte er dafür, dass dessen Werke weiterhin aufgeführt wurden. 1819 soll sich der mittlerweile in die Jahre gekommene Salieri auch für die Aufstellung eines Mozart-Denkmals in der Wiener Karlskirche ausgesprochen haben.

Goethe und Schiller waren die erfolgreichsten deutschen Bühnenautoren.

Zu Lebzeiten konnten sie diese Auszeichnung nicht für sich reklamieren. Ihr Kollege August von Kotzebue machte ihnen nicht nur Konkurrenz – er ließ sie um Lichtjahre hinter sich. Schon die reine Menge seiner Bühnenwerke war beeindruckend – er verfasste mehr als 200 Theaterstücke in allen Genres und war auch ein Liebling des Publikums. Das wunderte nicht, denn er war sozusagen für die damaligen Seifenopern zuständig. Mit sentimentalen Liebesgeschichten, tränenseligen Dramen und Geschichten um Liebe und Ehebruch fesselte er seine Zuschauer auch am Weimarer Hoftheater, dessen Intendant Goethe war.

Wilhelm Tell ist eine Erfindung von Friedrich Schiller.

Am liebsten wäre den Schweizern ein Wilhelm Tell aus Fleisch und Blut, eine historische Person, aber immerhin hat ihn ja Friedrich Schiller erfunden, oder? Nein, das könnte eher der schweizerische Historiker, Schriftsteller und Politiker Aegidius Tschudi (1505–72) für sich in Anspruch nehmen. Er ist es gewesen, der den Wilhelm Tell literarisch belebt hat. In seinem zweibändigen Werk *Chronicon Helveticum*, erschienen 1734 bis 1736, spielt die Sage um Wilhelm Tell, den Schweizer Freiheitshelden, eine bedeutende Rolle. Sogar die Szene mit dem Apfelschuss ist enthalten. Aber auch Herr Tschudi hat den Tell nicht erfunden, sondern sich anderweitig bedient: Im *Weißen Buch von Sarnen* aus den Jahren 1470 bis 1472 hat Hans Schriber aus dem Kanton Obwalden überlieferte Legenden und Sagen handschriftlich festgehalten und damit ein wertvolles, bis heute erhaltenes Dokument seiner Zeit geschaffen. »Thall« und »Gijssler, dero von Urij und Schwijtz landvogt« und die Szene mit dem Hut auf der Stange wurden hier schon weit vor Schiller dokumentiert. Oder doch nur erfunden?

Ali Baba ist eine Figur aus *Tausendundeine Nacht*.

Um die Figur des Ali Baba ranken sich gleich mehrere Irrtümer: So ist er ursprünglich der Held eines syrischen Märchens, das erst in der ersten europäischen Übersetzung in die Rahmengeschichte von *Tausendundeine Nacht* eingefügt wurde. Der französische Orientalist Antoine Galland, der die Texte von 1704 bis 1708 übersetzte, entschärfte die Geschichten nicht nur nach seinem Gutdünken, sondern fügte Erzählungen wie »Sindbad der Seefahrer«, »Aladin und die Wunderlampe« und eben auch »Ali Baba und die 40 Räuber« hinzu. Es wird sogar behauptet, dass er dieses »syrische Märchen« selbst verfasst hat.

Der zweite Irrtum zu Ali Baba: Es müssen nicht genau 40 Räuber gewesen sein, die er besiegte. Die Zahl 40 steht im Orient auch für *eine unbestimmte, große Anzahl, sehr viele.*

Und Irrtum Nummer drei: Ali Baba war nicht der Anführer der 40 Räuber – oder wie viele es sonst gewesen sein mögen. Auf diese Idee kommen nur Leute, die diese Geschichte nicht kennen. Ali Baba soll ein redlicher Kaufmann oder Holzfäller gewesen sein, der in die Hände der 40 Räuber geriet und sie letztlich mithilfe einer schlauen Sklavin um ihren Schatz brachte. Wie er das gemacht hat? Lesen Sie doch nach.

Lederstrumpf ist ebenso eine erfundene Figur wie Old Shatterhand.

Die Helden des Karl May hatten keine Menschen aus Fleisch und Blut zum Vorbild, aber für den Helden Lederstrumpf in seinem gleichnamigen Romanzyklus, den der amerikanische Schriftsteller James Fenimore Cooper im 19. Jahrhundert verfasst hat, soll er einen tatsächlich existierenden Helden als Vorlage verwendet haben. Allerdings streiten sich die Experten unterschiedlicher Ausrichtung um diese Person: Einige sehen Bezüge zu dem Trapper und Waldläufer Daniel Boone (1734–1820), andere vermuten, dass der Deutsche Johann Adam Hartmann aus dem rheinland-pfälzischen Edenkoben Pate gestanden hat. Hinweise für die eine oder andere Variante gibt es auch im übrigen Werk des Schriftstellers, was die Diskussion weiter aufheizt und bedeuten könnte: Wir werden die Wahrheit wohl nie erfahren.

Johnny Weissmüller war der erste Tarzan-Darsteller im Film.

Er war nicht nur der erste Mensch, der die 100-Meter-Strecke unter einer Minute schwamm, sondern nach dem Ende seiner Karriere als Schwimmer auch ein weltberühmter Tarzan-Darsteller. Doch der erste Film-Tarzan war er nicht. In dem Stummfilm »Tarzan of the Apes«, uraufgeführt am 27. Januar 1918, agierte der US-amerikanische Schauspieler Elmo Lincoln als Herr des Dschungels. 1920 brillierte Tarzan Nummer zwei, der New Yorker Feuerwehrmann Gene Pollar, ein einziges Mal in dieser Rolle. Ein weiterer Darsteller namens Perce Dempsey Tabler, im Nebenberuf auch Opernsänger, erfüllte nach Meinung von Kritikern die körperlichen Voraussetzungen für einen Publikumserfolg als Dschungelkönig nicht so ganz – seine Karriere als Tarzan war kurz und endete bereits 1923. James H. Pierce wagte 1927 den vierten Versuch in dem Stummfilm »Tarzan and the Golden Lion«, blieb aber ohne nachhaltigen Erfolg. Der Stuntman und Schauspieler Frank Merrill hatte bereits im ersten Tarzan-Film den Schauspieler Elmo Lincoln gedoubelt und bekam 1929 die Chance, Tarzan in einer 15-teiligen Serie »Tarzan and the Tiger« eine Stimme zu geben: Er war der Erste, der den Siegesschrei des Tarzan ausstieß.

Johnny Weissmüller war also erst Tarzan Nummer sechs – und wurde trotz seiner eher geringen schauspielerischen Begabung zum bekanntesten Tarzan aller Zeiten. Er führte das auf seinen athletischen Körperbau zurück. Den Tarzanschrei beherrschte er wie kein zweiter – er hatte vor seiner Filmkarriere mehrere Jodelwettbewerbe gewonnen.

»Wissen ist Macht« stammt von Francis Bacon.

Wussten Sie das überhaupt? Nicht? Prima, dann können Sie es sogleich wieder vergessen. Der dem Philosophen Francis Bacon (1561–1626) zugeschriebene berühmte Satz musste eine Reihe von Permutationen durchlaufen, bevor er im Deutschen diese knappe und treffende Form bekam.

Die erste Version von 1597 in seinen *Meditationes sacrae* lautete *Nam et ipsa scientia potestas est (Denn auch die Wissenschaft selbst ist Macht)*. In der zweiten, englischsprachigen Fassung ist dann die Formulierung *For knowledge itself is power* zu finden *(Denn Wissen selbst ist Macht)*. Wer die Drei-Worte-Version verfasste – *Knowledge is power* und *Wissen ist Macht* –, kann nicht mehr nachvollzogen werden. Na ja, nichts wissen macht nichts.

Aschenputtel hatte einen Schuh aus Glas.

In der Fassung der Gebrüder Grimm trägt das fleißige Mädchen einen Schuh aus Gold, den es auf dem Heimweg vom Ball des Prinzen verliert. In der Zeichentrickverfilmung von Walt Disney allerdings geht der Prinz mit einem Schuh aus Glas auf die Suche nach dem passenden Fuß. Glas ist in diesem Zusammenhang sicher ein schönes und geradezu märchenhaftes Material, aber wie konnte es dazu kommen? In der französischen Fassung des Märchens ist der betreffende Schuh aus Pelz – französisch *vair.* Vielleicht hat sich jemand das Märchen vorlesen lassen und dabei statt *vair* das genauso klingende Wort *verre* gehört – Glas. Das neue Material an Cinderellas Fuß verdankt sie wahrscheinlich einem Fehler bei der mündlichen Weitergabe des Märchens.

Mach mich leer, du begrabener Hund!

Sprache

Als Mittel der Verständigung sollte sie Irrtümern vorbeugen helfen, und was tut sie stattdessen? Sie bietet sich ihren Benutzern wie ein Gigolo oder ein leichtes Mädchen an, neue Irrtümer zu produzieren. Schon im alltäglichen Gebrauch helfen Worte und Sätze, Verwirrung statt Klarheit zu stiften, und schaffen es durchaus, an sich unverkennbare Tatsachen und Zusammenhänge in einem gesprochenen oder gedruckten Chaos zu verschleiern.

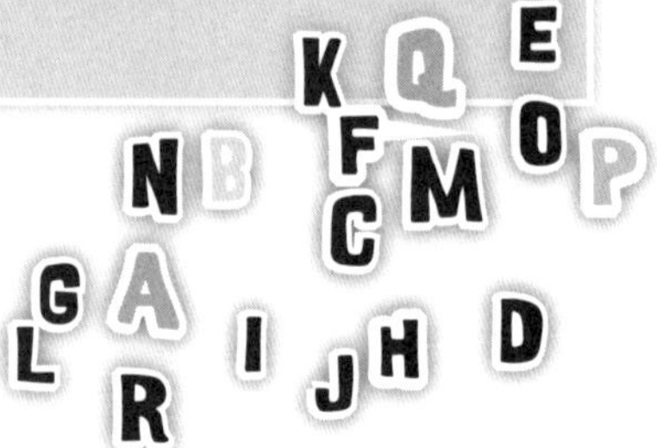

Evakuieren heißt ungefähr dasselbe wie retten.

Und wieder ist es passiert, das barbarische Verbrechen: 300 Menschen wurden evakuiert. Als ob sie als Opfer eines Großbrandes nicht ohnehin schon genug mitgemacht hatten. Unvorstellbar grausam! Wie, das begreifen Sie nicht? Ihnen ist aber klar, was das Wort *evakuieren* bedeutet? Es kommt von lateinisch *evacuare* und bedeutet *ausleeren* – auch das Wort *Vakuum* klingt an. Ausleeren kann man aber nur Häuser, ganze Stadtviertel, Reisebusse und abgestürzte Flugzeuge. Menschen sollten allenfalls nach ihrem Tode von Pathologen ausgeleert werden, falls sich das als notwendig erweist. Am besten, liebe Yellow-Press-Journalisten und Sensationsreporter, lässt man unseren Mitmenschen aber ihre Füllung und bringt sie ungeöffnet in Sicherheit.

Das Kasseler kommt aus Kassel.

Nein, der Name geht auf einen Fleischermeister namens *Cassel* zurück, der in Berlin, Potsdamer Straße 15, lebte und der Erste seines Handwerks gewesen sein soll, der den bis dahin nur gepökelten Schweinerippenspeer auch geräuchert in seinem Laden führte. Sagen die einen. Aber dann müsste das Kasseler ja *Casseler* heißen. Und man müsste in irgendeinem der alten Berliner Adressbücher einen Fleischermeister dieses Namens finden. Den gibt es aber nicht. Einer zweiten Theorie zufolge hat ein flacher Topf namens *Kasserolle* mit der Bezeichnung für das Fleischgericht zu tun. Eine dritte Variante schiebt alles auf die Hugenotten, die mit einem Gericht namens *Cassoulet* nach Deutschland einwanderten, und diese Speise enthält unter anderem geräuchertes Schweinefleisch. Wenn man sich das alles so durch den Kopf gehen lässt, erscheint die Variante, dass Kasseler doch aus Kassel kommen könnte, wieder recht wahrscheinlich.

Limburger ist eine deutsche Käsesorte.

Wie kommt der Käse in die Abteilung Sprachirrtümer? Dieser aromatische Weichkäse beweist, dass der Gleichklang zweier Worte zu beachtlichen Irrtümern führen kann. Limburger kommt nämlich nicht aus Deutschland, sondern aus Belgien. Und dort nicht namensgebend aus der Stadt Limbourg, denn sonst hieße er ja Limbourger. Es ist die Provinz Limburg, die für dieses Meisterwerk der Milchverarbeitung verantwortlich ist. Deren Hauptstadt heißt nicht etwa Limbourg, sondern Hasselt. Limbourg hingegen liegt in der Provinz Lüttich.

Das ist ja vielleicht ein teures Pflaster!

So sagt man, wenn man über fremdes Straßenpflaster läuft und gerade als armer, ausgebeuteter Tourist acht Euro für eine Latte macchiato bezahlen musste. Allerdings ist das Straßenpflaster unschuldig, die ganze Schwere der Schuld trifft Reichskanzler Otto von Bismarck. Dessen Sozialreformen hatten zur Folge, dass die Patienten ihre Wundpflaster selbst bezahlen mussten, und weil Wundpflaster und Straßenpflaster sich ja so sehr ähneln, kam es zu der Redewendung. Eigentlich kaum zu glauben, diese Erklärung …

Kloßbrühe hat etwas mit Klößen zu tun.

Wer schon einmal Klöße gekocht hat, der weiß, dass ihr Kochwasser alles andere als klar ist, und deswegen liegt klar auf der Hand, dass die Kloßbrühe einen anderen Bedeutungshintergrund besitzen muss. Den finden wir im Kloster: Die dort für die Mönche zubereitete »Klosterbrühe« war so wenig gehaltvoll und mager, dass sie klar und durchsichtig erschien – schließlich wollte man nicht der Völlerei Vorschub leisten. Auf lukullische Begeisterung wird eine solche Dünnsuppe auch heute nicht treffen. Lassen wir also die Brühe im Kloster und halten wir uns an den Merksatz: Ein Sonntag ohne Klöße verliert viel von seiner Größe. Und das wiederum ist klar wie Kloßbrühe.

Das erinnere ich nicht …

Ob sich jemand nun *an etwas erinnert* oder nicht, dieser Sprachfehler ist relativ jung – früher gab es das nicht, ich *erinnere das genau*. Nein, halt, es muss heißen: *Ich erinnere mich genau daran*. Im Gegensatz zu *remember* in der englischen Sprache ist das Wort *erinnern* ein reflexives Verb. Das bedeutet, das Verb bezieht sich auf den Redenden, der dadurch Subjekt und Prädikat des Satzes wird. Deshalb brauchen reflexive Verben ein zusätzliches Reflexivpronomen, das im Dativ oder Akkusativ gebraucht wird und zum Beispiel *mich, dich, sich* oder *uns* heißen kann. Grammatikalisch richtig *erinnert man nicht etwas*, sondern man *erinnert sich an etwas*. Ähnlich verhält es sich mit anderen reflexiven Verben: Man muss *sich konzentrieren* und *sich vorsehen*, wenn man *sich wäscht*. Reflexive Verben haben übrigens die Eigentümlichkeit, dass man keine passive Form mit ihnen bilden kann. Niemand wird konzentriert oder vorgesehen. Erinnern Sie sich gelegentlich an diese Zusammenhänge und machen Sie sich für die gute deutsche Sprache stark, die von perfiden Anglizismen bedroht ist, die sich immer mehr in unsere Alltags- und Mediensprache schleichen.

Der Geheimrat hat etwas mit Geheimnissen zu tun.

Das könnte man annehmen, und so mancher Geheimrat wird nichts dagegen haben, als geheimnisumwittert zu gelten. Es ist aber eine andere Bedeutung des Wortes *geheim*, die den Sinn dieses Titels bestimmte. *Geheim* bedeutete früher in etwa *zum Heim gehörig, vertraut* und bezeichnete damit einen regelmäßigen und vertrauenswürdigen Mitarbeiter. Das Geheimnis und die Nebenbedeutung des Geheimnisträgers kamen erst später hinzu.

Es muss der und nicht das Event heißen.

Der englische Muttersprachler braucht sich darüber nicht den Kopf zu zerbrechen – in seiner Sprache heißt es einfach *the event*. Und wann fängt es an? *It starts at 8 p. m.* Womit die Frage nach dem Geschlecht des Wortes im Englischen schon geklärt wäre. Oder glauben Sie, ein Brite würde sagen *He starts at 8 p. m.?* Ein weiterer Grund also, um allen deutschen Oberlehrern Paroli zu bieten, die Sie dazu zwingen wollen, das Wort Event mit dem männlichen Artikel zu benutzen. Der Duden hält sich in diesem Fall übrigens klug heraus: Er erklärt beide Artikel für richtig.

Die Redewendung »Da liegt der Hund begraben« hat mit einem Hund zu tun.

Heute gebraucht man diese Redewendung, wenn man einer Sache auf den Grund gekommen ist oder ein Problem gelöst hat. Um tote Hunde geht es dabei nicht – das Wort *hunde* bedeutet im Mittelhochdeutschen so viel wie *Beute, Raub, Schatz*. Die Erklärung für diese Redewendung liegt zwar irgendwo unter der Erde, aber ein verstorbener Vierbeiner hat hier kein sprachliches Grabdenkmal gefunden.

Amerikaner kommen aus Amerika.

Heute sind die flachen, süßen und klebrigen, an eine fliegende Untertasse erinnernden Gebäckteilchen großräumig von Muffins verdrängt worden, doch führen provinzielle Bäckereien sie noch: Amerikaner. Ihr Teig besteht aus Mehl, Butter und Zucker mit ein bisschen Zitronensaft, und kein Mensch kann ganz genau sagen, warum sie Amerikaner heißen. Weil sie aus Amerika kommen? Keinesfalls, denn das ist nicht ihr Ursprungsland. Amerikaner sind Einheimische, und eigentlich müssten sie Hirschhornsalzgebäck oder Ammoniumhydrogencarbonater heißen, denn Ammoniumhydrogencarbonat ist der lateinische Name für das Hirschhornsalz, das ihrem Teig als Treibmittel zugegeben wird. Weil aber niemand Hirschhornsalzgebäck kaufen mochte und Ammoniumhydrogencarbonater ein sperriger Name für ein Gebäck wäre, nannte man sie irgendwann Ammoniakaner und schließlich Amerikaner – der einfacheren Aussprache wegen. Das ist aber nur eine von etlichen verwegenen Theorien zum Namen dieser Köstlichkeit. Eine zweite, kaum glaubwürdigere besagt, die GIs hätten nach dem Zweiten Weltkrieg in Deutschland nach einer amerikanischen Art von Kuchen gesucht, und weil sie die dazu benötigten Zutaten nicht fanden, das Rezept für die Amerikaner erfunden.

Berliner heißen überall Berliner.

Wer in Berlin einen Berliner kaufen möchte, wird eines Besseren belehrt: Er bekommt einen Pfannkuchen. So heißen die rundlichen Krapfen, die fast überall sonst Berliner genannt werden, in Berlin. Das ist jedoch kaum beunruhigend, denn auch die Wiener Würstchen heißen in Wien anders, nämlich Frankfurter. Eigentlich liegt das auf der Hand. Kieler Sprotten kommen ja auch nicht aus ... Ach, schlechtes Beispiel. Aber Ostfriesentee kommt eigentlich ... Ähem, lassen wir das lieber. Ach, jetzt fällt mir was ein: Der Hamburger kommt auch nicht aus Hamburg. Genau!

Die Berliner wurden jedenfalls als Berliner Pfannkuchen von einem Kanonier Friedrichs des Großen irgendwo draußen im Felde erfunden, weil der Kanonier wehruntauglich war und deshalb als Bäcker beim Regiment diente. Ob er die Berliner Pfannkuchen, wie er sie nannte, aus handwerklicher Unkenntnis in siedendem Fett in einer Pfanne buk oder einfach, weil es keinen Backofen gab, wird wohl im Nachhinein nicht mehr zu klären sein. Ob er auch schon auf die Idee kam, die Hefeteigbällchen mit Marmelade zu füllen, und wer als Erster die total lustige Idee mit dem Senf im Berliner hatte, muss die Geschichtswissenschaft dringend klären.

Das hecheln wir jetzt durch!

Auch so eine Redewendung, die heute falsch interpretiert wird: Nein, hier geht es nicht um eine beschleunigte Atmung und eine aus dem Mund heraushängende Zunge. Bei der Herstellung von Leinen aus den Fasern der Flachspflanze musste der Pflanzenbast, die Außenhülle der Faser, entfernt werden. Dies geschah auf einer *Hechel*, einer Art stählernem Kamm. Es war eine etwas langwierige und auch anstrengende Arbeit, aber sie musste erledigt werden – und so hechelt man noch heute etwas durch, auch wenn es dabei nicht um die Herstellung von Fasern geht.

Ein Gourmand ist ein Vielfraß.

So stellt es sich im allgemeinen Bewusstsein dar: Der Gourmet ist der feinsinnige Genießer, während sich der Gourmand maßlos vollstopft. Deshalb lautet die Umschreibung für das Sterne-Restaurant auch Gourmettempel, denn darin wird nicht hemmungslos gefressen, sondern kulturvoll die hohe Kunst der Feinschmeckerei mit erlesenen Gerichten und edlen Weinen zelebriert, während sich der Gourmand in irgendeiner Kaschemme um den Verstand frisst und säuft.

Leider ist diese schöne Weltsicht so nicht korrekt. Ein Gourmet soll im alten Frankreich der Gehilfe eines Weinhändlers gewesen sein; deshalb bezeichnete der Begriff *Gourmet* zunächst einmal einen Weinkenner. Das Wort *Gourmand* bedeutet ursprünglich *naschhaft, gefräßig* und wird als Bezeichnung für eine Person ungefähr so verstanden wie das deutsche *Schlemmer*. Weder Gourmand noch Schlemmer müssen aber dumpfe Fressmaschinen sein. Sie essen einfach nur gern und können sich durchaus auch auf die Feinschmeckerei verstehen.

Über mir kreist schon der Pleitegeier.

Auch wenn das herrlich makabre Bild des kreisenden Aasvogels jetzt vor dem geistigen Auge meiner Leser in sich zusammenfällt: *Geier* ist Jiddisch und bedeutet *Geher*. Das holt den Vogel vom Himmel, weil ein *Pleitegeher* pleitegehen, aber nicht fliegen kann. Leider gehen mit diesem Wissen auch den Karikaturisten satirische Variationen des Bundesadlers weniger leicht von der Hand.

Unser Nachbar ist ein Roma.

Ist er nicht – er ist ein Rom. Bei dem Wort *Roma* handelt es sich nämlich um die Mehrzahl. Auf einen anderen Migrationshintergrund übersetzt, wäre dann zum Beispiel unser Nachbar ein Türken. Oder ein Bulgaren. Wichtig bei der Einzahlform ist bei den Roma noch, dass *Rom* wie *Romm* ausgesprochen wird – sonst wäre die italienische Hauptstadt gemeint. Da es in Deutschland üblich ist, Sinti und Roma in einem Atemzug zu nennen (die Sinti sind eine Untergruppe der Roma), soll hier auch noch die richtige Einzahl zu diesem Wort genannt werden: Möglicherweise ist Ihr Nachbar ein Sinto. Seine Schwester wäre dann aber eine Sintiza.

»Auf die Tube drücken« hat etwas mit einer Tube zu tun.

Die etwas antiquierte Redensart *auf die Tube drücken* wurde früher häufiger benutzt, zum Beispiel wenn ein etwas gemächlicher Autofahrer zur Eile aufgefordert werden musste: Jetzt drück' aber mal auf die Tube! Welche Tube? Handcreme? Zahnpasta? Schmiermittel fürs Auto? Gab es so etwas früher in der Tube? Es geht nicht um Zahnpasta, sondern um einen Teil des Vergasers beim Automobil, der im Englischen *choke tube* heißt. Ja, früher hatten die Autos keine Einspritzanlage, sondern Vergaser. Über etliche sprachliche Verwirrungen wurde das englische *tube* zur deutschen *Tube* und letztlich zum Synonym für *Gas geben*.

Ausgepowert stammt aus dem Englischen.

Auch wenn es so klingt, ist diese Redewendung nicht der großen Denglisch-Welle in Deutschland geschuldet – *pauvres*, die Armen, haben ihren Ursprung in Frankreich, und wer die Menschen ausbeutet und sie sozusagen *auspauvert*, macht sie zu armen Leuten. Im Zuge allgemeiner sprachlicher Veränderungen wurde das Wort schließlich irgendwann zu *ausgepowert* mit dem scheinbaren Bezug zum englischen Wort *power*. Man würde es auch nicht falscher machen, wenn man es *ausgepauert* buchstabieren würde.

Das Heft in der Hand ist aus Papier.

Irrtum, es geht bei dieser wohl aus ferner Vergangenheit stammenden Redewendung nicht um das Heft aus Papier, sondern um den Griff eines Messers oder Schwertes, den man ebenfalls Heft nennt. Wer das Heft in der Hand hält, ist also der Handelnde oder im Falle des Schwertes sogar jemand, der Macht über Leben und Tod einer anderen Person besitzt. Wer sein Schwert verliert – also das Heft nicht mehr in der Hand hat –, wird hilflos und handlungsunfähig.

Die beleidigte Leberwurst hat etwas mit Wurstwaren zu tun.

In der Antike und im Mittelalter war die Leber nicht nur Quelle entscheidender Lebenssäfte, sondern auch Sitz der Gefühle. Trauer und Freude, Liebe und Hass, Enttäuschung, Wut, Neid und Verwirrung – gleich alle diese menschlichen Regungen sollten aus der Leber aufsteigen. Andere Redensarten belegen das. Man fordert jemanden auf, etwas *frisch von der Leber weg* zu sagen, und meint damit, dass er frei aussprechen kann, was ihm gerade in den Sinn kommt. Auch die Laus, die jemandem über die Leber gelaufen ist, weist die Leber als Sitz der Emotionen aus. Wenn man beleidigt war, so hatte auch die Beleidigung in der Leber ihren Platz. Aber wie wurde aus der Leber die Leberwurst? Einige Quellen gehen von einer Erzählung aus, in der ein Metzger viele Würste in einem Kessel kochte, und die Leberwurst war die letzte, die er aus dem heißen Wasser nahm. Darüber, dass alle anderen Würste vor ihr an der Reihe waren, soll sie beleidigt gewesen sein. Eine schöne Geschichte. Näher liegt allerdings die Vermutung, dass irgendein Witzbold die *-wurst* an die *beleidigte Leber* angehängt hat.

Bei den »ollen Kamellen« handelt es sich um Süßigkeiten.

Es geht nicht um die kaum noch genießbaren Süßigkeiten – hochdeutsch: *Karamellen* – vom letzten Rosenmontagszug; gemeint sind in dieser abwertenden Redewendung die niederdeutsch als Kamellen bezeichneten Blüten der Kamillenpflanzen, die so lange gelagert wurden, dass sie ihre Wirkung und Heilkraft verloren haben und nicht mehr für Kamillentee verwendet werden konnten, – also eher eine Redensart aus der Apotheke der Natur. Man benutzt sie, um lang bekannte Sachverhalte oder Erkenntnisse zu bezeichnen, und das nicht nur in Norddeutschland – auch der tiefste Süden der Republik kennt mittlerweile diese Formulierung. Ihre Popularität verdankt sie unter anderem dem bedeutenden niederdeutschen Schriftsteller Fritz Reuter (1810–74), dessen Sammlung von Erzählungen unter dem Titel *Olle Kamellen* trotz der etwas sperrigen Sprache einige Verbreitung fand und auch in andere Sprachen übersetzt wurde.

Wer die Arschkarte zieht, ist ein Arsch.

Diese Karte wird nicht hervorgeholt, weil der damit Bestrafte ein Arsch ist oder das, was er getan hat, für den Arsch gewesen ist. Dieser Ausdruck aus dem Fußball vergangener Tage zeigt ein Problem des Schwarz-Weiß-Fernsehens auf: Die beiden disziplinarischen Mittel des Schiedsrichters, die Gelbe und die Rote Karte, waren auf dem Schwarz-Weiß-Bildschirm kaum zu unterscheiden. Deshalb bürgerte es sich bei den Schiedsrichtern ein, die Gelbe Karte aus der Brusttasche und die Rote Karte aus der Gesäßtasche zu ziehen, wenn sie benötigt wurden. Wer also Rot sah, bekam die Arschkarte zu sehen.

Das Schimpfwort Bulle macht den Polizisten zum Hornochsen.

Eigentlich nicht, denn es hat seinen Ursprung in dem aus dem 18. Jahrhundert stammenden Begriff *Landpuller* oder *Bohler* für die Landjäger, Vorläufer unserer Polizisten. Dahinter steht das niederländische Wort *bol*, das so viel wie *Kopf, kluger Mensch* bedeuten soll. Demnach wäre die Bezeichnung *Bulle* für einen Polizisten unserer Tage eigentlich ein Kompliment, das man allerdings ausführlich erklären müsste. Ob man dafür in der Verkehrskontrolle die nötige Zeit erhalten würde?

Die Leichenbittermiene ist eine bittere Angelegenheit.

Wer in dem Ausdruck *Mach doch nicht so eine Leichenbittermiene* die Geschmacksrichtung bitter zu entdecken glaubt, irrt sich. Es geht um das Bitten, denn der Leichenbitter hatte die Aufgabe, die Trauergäste zu einer Totenfeier auf dem Friedhof einzuladen. Wenn er dabei an manche Haustür klopfte, machte er schon aus professionellen Gründen ein trauriges Gesicht, um den ernsten Anlass seines Anliegens zu unterstreichen. Sein Gesichtsausdruck ist gemeint, wenn man heute jemandem eine Leichenbittermiene unterstellt – gewollt traurig, aber vielleicht nicht ganz ernst zu nehmen.

Die Zeitungsente hat etwas mit dem Vogel zu tun.

Was soll denn eine Ente mit einer Tageszeitung zu tun haben? Das Federvieh ist völlig unschuldig. Die Redewendung stammt von einer englischen Abkürzung, die vorsichtige Journalisten für nicht abgesicherte und geprüfte Artikel benutzten. Wenn unter einer Meldung die Buchstaben *N.T.* standen, bedeutete das *not testified – nicht überprüft*.

Bei der Zeitungsmeldung konnte es sich auch um ein Gerücht handeln. Und die beiden Buchstaben *N.T.* hören sich im Deutschen gelesen so an: *EN-TE*.

Palatschinken ist Schinken aus Österreich.

Das Herkunftsland ist richtig, aber sonst stimmt gar nichts an diesem Satz. Kein muskulöses Nutztier muss einen Teil seines Beines hergeben, denn Palatschinke heißt ein dünner, mit Marmelade gefüllter Pfannkuchen – also kein Fleischgericht, sondern eine Mehlspeise. Deren Name stammt aus dem Tschechischen oder Ungarischen und geht auf das lateinische Wort *placenta* zurück, das einen flachen Kuchen bezeichnet. Wer also in Wien einen eher deftigen Appetit verspürt, sollte dieses Gericht ebenso vermeiden wie ein Tourist in Köln den Halven Hahn.

Der Halve Hahn ist ein halbes Hähnchen auf Kölsch.

Bei diesem in Kölner Kneipen angebotenen Imbiss handelt es sich nicht um einen gebratenen halben Gockel, sondern um ein halbes Roggenbrötchen mit Käse – bestenfalls gibt es noch ein paar Zwiebeln und etwas Senf dazu. Über die Entstehung des Namens für dieses karge Ensemble zerbrechen sich sowohl Sprach- als auch Heimatforscher den Kopf. Die Erklärungen reichen von Dialogen zwischen Kunde und Köbes (so heißen die Kellner in Köln) – »Ich wollte doch nur 'n halven han!« – bis zu Vermutungen über insolvente Wirtshauskunden, welche die ursprünglich bestellten halben Hähnchen für eine Hochzeitsgesellschaft nicht bezahlen konnten und deshalb mit Käsebrötchen abgespeist wurden.

Im Plumpudding sind Pflaumen.

Die Küche auf den britischen Inseln gehört für den Mitteleuropäer zu den ganz großen Rätseln. *Plum* heißt im Englischen *Pflaume*. Der seit dem 15. Jahrhundert bekannte *Christmas Pudding* oder eben *Plumpudding* enthält weder im ursprünglichen Rezept noch im heute häufig angewandten Pflaumen – dennoch heißt er so. Ursprünglich standen im Rezept noch verschiedene Fleischsorten und Zwiebeln und der Plumpudding wurde nicht als Nachtisch, sondern als Teil des Hauptganges serviert.

Die heutige Version des Christmas Pudding als Süßspeise ist erst im 19. Jahrhundert entstanden. Zu den Zutaten zählen Rinderfett, Zucker und Melassesirup aus Zuckerrohr, Rosinen, Brotkrümel, Eier, Gewürze und ein guter Schuss Brandy. In Abwandlung des Rezeptes kommen auch Mehl, Orangen- oder Zitronenschalen, Aprikosen, geriebene Möhren oder Äpfel und Mandeln zum Einsatz, aber immer noch keine Pflaumen.

Ein Pudding in unserem Sinne ist der Plumpudding nicht, seine Konsistenz ist dazu viel zu hart – ein professioneller Koch würde ihn wegen seiner Zubereitung vermutlich als Serviettenknödel bezeichnen. Erstaunlich ist seine Haltbarkeit: Im kühlen Keller oder bei Kühlschrank-Temperaturen bleibt er bis zu zwölf Monate genießbar.

So long! bedeutet Bis bald mal!

So könnte es sein, wobei das Wort *long* eine nicht genauer bestimmte Zeitspanne bezeichnen könnte. Alles ist aber ganz anders, denn *So long!* meint nicht die lange Zeit bis zum Wiedersehen, sondern ist aus dem arabischen Gruß *Salaam!* bzw. seiner hebräischen Variante *Shalom!* hervorgegangen. Grußworte haben manchmal einen scheinbar naheliegenden Nebensinn, der aber bei genauerer Betrachtung schlagartig verschwindet: *Good bye!* beschwört keine guten Käufe herauf, sondern ist aus *God be with you!* entstanden. Die kuriose Schreibweise *Godbeiyou* ist ein deutsch-englisches Machwerk, wird nirgendwo verwendet, trifft aber den Sinn des Grußes ziemlich genau.

Nichts los auf der Klobrille

Gesundheit und Medizin

Auf keinem anderen Gebiet können Irrtümer so unangenehme oder sogar katastrophale Folgen nach sich ziehen wie bei der Behandlung von Gebrechen und Krankheiten. Die Möglichkeiten für Denkfehler und Fehleinschätzungen sind zahlreich, auch dem erfahrenen Mediziner unterlaufen Fehler. Oft bringt der Patient selbst mit seinem auf einem Irrtum beruhenden Diagnoseangebot seinen behandelnden Arzt auf die falsche Spur, mal ist es der Mediziner, der irrtümlich zum Skalpell oder zum falschen Medikament greift. Aber glücklicherweise gibt es auch Fälle, in denen eine auf Irrtümern beruhende Behandlung zu wundersamen Heilungen führt, wie etwa in der Homöopathie. Das Paradebeispiel für den positiven medizinischen Irrtum stellt das Heilen mit einem Placebo dar. Hier wie überall gilt die einfache Regel: Wer heilt, hat recht. Aber nicht immer führt das angewandte Verfahren zu einem Erfolg.

Mit Tabak lassen sich viele Krankheiten behandeln.

Beginnen wir hier mit einem ziemlich alten Wissenschaftsirrtum: Als im 16. Jahrhundert der Tabak aus der Neuen Welt nach Europa kam, schätzte man die Pflanze zunächst wegen ihres mehr oder weniger hübschen Aussehens. Sie wurde in Parks und Gärten angebaut. Auch übernahm mancher wohl die bei den Ureinwohnern beobachtete Sitte des »Tabaktrinkens« – die ersten europäischen Raucher frönten ihrem Laster. Man trank Tabak aus der Pfeife. Zigaretten und Zigarren waren noch nicht in Gebrauch.

Man schrieb der Pflanze und ihren Zubereitungen wundersame Wirkungen für die Gesundheit zu. Zu den kuriosesten Anwendungen gehörte wohl das Rauch-Klistier, man blies sich Tabakrauch in den ... ach, Sie wissen schon. Auch sonst überschätzte man den Tabak deutlich und hielt ihn für eine Wunderpflanze, die jede Krankheit heilen könnte.

Apotheker verkauften Tabak in unterschiedlichen Zubereitungen, man schnupfte Tabakpulver gegen Kopfschmerzen, und im 17. und 18. Jahrhundert wurde ein Sud aus gekochten Tabakblättern getrunken, um Magenbeschwerden und Darmerkrankungen zu behandeln – ein ziemlich lebensgefährliches Unterfangen. Umschläge mit Tabakblättern, Tabaksirup und Tabaksalben waren erhältlich. Die Liste der Krankheiten, die man mit Tabak attackierte, ist lang. Gegen Krebs und Geschwülste, Räude, Wassersucht, Wurmbefall, Tuberkulose und sogar gegen die Pest verordneten Ärzte Tabakzubereitungen. Für die Wirksamkeit dieser Kuren fehlt allerdings jeder Beweis. Woraus wir lernen können: Schon damals glaubten die Patienten ihren behandelnden Ärzten allen möglichen Unsinn. In unserer aufgeklärten Zeit könnte so etwas nicht mehr passieren, oder?

Ohrenschmalz muss regelmäßig entfernt werden.

Ohrenschmalz ist ein mechanisches Hindernis für Staubpartikel, Bakterien und Pilzsporen auf dem Weg ins Innenohr. Sie bleiben in der Substanz, die tatsächlich eine gewisse Ähnlichkeit mit Schweineschmalz aufweist, einfach stecken. Hinzu kommt, dass Ohrenschmalz antiseptische Eigenschaften besitzt und Krankheitserreger abtöten kann. Allzu häufiges Entfernen des Ohrenschmalzes mit einem Wattestäbchen – ohnehin ein fragwürdiges Verfahren – ist deshalb genauso ungünstig für den Körper wie übertriebenes Waschen oder Duschen.

Wattestäbchen eignen sich wunderbar zum Reinigen der Ohren.

Nach Meinung nicht nur von Ohrenärzten eignen sich Wattestäbchen ganz großartig für viele Dinge, zum Beispiel um elektronische Bauteile mit einem Lösungsmittel zu reinigen – nur nicht zum Entfernen von Ohrenschmalz aus dem Ohr. Allerdings nutzt sie dazu die halbe Welt, und deshalb hier noch einmal die Aufforderung: Keine Stäbchen ins Ohr!

Wegen ihrer Form schieben sie schon beim Einführen ins Ohr den an den Wänden haftenden Ohrenschmalz weiter in das Innere des Gehörgangs, und wenn man sie sehr häufig anwendet, bildet sich dort ein Pfropf, der erst richtige Probleme macht. Bei unvorsichtigem Umgang mit einem Wattestäbchen kann man sich auch das Trommelfell verletzen. Eigentlich sind unsere Ohren dafür gebaut, sich selbst zu reinigen. Sollte sich einmal eine ungewöhnlich starke Ohrenschmalzbildung zeigen, hilft der HNO-Arzt weiter.

Sofort nach dem Essen sollte man die Zähne putzen.

Die Überlegung ist einleuchtend: Damit die in den Nahrungsmitteln enthaltenen schädlichen Stoffe gar keine Zeit haben, lange auf den Zahn einzuwirken, ist es am besten, direkt nach dem letzten Bissen aufzustehen und sich die Zähne zu putzen. Bei einem romantischen Abendessen würde das sicher zu Verwunderung führen, doch gesunde Zähne sind schließlich ein hoher Wert. Genau, und deshalb sollte man schnelle Putzaktionen direkt nach dem Essen vermeiden. Besagte schädliche Stoffe wie Zucker oder aggressive Säuren wirken nämlich schneller auf den Zahnschmelz, als man putzen kann – sie machen ihn oberflächlich empfindlicher. Wer seine Zähne sofort nach dem Essen mit der Zahnbürste oder womöglich noch mit einer Zahnpasta, die ein Schleifmittel beinhaltet, traktiert, tut seinem Zahnschmelz nichts Gutes. Zu schnell geputzte Zähne werden blitzblank sauber, haben danach aber auch eine deutlich dünnere Zahnschmelzschicht. Was kann man dagegen tun? Ein bisschen warten, den Mund mit Wasser ausspülen und frühestens nach 15 bis 30 Minuten mit der Putzaktion beginnen. Dann haben Wasser und Speichel eine Art Vorreinigung vorgenommen und der Zahnschmelz ist wieder widerstandsfähiger.

Essig verdünnt das Blut.

Mit solchen oder ähnlichen Behauptungen (»Essig zehrt – ein Tropfen Essig, zehn Tropfen Blut!«) warnten Urgroßeltern ihre Kinder. Da Essig ein normales Stoffwechselprodukt des menschlichen Körpers ist, kommt es auf einen Tropfen mehr oder weniger nicht an. Im Körper entsteht Essig und wird auch wieder abgebaut. Einflüsse auf das Blut hat die verdünnte Säure nicht.

Senf macht dumm.

Mit dieser Behauptung werfen fürsorgliche Eltern einiges durcheinander, denn was Babys in der Vergangenheit tatsächlich in ihrer geistigen Entwicklung behindern konnte, waren Mohnschnuller – mit gemahlenem Mohn gefüllte Einschlafhilfen, die zwar keine große, aber immerhin eine gewisse Portion Opium enthielten. »Mohn macht dumm«, hieß der zugehörige Merksatz, und er war insofern richtig, als die damals verwendeten Mohnsorten deutlich mehr Wirkstoff enthielten als unser Speisemohn heute.

Zurück zum Senf: Wenn überhaupt, dann macht Senf frech, aber nicht dumm. Besonders scharfe Sorten verwandelten brave Kinder in wild herumhüpfende Rabauken, weil ihnen die Schärfe in die Nase stieg.

Duschhandtücher kann man ruhig mehrmals nutzen.

Das hängt von mehreren Faktoren ab: Wie schmutzig wird das Badehandtuch? Wie viele Bakterien aus dem Analbereich landen darin, wie viel Schmutz vom Badezimmerboden, der an den nackten Füßen hängt? Der zweite Faktor: Wie feucht ist es dort, wo das Badehandtuch hängt, und wie hoch ist die Temperatur? In einem kühlen und relativ trockenen Raum geben die Krankheitserreger schnell den Geist auf, in einem feuchten, tropischen Klima allerdings wachsen sie fleißig weiter. Auch die Menge der Haare und Hautschuppen in einem Badelaken spielt eine Rolle. Fazit: Entweder das Badehandtuch luftig in einem trockenen Raum aufhängen oder ab damit in die Schmutzwäsche! Gleiches gilt für Handtücher aus dem Fitnessstudio, die außerdem noch die Vermehrung fördernde Stunden oder gar Tage vergessen in der Sporttasche verbringen.

Ein Sportlerherz ist gefährlich.

Wie jeder andere Muskel im Körper vergrößert sich das Herz durch intensives Training. Das Athletenherz ist stärker und pumpt mit wenigen Pulsschlägen mehr Blut durch den Körper als das Herz eines normal trainierten Menschen. Was aber geschieht, wenn ein Sportler mit dem Training aufhört? Die Vorstellung, dass aus einem ehemals gut trainierten Herzmuskel ein schlaffer Beutel wird, der unter der eigenen Größe leidet, ist weitverbreitet. Überversorgte Organe und Herzinfarkte werden als Folge eines Sportlerherzens vermutet.

Irrtum, das Herz hat sich während der sportlichen Betätigung an die gestellten Anforderungen angepasst, wie es auch die übrigen Muskeln im Körper getan haben, und an Größe und Leistungsfähigkeit zugenommen. Und wie jeder andere Muskel sich bei Abnahme einer Belastung langsam zurückbildet, so tut es auch das Herz. Leistungssportler, die nach ihrer Karriere von Herzproblemen betroffen sind, hatten vielleicht eine Vorschädigung oder haben durch den Sport andere pathologische Veränderungen am Herzen erlitten. Dies kann durch eine genaue gesundheitliche Überwachung während der Trainingszeiten vermieden werden.

Rein pflanzliche Medikamente können nicht schädlich sein.

Man sagt ja, dass gegen jede Krankheit ein Kraut gewachsen ist, und mit zunehmendem Misstrauen gegen die Gerätemedizin wird die Begeisterung für pflanzliche Medikamente größer. Doch auch die rein pflanzlichen Mittel aus der Hausapotheke der Natur bringen oft Risiken und Nebenwirkungen mit sich. Die in manchen Pflanzen enthaltenen Drogen sind hochwirksam. Der Rote Fingerhut, der Blaue Eisenhut und viele andere Pflanzen enthalten Gifte, die nur mit genauer pharmakologischer Sachkenntnis als Medikament genutzt werden können.

Wer seine Heilpflanzen im Reformhaus oder in der Apotheke kauft, ist auf der sicheren Seite. Vielfach ersparen Kräutertee und der pflanzliche Hustensaft den Einsatz der »chemischen Keule«. Gefährlich wird es, wenn Mutter Natur selbst als Quelle von Heilkräutern genutzt wird, ohne dass die moderne Kräuterhexe oder der zeitgenössische Heiler sich wirklich in der Flora auskennt.

Bakterien machen krank.

Jeder Mensch ist ein Bakterienmutterschiff. In jedem von uns sollen gute zwei Kilogramm Bakterien leben – 100

Billionen Einzellebewesen, das ist eine Eins mit 14 Nullen. Mehr noch: Nur zehn Prozent unserer Zellen im Körper sind ihrer Art nach menschlich, die restlichen 90 Prozent gehören den Mikroben – so stellte es der Mikrobiologe Dwayne Savage vom Department of Microbiology an der University of Tennessee schon 1977 fest. Versuchen Sie also besser gar nicht erst, alle Bakterien in Ihrem Umfeld mit Desinfektionsmittel auszurotten – es käme einem Selbstmord gleich.

Mikroben leben auf unserer Haut, auf den Schleimhäuten und im Darm. Was genau sie im Körper tun und wie sie miteinander zusammenwirken, ist noch so gut wie unerforscht. Was man mit Sicherheit weiß: Die unterschiedlichen Bakterien im Darm haben eine große Bedeutung für unser Immunsystem. Wir profitieren auf vielfältige Weise davon, dass wir den Mikroorganismen als Wohnung dienen.

Auf etwa zwei Quadratzentimetern unserer Hautoberfläche leben so viele Bakterien, wie es Menschen auf dem Planeten gibt. Fast 8000 unterschiedliche Arten von Bakterien finden sich auf der Zunge, über 4000 im Rachen, rund 7000 im Speichel und die meisten in den Zahnfleischtaschen: über 14 000 Arten.

Die Bakterien, mit denen wir zusammenleben, machen uns nicht krank, sondern gesund. Sie können den Körper nur schaden, wenn das Immunsystem aus dem Ruder läuft, zum Beispiel durch eine Erkrankung. Es sind nur wenige körperfremde Arten, die schwere Infektionen auslösen können, wenn sie in ausreichender Anzahl auftreten.

In der Straßenbahn fängt man sich besonders leicht Infektionskrankheiten ein.

Vor allem im Winter befürchtet mancher, sich bei der Fahrt mit einer Straßenbahn, dem Bus oder der U-Bahn die nächste Grippe oder noch Schlimmeres einzufangen. Um zu klären, ob es sich bei dieser Annahme um einen Irrtum handeln könnte, untersuchten amerikanische Forscher der Cornell-Universität die 470 Stationen der New Yorker U-Bahn, die jedes Jahr von 1,7 Milliarden Fahrgästen benutzt wird, und einige angrenzende Parks mit Spezialstäbchen auf DNA. Das Ergebnis war erstaunlich: Es fanden sich Spuren von mehreren Tausend verschiedenen Lebewesen, darunter Bakterien, Viren und Pilze. Etwa die Hälfte der gefundenen Eiweißverbindungen – ungefähr 600 bekannte Arten – gehörte zu Bakterien und Viren, der Rest stammte, man glaubt es kaum, von noch unbekannten Organismen. Die U-Bahn-Stationen mit dem größten Publikumsverkehr wiesen die höchste Anzahl an Mikroorganismen auf. Die meisten bakteriellen Funde waren nach Auskunft der Forscher ungefährlich für die Menschen; es gab jedoch auch Hinweise auf die Erreger von Pest und Milzbrand, wenn auch nur in Form von unvollständigen DNA-Resten. Dies sorgte bei der Veröffentlichung der Studie für einiges Aufsehen. In der Tat bestand keinerlei Gefahr, an einer dieser furchtbaren Seuchen zu erkranken.

Erstaunlicherweise kamen die Wissenschaftler zu dem Schluss: Sonderlich gefährlich ist es in der U-Bahn nicht. Die meisten der bei der Studie entdeckten Mikroorganismen seien nämlich keine Krankheitserreger, sondern häufig auf der Haut oder im Darmtrakt von Menschen vorkommende Arten. Andere Spezies sind sogar förderlich für das Immunsystem, das übrigens auch in der U-

Bahn einen effektiven Schutzschild darstellt. Natürlich könnte man sich in der U-Bahn mit einer Erkältung infizieren – die Gefahr ist aber an jedem anderen Ort in einer Stadt nahezu gleich.

Eine desinfizierende Seife kann nicht schaden.

Manche Hersteller werben damit, dass ihre Produkte zum Händewaschen 99 Prozent der vorhandenen Bakterien abtöten. Das hört sich sehr gesund an – ist es aber nicht, denn gerade die Bakterien auf der Haut braucht unser Körper dringend. Wer sich mit einer schonenden, pH-neutralen Flüssigseife wäscht, handelt klüger als ein Desinfektionsfanatiker. Sie entfernt Schmutz und körperfremde Bakterien, schont aber die Hautflora. Flüssig sollte sie sein, weil sich auf einem Stück Seife neben dem Waschbecken ein ganzer Zoo unerwünschter Keime ansiedeln kann.

Bei einer Erkältung nicht knutschen!

Falsch! So widersinnig es klingt: Ein Küsschen auf die Wange ist ungefährlicher als ein Händeschütteln, wenn es um eine Begrüßung zwischen einem gesunden und einem erkälteten Menschen geht. Auf der Hand finden sich in großer Zahl Erkältungsviren, besonders, wenn sich jemand in die Hand geniest oder er mit feuchten Papiertaschentüchern hantiert hat, auf der Wange sind es nur wenige. Deshalb ist häufiges Händewaschen eines der wirksamsten Mittel zur Verhütung von Erkältungskrankheiten durch Schmierinfektionen. Die Theorie, dass sogar leidenschaftliches Küssen mit einem Erkältungspatienten ungefährlich sei, weil die Erreger direkt über die Mundschleimhaut in den Darm transportiert würden, ist allerdings mit Skepsis zu betrachten.

Mit einer Erkältung kann man ruhig mal zur Arbeit gehen.

Kopfschmerzen, starker Husten oder Schnupfen, ein bisschen Fieber? Gib dir mal einen Ruck, du Weichei! Du kränkelst nur ein bisschen, du kannst ruhig zur Arbeit gehen! Nein, der oder die Kranke gefährdet nicht nur sich, die Ansteckungsgefahr für alle Arbeitskollegen kann möglicherweise auch die Bilanz der Firma belasten. Rund um den Sitzplatz des Erkrankten bildet sich nämlich eine Art »Todeszone«: Im Laufe der Arbeitszeit verstreut der kranke Mensch immer mehr Viren und sekundäre Erreger auf dem Boden, den Möbeln, allen Gebrauchsgegenständen, platziert sie höchst effektiv auf den Türklinken und er sorgt sogar für »verseuchte« Luft – schwebende Erreger bieten die beste Voraussetzung für eine Tröpfcheninfektion.

Auf der Klobrille sitzen die meisten Bakterien.

Die Klobrille ist zwar der Ort, auf den sich die meisten Menschen im Haus irgendwann im Lauf des Tages einmal hinsetzen, aber die meisten Bakterien sammeln sich dort nicht. Gehen wir einmal auf Bakterienjagd: Auf der Klobrille lauern, wie amerikanische Wissenschaftler herausgefunden haben, etwa 200 Kleinstlebewesen auf einem Quadratzentimeter. Das ist eine in der Welt der Mikroorganismen eher zu vernachlässigende Anzahl. Hier wird einfach viel zu oft mit scharfen Reinigungsmitteln geputzt. Schlimmer sieht es auf der Computertastatur aus: Dort toben sich bis zu 13 000 Bakterien pro Quadratzentimeter aus und ernähren sich fürstlich von Hautschuppen, Haaren, Essensresten, Spucke und Nasenschleim. Putzen tut hier niemand. Ein Paradies für die kleinen Racker! Zurück ins Bad: Im Abfluss des Waschbeckens hausen auf dem Quadratzentimeter 400 000 Bakterien. Die Erreger besuchen sicherlich gelegentlich ihre Verwandtschaft in der Küchenspüle, die es dort mit 166 000 Mikroorganismen pro Quadratzentimeter ebenfalls recht kuschelig hat. Die Keime, die besonders hoch hinaus wollten, sitzen oben am Wasserhahn, den ja jeder Mensch anfasst, bevor er sich die Hände wäscht.

Doch es geht noch wilder: Im Biomüll, wo es Nahrung im Überfluss gibt, gedeiht mikroskopisches Leben in Hülle und Fülle. An der Spitze liegen aber genau die Hilfsmittel, die für Sauberkeit sorgen sollen: Spülbürste, Schwamm, Spültuch und Geschirrtuch. Hier wird den Bakterien bei jedem Reinigungsvorgang neues, frisches Essen serviert, und es ist immer schön feucht. Auch kriegen die Bakterien gern einmal Besuch von ein paar Schimmelpilzen. Über 100 Millionen Kleinstlebewesen finden sich in einem Milliliter Wasser, das man aus einem Spültuch ausgewrungen hat.

Im Kühlschrank werden die Bakterien auf Lebensmitteln abgetötet.

Für die meisten Bakterienarten ist der Aufenthalt im Kühlschrank so etwas wie ein Kälteschlaf in einem Raumschiff. Sie können zwar nicht allzu viel tun und sich vor allem nicht vermehren, weil es so kalt ist, aber wenn das Raumschiff Kühlschrank landet und sie wieder wärmere Gefilde erreichen, erwachen die meisten von ihnen wieder zu großer Aktivität. Und wenn der Kühlschrank mal nicht so richtig funktioniert, bekommen sie auch ihre große Chance, vermehren sich doch Erreger wie Salmonellen bereits ab 10 °C mit erheblicher Geschwindigkeit. In Einzelfällen ist sogar der kühlste Bereich im Kühlschrank kein Ort, der vor einer Bakterienvermehrung schützt: Listerien, die in Rohmilch und Rohkäse vorkommen und aggressive Darmerkrankungen auslösen können, vermehren sich sogar bei Kühlschranktemperaturen von 4 °C.

An rostigem Stacheldraht kann man sich Wundstarrkrampf holen.

Es ist nicht der Rost, der eine Verletzung besonders gefährlich macht, und auch nicht der Stacheldraht selbst. Das Bakterium *Clostridium tetani*, das den Wundstarrkrampf verursacht, ist deshalb so gefährlich, weil es quasi überall vorkommt, und zwar nicht als fertig entwickeltes Bakterium, sondern in Form von resistenten Sporen. Geraten diese zum Beispiel im Straßenstaub oder über Gartenerde in eine Wunde, werden sie aktiviert. Die dadurch entstehenden Bakterien vermehren sich besonders gut unter Sauerstoffmangel, man spricht von anaeroben Bedingungen. Die abgesonderten Giftstoffe wirken auf doppelte Weise: Das Proteine auflösende Toxin Tetanospasmin schädigt die Nerven, welche die Muskeln steuern, und verursacht furchtbare Krämpfe am ganzen Körper. Ein zweiter Giftstoff namens Tetanolysin schädigt das Herz. Die Krankheit Wundstarrkrampf wird bei vollem Bewusstsein erlebt, ist deshalb äußerst qualvoll und verläuft sehr oft tödlich. Man sollte sich unbedingt durch eine Impfung (und regelmäßige Auffrischungsimpfungen spätestens alle zehn Jahre) dagegen schützen.

Mentholzigaretten sind gesünder.

Sie sind nicht gesund, sondern tückisch: Wegen des Menthols im Tabak atmet der Raucher tief durch. Wie auch bei einer Erkältung lindert Menthol in der Zigarette den Hustenreiz, indem es schmerzregulierend wirkt. Der Zigarettenrauch schmeckt »frisch«, der Raucher atmet ihn intensiver ein. Deshalb hat das Europaparlament lange mit den Tabak-Lobbyisten um ein Verbot von Mentholzigaretten gerungen – 2020 oder 2021 soll es endlich so weit sein. Begeisterte Mentholraucher wie Altbundeskanzler Helmut Schmidt haben also noch eine Schonfrist – ganz im Gegensatz zu ihrer Lunge. Ein kleines bisschen Menthol steckt übrigens auch in ganz gewöhnlichen Zigaretten.

E-Zigaretten sind ungefährlich.

Das mag glauben, wer will. Krebsforscher warnen vor dem im Rauch enthaltenen Stoff Propylenglykol; die Herstellerfirma stellt eindeutig die Gefährlichkeit des Stoffes heraus: Es wird ausdrücklich vor dem Einatmen von Propylenglykol gewarnt. Geschieht dies doch, so wird als Erste-Hilfe-Maßnahme ausreichende Frischluftzufuhr empfohlen. Neben dem Propylenglykol gerät aber auch noch eine Vielzahl anderer Stoffe in die Lungen der »Dampfer«, wie sich die E-Raucher auch nennen. Darunter sind ätherische Öle und Aromasubstanzen. Was aber genau in den Kartuschen enthalten ist, entzieht sich weitgehend der Kenntnis des Rauchers.

Möhren sind gut für die Augen.

Der alte Witz: Warum brauchen Kaninchen keine Brille? Weil sie so viele Möhren essen! Es stimmt tatsächlich, dass Möhren sehr viel Betakarotin enthalten, eine Vorstufe des Vitamins A, das auch beim Sehvorgang eine Rolle spielt. Aber nicht jeder, der ein Problem mit dem Sehen hat, hat einen Mangel an Betakarotin. Wer schlecht sieht, sollte lieber zum Augenarzt gehen, statt den Kaninchen die Karotten wegzufuttern. Möhren sind gut für die Abwehrkräfte des Körpers, für das Wachstum und die Haut. Eine Art pflanzliches Universalmedikament bei Augenproblemen sind sie nicht.

Shisha-Rauchen ist ungefährlich.

Was für ein schönes Ritual! Orientalische Ruhe, ein bisschen Verruchtheit, auch wenn kein Marihuana oder Opium in Dampf verwandelt wird, sondern nur aromatisierter Tabak. Und auf dessen Verpackung steht auch noch, dass er 0,0 Gramm Teer enthält. Super, Shisha-Rauchen ist völlig harmlos!

Wenn man davon absieht, dass die aufgenommene Kohlenmonoxid-Menge deutlich höher als beim Zigarettenrauchen liegt und dass der Teer, den der Tabak nicht enthält, aus der Holzkohle kommt. Die Bundeszentrale für gesundheitliche Aufklärung (BZgA) warnt auch davor, dass aromatisiertem Tabak Zucker und Sirup zugesetzt werden, die beim Verbrennen krebserregende Stoffe freisetzen. Wer am Tag eine

Shisha-Sitzung zelebriert, atmet in etwa so viel Schadstoffe ein wie beim Rauchen von zehn Zigaretten. Deshalb müssen Menschen, die Wasserpfeife rauchen, deutlich häufiger mit Herz- und Kreislauferkrankungen sowie mit Tumoren in Lunge, Lippe, Mundhöhle und Harnblase rechnen. Außerdem enthält auch der Rauch der Wasserpfeife die Schwermetalle Chrom, Nickel, Kobalt und Blei, und weil er kälter ist als Zigarettenrauch, werden diese deutlich tiefer inhaliert.

Affenhoden geben dem Sexleben neuen Schwung.

Chinas Läuferinnen sollen sich in den 1990er-Jahren regelmäßig mit dem Blut von Schildkröten gestärkt haben, denen sie eigenhändig den Kopf abhackten, um an den energieträchtigen Saft zu gelangen. Warum auch nicht, fragt der historisch erfahrene Leser. Die Griechen putschten sich dereinst mit Stierhoden auf, die Römer gewannen Kraft aus Ochsenblut – warum soll die Idee mit den Schildkröten nicht funktionieren? Und wenn es an Manneskraft fehlt: Vielleicht wollen Sie auf die Forschungsarbeiten von Serge Woronoff zurückgreifen, der am 12. Juni 1920 erstmals in dünne Scheiben geschnittene Hoden eines Schimpansen in das menschliche Gegenstück implantierte. Sein begeisterter Bericht über die Erfolge dieser Behandlung und das Buch, das er darüber verfasste, traten eine ganze Lawine von Nachahmern los. Zeitweise wurden sogar die Affen knapp und man griff auf Leichen (!) zurück. Amerikanische Ärzte bedienten sich bei frisch hingerichteten Verbrechern.

Sogar Personen des öffentlichen Lebens wie Kemal Atatürk, der erste türkische Präsident nach dem Ersten Weltkrieg, sollen sich einer Behandlung durch Serge Woronoff unterzogen haben. Die meisten Prominenten werden es allerdings vorgezogen haben, anonym zu bleiben. Insgesamt soll er in den 1930er-Jahren über 500 Behandlungen vorgenommen haben, jeweils zu einer Fallpauschale von 100 000 Goldfranc. Als sich herausstellte, dass die Therapie wirkungslos war und vor allem auf dem Placeboeffekt beruhte, knickte das Interesse ein – Schimpansen und Paviane konnten aufatmen.

Vorsorgeuntersuchungen können Leben retten.

Das wird vielfach behauptet, aber der Leiter des Instituts für Qualität und Wirtschaftlichkeit im Gesundheitswesen (IQWiG), Jürgen Windeler, Deutschlands oberster Medizinkontrolleur, hat da so seine Zweifel. Ob Hautkrebs-Screening oder Mammografie, Vorsorgeuntersuchung gegen Lungenkrebs oder Darmspiegelung – der statistisch belegbare Erfolg dieser Maßnahmen ist extrem gering. In einigen Fällen liegt es daran, dass man sehr kleine Tumoren nicht finden kann, und wenn sie groß genug sind, um entdeckt werden, ist die Krankheit schon sehr weit fortgeschritten. Bei der Untersuchung von 1000 Frauen zwischen 50 und 69 Jahren werden fünf Fälle von Brustkrebs entdeckt, die erfolgreich behandelt werden. Es gibt aber auch etwa fünf Fehldiagnosen, durch die Frauen unnötig den Strapazen einer Krebstherapie ausgesetzt werden. Bei der Darmspiegelung besteht ein kleines, aber durchaus vorhandenes Risiko einer Darmblutung. Sie tritt in etwa drei von 1000 Fällen auf. Kritiker behaupten, die zunehmenden Angebote zur Vorsorge würden vor allem finanziellen Interessen der Ärzteschaft dienen.

Wer die Pille nimmt, wird später nur schwer schwanger.

Woher dieser Irrtum stammt, lässt sich nicht sagen. Vermutlich ist die Ursache einfach das Gefühl, dass ein Eingreifen in natürliche Abläufe negative Folgen nach sich ziehen muss. Eine europaweite Studie an 60 000 Frauen unter Leitung des Zentrums für Epidemiologie und Gesundheitsforschung in Berlin zeigte im Jahr 2007: 21,2 Prozent der Frauen, die zwei Jahre lang die Pille genommen hatten und sie dann wieder absetzten, wurden schon im ersten Zyklus schwanger. Ähnlich hoch lag die Zahl der Schwangerschaften (20 bis 25 Prozent) im Laufe eines Zyklus, wenn zuvor keine Pille eingenommen wurde. Nach einem Jahr erwarteten 79,3 Prozent der an der Studie beteiligten Frauen ein Baby – genauso viele Schwangerschaften wie bei Frauen, die keine Pille genommen hatten.

Die Dauer der Empfängnisverhütung mit der Pille spielte dabei keine Rolle, denn auch Frauen, die die Pille länger als zwei Jahre verwendet hatten, zeigten in den Monaten nach dem Absetzen dieselbe Empfängnisrate.

Handys verursachen männliche Unfruchtbarkeit.

Bei den Untersuchungen, die diesen Zusammenhang zu bestätigen scheinen, handelt es sich vermutlich wieder um das Baby-Storch-Syndrom, das eine Verbindung zwischen dem Auftreten des schwarz-weißen Vogels und der Anzahl der Geburten zieht. Wenn die Zahl der Storchennester sinkt, fällt auch die Geburtenrate. Irrtum, beides kann auch zufällig gleichzeitig und ohne jeden Bezug zueinander geschehen. Ebenso ist es wissenschaftlich nicht haltbar, eine direkte Verknüpfung zwischen dem Gebrauch des Mobiltelefons und der Spermienzahl herzustellen. Es könnten ganz andere Faktoren eine Rolle spielen, zum Beispiel die Stressbelastung von Männern – und Männer mit Stress besitzen eben auch hin und wieder ein Mobiltelefon. Und vielleicht auch ein Notebook – könnte das nicht schuld sein? Oder sie verwenden ein teures Aftershave – hatten die Fruchtbarkeitsforscher das nicht immer schon in Verdacht? Umgekehrt können statistische Zahlen das Fehlen eines Zusammenhangs beweisen: Intensivnutzer, die ihr Mobiltelefon bis zu vier Stunden am Tag für Gespräche verwenden, wiesen dieselbe durchschnittliche Spermienzahl auf wie andere Männer.

Nur Raucher erkranken an Lungenkrebs.

Nein, es gibt auch andere Auslöser für diese Tumorerkrankung, zum Beispiel Asbestfasern, Tonerstaub oder das radioaktive Edelgas Radon. Belastungen mit Chrom, Arsen und Nickel können ebenso Lungenkrebs auslösen wie bestimmte polyzyklische aromatische Kohlenwasserstoffe (PAK), Produkte unvollständiger Verbrennung organischer Stoffe, die in Industrieabgasen vorkommen, aber auch in den Abgasen von Autos oder in Zigarettenrauch. Womit wir wieder beim Rauchen angekommen wären – 90 Prozent aller Lungenkrebsfälle haben das Rauchen als Ursache. Auf Platz zwei der Auslöser steht mit neun Prozent der Fälle das Radon. Das Gas kommt nahezu überall im Gestein vor, aber in unterschiedlichen Konzentrationen. Besonders mit Radon belastet sind Granitgesteine aus den Mittelgebirgen. Wohngebäude aus Naturstein können ihre Bewohner einer erheblichen Strahlenbelastung aussetzen. Eine vollständige Isolierung solcher Bauten ist nicht anzuraten, weil gute Lüftung den Radonanteil in der Atemluft deutlich senken kann.

Bügel-BHs fördern den Brustkrebs.

Sie üben Druck auf das Brustgewebe aus und können daher zum Entstehen von Brustkrebs beitragen – glauben manche Frauen. Es spielt aber für die Entstehung von Tumoren in der Brust keine Rolle, welchen BH eine Frau trägt. Sicher ist allerdings, dass das Stillen eines Kindes das Brustkrebsrisiko deutlich senken kann. Eine Studie der Universitäten Heidelberg, Freiburg und Kiel belegt, dass Frauen umso weniger Brustkrebs bekommen, je länger sie stillen. Das Risiko sinkt, je nach Dauer des Stillens, in einer Größenordnung von 14 bis 42 Prozent.

Antibiotika kann man aufheben und bei Bedarf einnehmen.

Wer Antibiotika übrig behält, hat vermutlich etwas falsch gemacht. Die Packungsgrößen sind so bemessen, dass sie genau für eine sinnvolle Behandlung ausreichen. Wenn doch etwas übrig bleibt, kann man als Laie schwer beurteilen, welches Medikament in welcher Dosierung eingesetzt werden soll, und vor allem: ob der Einsatz überhaupt notwendig ist. Symptome, die auf eine Infektion durch Bakterien hindeuten – nur Bakterien können mit einem Antibiotikum bekämpft werden –, können genauso gut eine andere Ursache haben, zum Beispiel Viren. Wer sich selbst therapiert, geht ein hohes Risiko ein.

Ein Antibiotikum kann man absetzen, wenn die Beschwerden verschwunden sind.

Antibiotika sind in vielen Fällen sehr wirksame Medikamente. Schon kurz nach der Einnahme schwinden die Symptome, und der oder die Erkrankte glaubt, geheilt zu sein. Es ist aber durchaus möglich, dass das Medikament zwar die Anzahl der aktiven Erreger deutlich reduziert hat, ein letzter »harter Kern« aber die Attacke des Antibiotikums überlebt hat. Wenn jetzt der Medikamentenspiegel sinkt, bekommen diese widerstandsfähigsten Erreger ihre Chance: Die Krankheit flammt neu auf, vielleicht sogar stärker als zuvor. Eine andere Möglichkeit: Die Symptome kehren zwar nicht zurück, aber im Körper finden sich jetzt etliche, nunmehr gegen das Antibiotikum nahezu resistente Bakterien, die der Patient ausscheidet und die nun anderswo Schaden anrichten können. Aus diesem Grund muss eine Antibiotika-Therapie immer nach Vorschrift des Arztes zu Ende geführt werden.

Ungeziefer hat etwas mit mangelnder Hygiene zu tun.

Kakerlaken, Bettwanzen und Flöhe waren früher weitverbreitet, schienen dann wegen zunehmender Hygiene ausgerottet, und wo sie auftauchten, rückten ihnen die betroffenen Personen oder sogar professionelle Kammerjäger mit Gift zu Leibe. Sie erleben aber zurzeit an vielen Stellen einen neuen Höhepunkt der Verbreitung, besonders dort, wo viele Menschen zusammenkommen. In Hotels, unabhängig von der Anzahl der Sterne, verbreiten sich Bettwanzen, eingeschleppt von Reisenden aus aller Welt, die wahren Gewinner der Globalisierung. In Großküchen tauchen vermehrt

Küchenschaben auf. Ihr plötzliches Comeback hängt mit ihrer Wandlungsfähigkeit zusammen. Wo sie sich einmal eingenistet haben, wird man sie nur schwer wieder los. In Jahrzehnten hat ihre Bekämpfung eine Art Zuchtwahl getroffen: Was jetzt noch kreucht und fleucht, krabbelt mit einer beachtlichen Resistenz gegen Gifte durchs Leben. Außerdem sind viele der unliebsamen Gäste wahre Überlebenskünstler: Menschenflöhe halten es zwölf, Bettwanzen bis zu 18 Monate ohne Blut aus. Besondere Reinlichkeit hilft da nicht – einzig Küchenschaben profitieren von Schmutz.

Alle Insekten im Haus sind Schädlinge.

Ein großer Irrtum: Das Silberfischchen, ein über 300 Millionen Jahre altes, winziges Insekt, das es feucht und dunkel liebt, könnte man auch als Nützling sehen. Silberfischchen ernähren sich quasi von allem, was sie finden, werden deshalb auch *Zuckergast* genannt (sie lieben Zucker), nehmen aber auch mit Hautschuppen, Haaren, Textilfasern und den Resten toter Insekten vorlieb. Was sie nützlich macht, ist die Tatsache, dass sie auch Hausstaubmilben auf ihrem Speisezettel haben und sogar Schimmelpilze vertilgen. Zudem übertragen sie keine Krankheiten. Wenn Sie also demnächst im Bad das Licht einschalten und ein Silberfischchen wuselt über die Fliesen, treffen Sie auf einen winzig kleinen Helfer.

Parasitäre Würmer schaden uns nur.

Aller Wahrscheinlichkeit nach ist diese Sicht der Dinge ein Irrtum, wenn auch einer, dem man nicht unbedingt eine Verhaltensänderung folgen lassen möchte. Wissenschaftler an der Tufts University in Boston gehen davon aus, dass uns Rund- und Plattwürmer im Verdauungstrakt keineswegs schaden, sondern möglicherweise sogar vor Allergien bewahren. Die Tiere fügen dem menschlichen Körper keinen nennenswerten Schaden zu, beschäftigen aber das Immunsystem hinreichend, sodass es nicht aus dem Ruder läuft und mit autoallergischen Aktivitäten beginnt. Einige Mediziner praktizieren sogar »Wurmkuren« mit Peitschenwürmern, die Autoimmunkrankheiten effektiv bekämpfen können.

Fakt ist aber, dass die meisten parasitären Würmer für Menschen schädlich sind – etwa der Rinder-, der Schweine- oder der hochgefährliche Fuchsbandwurm. Fadenwürmer wie die im Schweinefleisch lebenden Trichinen können schmerzhafte Verkapselungen im Muskelgewebe bilden und andere Schäden anrichten, wenn man verseuchtes Schweinefleisch isst.

Dunkelheit verhindert Mückenattacken.

Stechmücken können auch sehen, aber sie brauchen ihr Opfer nicht vor Augen zu haben, um sich eine fette Blutmahlzeit zu holen. Sie orientieren sich am Duft: Schweißgeruch zieht sie magisch an, auch in der Dunkelheit. Allerdings werden manche Menschen häufiger gestochen als andere, was aber nicht, wie oft behauptet wird, am süßen Blut liegt, sondern vermutlich an anderen Faktoren im persönlichen Aroma des Menschen. Ergebnisse der Forscher um den Insektenkundler Niels Verhulst von der niederländischen Universität Wageningen deuten darauf hin, dass die Besiedlung des menschlichen Opfers mit Bakterien eine wichtige Rolle spielt. Sie untersuchten das Verhalten von Anopheles-Mücken: Beliebt waren bei diesen Malariamücken »Blutspender« mit besonders vielen Staphylokokkus-Bakterien auf der Haut. Testpersonen, deren Haut viele Pseudomonas-Bakterien trug, blieben von Mückenattacken weitgehend verschont.

Bandwürmer helfen beim Abnehmen.

Hin und wieder geistern Gerüchte über die Bandwurmdiät eines Prominenten durch die Regenbogenpresse. Bandwurmeier gibt es über obskure Adressen im Netz, und an begeisterten Berichten über Erfolge fehlt es auch nicht. Man kann essen, was man will – der Bandwurm futtert mit und man nimmt zügig ab. Doch es ist zu Vorsicht zu raten. Zum einen ist es lebensgefährlich, Bandwurmeier zu essen. Aus den Eiern des Schweinebandwurms zum Beispiel schlüpfen Larven, die durch den Körper wandern, sich in der Muskulatur oder gar im Gehirn festsetzen und dort schwere Schäden bis hin zu Krampfanfällen anrichten können. Sogar Todesfälle sind bekannt. Wer sich die Larven zu Gemüte führt, kann vielleicht einen mehrere Meter langen Schweinebandwurm in seinem Darm heranzüchten – nur abnehmen tut er durch diesen ziemlich ekelhaften Gast nicht. Der Wurm entzieht dem Körper zwar Nährstoffe, aber es sind genau jene, die der menschliche Organismus eigentlich nicht entbehren kann.

Und nicht zu vergessen: Jemand, der einen Bandwurm in sich trägt, verbreitet diesen Parasiten unkontrolliert. Ein Bandwurm scheidet pro Tag bis zu 200 000 Eier aus, die auch bei sorgfältiger Hygiene von Mensch und Tier aufgenommen werden können, möglicherweise mit tödlichen Folgen.

Die Bluthochdruckerkrankungen nehmen zu.

Früher war die Definition eines gesunden Blutdrucks recht einfach: Der systolische Druck sollte den Wert von 100 plus Lebensalter nicht überschreiten. Eine 50-jährige Frau dürfte also einen Blutdruck von 150 zu 90 haben, ein Mann mit 65 Jahren auch schon mal die Spitze 165 erreichen. Werte aus der Praxis, die man auch heute bei vielen Menschen antreffen wird. Kein Grund also, ein Medikament gegen Bluthochdruck einzunehmen? Da lässt sich doch was drehen: Man initiiert Studien, die belegen, dass ein Blutdruck von 90 zu 140 bereits grenzwertig und gesundheitsschädlich ist und deshalb unbedingt medikamentös behandelt werden sollte – in allen Altersgruppen. Und auch bei Werten über 120 zu 80 rät die Pharmaindustrie zur Pille – sicherheitshalber. Man könnte natürlich auch seinen Lebensstil ändern, Übergewicht bekämpfen, Stress abbauen, weniger Kochsalz, Alkohol und Nikotin zu sich nehmen, sich mehr bewegen und dadurch die Blutdruckwerte senken.

Aber bitte keine Missverständnisse: Wenn Sie Ihrem Arzt vertrauen und der meint, Sie medikamentös gegen Bluthochdruck behandeln zu müssen, ist er die erste Instanz, um das zu entscheiden.

Warum das Universum nicht ins Haus liefert

Religion und Esoterik

In diesem Kapitel wird es schwierig sein, zwischen Glaubensüberzeugung und Irrtum zu unterscheiden. Was für den einen individuell erlebte Erfahrung ist, hält der andere für ausgewiesenen Humbug und mit wissenschaftlichen Erkenntnissen nicht zu vereinbaren. Der Autor gibt an dieser Stelle zu, sich selbst eher der Fraktion Humbug zuzuordnen, doch verspricht er, sich auch auf diesem kritischen Themengebiet um Objektivität zu bemühen. Vielleicht liefert ihm das Universum dann zum Dank einen neuen Bestseller. Man weiß ja nie.

Amulette schützen ihre Träger auf magische Weise.

Der Skarabäus, das Horusauge, Lochmünzen, Kreuze und Reliquien, Tontäfelchen mit Beschwörungsformeln, die Medizinbeutel der Indianer – ein Amulett ist sozusagen ein zum Gegenstand gewordener Schutzzauber. Indem man es bei sich trägt, übt es positive Wirkungen auf seinen Besitzer aus. Nahezu alle Religionen und esoterischen Glaubensrichtungen verwenden Amulette für ihre Zwecke. Erstaunlicherweise funktionieren Amulette – weil ihre Träger an sie glauben. Hier wirkt die mächtige Kraft der Autosuggestion, und die ist keineswegs magisch.

Die 13 ist eine Unglückszahl.

Als das Dutzend noch eine wichtige Maßeinheit war, ist dieser Glaube an die Unglückszahl aufgekommen. Nach altem Glauben ist die 13 eine Art »übersteigerte Zwölf«, und 13 gleiche Teile werden auch ein Teufelsdutzend genannt. Die 13 stört nach altem Glauben die göttliche Ordnung: Der Tag hat zwölf und nicht 13 Stunden, das Jahr hat zwölf und nicht 13 Monate, es gab zwölf Apostel. Daher war man der Ansicht, dass die 13 die Ordnung des gesamten Weltgebäudes ins Wanken bringt. Heute wissen wir: Sie ist nur eine Zahl wie alle anderen. Und warum soll Freitag, der 13., ein Unglückstag sein? Der Freitag als Wochentag ist ein Unglückstag, weil Jesus an einem Freitag gekreuzigt wurde. Zusammen ergeben der Freitag und die 13 also doppeltes Unglück – meinen manche Leute.

Mit Magie kann man das Universum beeinflussen.

Bärbel Mohrs Buch *Bestellungen beim Universum*, 1998 erschienen und in 14 Sprachen übersetzt, und zahlreiche nachfolgende Werke ähnlichen Inhalts machten sie zu einer Erfolgsautorin und hatten eine unvorstellbare Welle von haarsträubendem Irrglauben zur Folge. Noch heute kann man auf der Internetseite der Autorin begeisterte Erfolgsberichte lesen, die im Regelfall vor allem eines nicht enthalten: einen Funken Verstand. Das Universum ist eine Art magischer Lieferservice, glaubten begeisterte Leser und versuchten, ihre Wünsche durch schlichtes Wünschen zu realisieren. Schließlich hatten sie ja schwarz auf weiß gelesen, wie es funktioniert. Wer es nicht direkt begriff, konnte sogar zu einem Übungsbuch greifen.

In manchen Fällen erschien das Wünschen beim Universum durchaus wirksam. Es weckt eine starke persönliche Kraft: Autosuggestion. Der Irrtum ist, dass nicht das Universum liefert, sondern dass man sich selbst so konditioniert, dass die eigenen Wünsche in Erfüllung gehen können. Wahrscheinlich unternimmt der Wünschende selbst unbewusst genau die richtigen Schritte, um einer Erfüllung seines Begehrens näherzukommen.

Satan ist der Herrscher der Hölle.

Nein, die ursprüngliche Hierarchie in der Hölle verweist ihn auf den dritten Platz. König der Hölle ist Luzifer, der Vizekönig heißt Belial. Unter dem Titel Herrscher oder Gubernator teilt sich Satan den dritten von insgesamt neun Rängen mit Beelzebub, Pluto und Astarot. Dahinter folgt die ganze höllische Nomenklatura mit Großfürsten, Höllischen Räten, Geheimen Sekretären usw. Die neun Kreise in der Hierarchie der Hölle sollen in ihrem Aufbau denen des Himmels entsprechen – schließlich wurde die Hölle ja von ausgestoßenen Engeln organisiert und die hatten Jahre zuvor ihr himmlisches Handwerk von der Pike auf erlernt. Man könnte also von einem ersten Auftreten des organisierten Verbrechens reden.

In Dantes *Göttlicher Komödie* (verfasst 1307–21), speziell im Kapitel »Inferno«, stimmt diese Ordnung noch, nur die Vorhölle wurde als zehnter Kreis hinzugerechnet. In späterer Zeit wucherte die höllische Bürokratie erheblich, es kamen Teufel mit besonderen Aufgaben, spezialisierte Dämonen und hübsch schreckliche Monster aller Art hinzu. Der Arzt und Dämonologe Johannes Wier beschrieb in *Pseudomonarchia daemonum* (1577) 68 höllische Fürsten, Satan wird dort nicht mehr genannt. Heute ist Satan im abendländischen Kulturkreis einfach der Höllenfürst, häufig als eine Person mit Beelzebub, Luzifer, Beliar und Mephistopheles gesehen.

Es gibt keine Zufälle.

Der Animismus sieht alle Gegenstände der Welt beseelt und mit eigenem Willen. Andere esoterische Strömungen glauben an eine magische Verbindung zwischen allem und jedem. Alles, was geschieht, hat einen Grund, und nichts geschieht zufällig. Eine solche Weltsicht gibt allem einen Sinn und macht das eigene Leben sicherer und bedeutsamer. Das würde aber bedeuten, dass wir alle Anstrengungen um ein gutes Leben aufgeben könnten – alles kommt sowieso, wie es kommen soll, und niemand von uns besitzt die Möglichkeit zu einer eigenen Entscheidung und ist damit auch nicht für sein

Tun verantwortlich. Es ist ja schon alles festgelegt – im Guten wie im Bösen. Halten Sie das allen Ernstes für möglich?

Jesus wurde im Jahre null geboren.

Wenn es nach den Maßgaben unserer Zeitrechnung geht, müsste Jesus am 24. Dezember des Jahres null geboren worden sein, in dem Jahr also, das mit dem 1. Januar 0000 begann. Schließlich beruht genau diese Festlegung ja auf der Geburt des Erlösers. Nur: Als Jesus geboren wurde, dachte kein Mensch daran, deshalb mit einer neuen Zeitrechnung zu beginnen, und eine Ziffer 0 war den Römern völlig unbekannt. Die christliche Zeitrechnung begründete erst der in Rom lebende Mönch Dionysius Exiguus im Jahre 525, also gut ein halbes Jahrtausend nach Christi Geburt. Dieser Mönch errechnete aus den wenigen ihm zur Verfügung stehenden Informationen das Geburtsjahr Christi und erklärte es zum Jahr eins. Von der Null hatte er nämlich auch noch nichts gehört, die war nur bei den Mathematikern in den damals fortschrittlichen Ländern wie Indien im Gebrauch. Stattdessen zählte er das erste Jahr doppelt: Auf das Jahr 1 vor Christus folgte direkt das Jahr 1 nach Christus.

Doch lag Dionysius Exiguus mit seinen zeitlichen Einordnungen daneben – kein Wunder bei der schlechten Datenbasis. Die Angaben in den Evangelien sind widersprüchlich. Während der eine Evangelist den Geburtstag vor dem Tod des Königs Herodes datiert, beruft sich der andere auf eine Volkszählung in Judäa, die aus heutiger Sicht erst sechs Jahre nach Christi Geburt stattgefunden haben soll. Ergebnis aller Überlegungen und auch die Meinung der meisten Historiker ist heute: Jesus Christus wurde sieben bis vier Jahre v. Chr. (also vor sich selbst) geboren. Auf die Idee, deshalb die christliche Zeitrechnung umzustellen und zu allen heutigen Daten vier bis sieben Jahre hinzuzuaddieren, ist bisher niemand gekommen.

Man kann die Zukunft eines Menschen aus der Hand lesen.

Nein. Ein geübter Handleser kann zwar bei einer Sitzung relativ viel über seinen Kunden herausfinden, aber dabei nutzt er nicht nur die Informationen, die ihm die Form der Hand, ihr Zustand und zu einem gewissen Teil auch ihre Linien übermitteln. Als echter Menschenkenner berücksichtigt er auch Kleidung, Körperhaltung, Pflegestatus und Gesichtsausdruck, um Aussagen zu machen, denen man nur schwer widersprechen kann. Was aber nicht funktioniert: Informationen über die Zukunft aus einer Hand abrufen. Form und Länge der Handlinien verraten nichts über das künftige Leben. Wenn der Kunde allerdings dem Handleser vom Nikotin gelb gefärbte Finger unter die Nase hält, muss er sich nicht wundern, wenn dieser ihm ein kurzes, atemloses Leben voraussagt.

Geistig weit fortgeschrittene Menschen können sich von Licht ernähren.

Erstaunlich, dass Menschen Jahrhunderte nach dem Zeitalter der Aufklärung noch immer auf solche Ideen kommen. Auch spirituell erfahrene Menschen benötigen energiehaltige Nahrung, wenn sie nicht verhungern wollen. Dass jemand ein Niveau geistigen Fortschritts erreichen kann, auf dem ihm reines Licht als Lebensmittel dienen kann, konnte nirgendwo belegt werden. Zwar waren in der Vergangenheit Hungerkünstler eine beliebte Jahrmarktattraktion und über den Schweizer Einsiedler Niklaus von Flüe (1417–87) wurde berichtet, dass er sich in den letzten 19 Jahren seines Lebens ausschließlich von Wasser und Hostien ernährt habe. Aber sogar die bekannteste moderne Lichtnahrungsmissionarin Ellen Greve, die sich selbst *Jasmuheen* nennt, nahm in den 1990er-Jahren Abstand von der Umsetzung ihrer Theorien, nachdem mehrere Menschen zu Tode gekommen waren. 2010 soll eine Frau verstorben sein, nachdem sie den Dokumentarfilm »Am Anfang war das Licht« des österreichischen Filmemachers P. A. Straubinger gesehen und die darin verbreiteten Thesen für bare Münze genommen hatte. Sehr nahrhaft ist Licht nämlich nicht.

Große Ereignisse werfen ihre Schatten voraus.

In Erwartung besonderer Ereignisse tendieren Menschen dazu, die Magie ins Spiel zu bringen – andere nennen es Aberglauben. Weil es aber in der Wesensart der Zukunft liegt, gegenwärtige Menschen nicht mit den neuesten Nachrichten zu versehen, machen sie sich auf die Suche nach Zeichen. Der rote Himmel am Abend, der nächtliche Ruf der Eule, Meteoriten und Sternschnuppen oder Gegenstände in ungewöhnlicher Anordnung – alles wird als Vorbote wahrgenommen. Ursache dafür ist keine funktionierende magische Verbindung zwischen Mensch und Universum, sondern die geschärfte Aufmerksamkeit für ein bestimmtes Thema.

Jemand plagt sich mit der Frage, ob er sich scheiden lassen soll. Ein zerbrechendes Glas scheint die Frage zu beantworten. Eine Frau, die vermutet, dass sie schwanger sein könnte, und sich dies auch wünscht, sieht plötzlich überall Kinderwagen. Menschen lieben Omen und Menetekel. Entweder steigern sie die Vorfreude auf eine wunderbare Zukunft oder lassen angenehme Schauer des Gruselns über den Rücken laufen. Eines können sie nicht: voraussagen, was morgen geschehen wird.

Schamanen können Krankheiten heilen.

Nein, letztlich machen das die Kranken selbst. Die Schamanen besitzen nur die Begabung, die Kräfte der Selbstheilung bei ihren Patienten zu wecken. Anders als kräuterkundige Heiler (deren Wissen Schamanen gelegentlich auch nutzen) geben Schamanen vor, in Trance eine Verbindung zu höheren Mächten herstellen zu können und dadurch zu heilen. Die dabei angewendeten Rituale unterscheiden sich für jede Volksgruppe deutlich voneinander. Alle Schamanen versuchen, ihr Publikum auf besondere Weise zu beeindrucken, denn wenn dies gelingt, setzt der Placebo-Effekt ein: Der Kranke glaubt, geheilt zu werden, und heilt sich deshalb selbst. Damit arbeiten Schamanen nach demselben Prinzip wie mittelalterliche Wunderheiler.

Tarotkarten verraten das menschliche Schicksal.

Der Ursprung der auf den Tarotkarten abgebildeten Symbole liegt im Dunkeln. Möglicherweise stammen sie aus dem alten Ägypten und kamen über das Volk Israel in den europäischen Kulturraum. Die erste Erwähnung von Tarotkarten, wie wir sie heute kennen, stammt aus dem ausgehenden 17. Jahrhundert. Es sollte ein weiteres Jahrhundert dauern, bis es zu einer ersten Verbindung zwischen diesen Spielkarten und dem Magischen und zu dem Versuch einer Weissagung mithilfe der Karten kam. Wir haben es also nicht mit einer uralten Methode der Zukunfts- und Lebensprognose zu tun, wie sie etwa das chinesische Ging oder auch unser astrologisches Horoskop darstellen, sondern mit einer verhältnismäßig neuen Erscheinung.

Die Zukunft sagen die Tarotkarten natürlich nicht voraus. Wie bei anderen Denkmodellen und Erkenntnisverfahren in diesem Bereich spielt der persönliche Glaube eine große Rolle. Das Spektrum reicht von ernsthafter Überzeugung bis zum spielerisch leichten Umgang. Es ist eine sehr persönliche Sache mit der Kartomantie (Weissagung mithilfe der Karten): Mancher Eiferer trägt das Kartenspiel am Körper, damit es seine Aura aufnehmen kann, nimmt die Deutungen der Karten ernst und richtet sein Leben danach aus. Andere nutzen die Tarotkarten nur als eine Art Spiegel, in den sie schauen können, um sich selbst zu erkennen.

Mit Wünschelruten findet man Wasseradern.

Radiästheten – so nennen sich die Wünschelrutengänger – suchen seit dem Mittelalter mit der Wünschelrute nach verborgenen Dingen unter der Erde. Neben der natürlichen Rute, einer Astgabel, werden auch solche aus Metall wie die Einhandrute und die nach dem österreichischen Physiker

Hans Lecher benannte Lecherantenne benutzt. Auch das Siderische Pendel kommt zum Einsatz. Mit der Zeit hat sich die Radiästhesie zu einer veritablen Scheinwissenschaft und einem ertragreichen Geschäftsfeld entwickelt.
Warum Scheinwissenschaft? Ernsthafte methodische Untersuchungen hatten eindeutige Ergebnisse: Rutengänger sind nicht in der Lage, Wasseradern oder sonstige verborgene Wasservorkommen zu entdecken. Die Lage von Erzvorkommen, Klüften und Verwerfungen im Gestein ließ sich mittels Wünschelrute ebenso wenig ermitteln, wie sie »Erdstrahlen« feststellen konnte. Über Zufallsergebnisse kommen Rutengänger nicht hinaus. Dass die Rute an bestimmten Stellen ausschlägt, erklärt sich mit dem Carpenter-Effekt, benannt nach dem englischen Psychologen und Naturforscher William Benjamin Carpenter: Eine Bewegung wird spontan und unwillkürlich dadurch ausgelöst, dass man an sie denkt.

Mehr noch: Die Existenz von Wasseradern und der bereits erwähnten Erdstrahlen – nach Meinung von Esoterikgläubigen die Ursache von Krebserkrankungen – lässt sich wissenschaftlich nicht belegen.

Weihnachtsmann und Nikolaus sind ein und dieselbe Person.

Sankt Nikolaus hat seinen Ursprung bei Nikolaus von Myra, einem Bischof im kleinasiatischen Lykien. Dieser Heilige gilt nicht nur als Schutzpatron von Russland, Kroatien und Serbien und als Schutzheiliger unterschiedlicher Berufe (Kaufleute, Bäcker und Seefahrer), sondern wird auch als Patron der Kinder angesehen. Somit ist er eigentlich prädestiniert für einen Job als Weihnachtsmann.

Schon weit vor und auch zu Martin Luthers Zeiten war der Nikolaustag beliebt, denn es gab eine Bescherung mit Geschenken. Es war jener Reformator Martin Luther, der das Fest der Geschenke vom Nikolausabend auf den Heiligen Abend verschob, weil die protestantische Kirche keine Heiligenverehrung betreiben sollte. Anstelle des Nikolaus brachte nach Vorstellung Martin Luthers der Heilige Christ die Geschenke. Mit der Zeit prägte sich aber eine Auffassung vom Christkind als blondgelocktes Kind mit Flügeln und Heiligenschein aus. Der Nikolaus rutschte auf Platz zwei und wieder auf den 6. Dezember zurück und beschenkte die Menschen schon mal vorab, wenn sie ihre Stiefel vor die Türe stellten.

Die Figur des Weihnachtsmanns entstand vermutlich erst gegen Ende des 19. Jahrhunderts. In diese Kunstfigur gingen sowohl Eigenschaften des Nikolaus als auch Knecht Ruprechts mit der Rute ein, strenger Begleiter des gütigen Bischofs. Der strafende Nikolaus geriet aber zur Freude der Kinder immer mehr in Vergessenheit. Die nahe Verwandtschaft mit dem Nikolaus hat ihren Niederschlag im Namen des amerikanischen Weihnachtsmannes gefunden, der ja schließlich *Santa Claus* heißt.

Heute teilen sich die drei Gestalten der Weihnacht die Aufgaben rund um das Fest. Der Nikolaus liefert seine Geschenke am 6. Dezember ab, in einigen Regionen auch am 5. Dezember, mal mit, mal ohne Knecht Ruprecht. Der Weihnachtsmann arbeitet in der Hauptsache im evangelischen Norden, Nordosten, Osten und in der Mitte Deutschlands, das Christkind beliefert den Westen und Süden.

Coca-Cola hat den Weihnachtsmann erfunden.

Die Behauptung, Coca-Cola habe den Weihnachtsmann 1931 zu Werbezwecken erfunden, wurde lange Zeit mit großer Überzeugung verbreitet, ist aber falsch. Alte Ansichtskarten belegen, dass diese Figur bereits 1897 bekannt und beliebt war, weitere Weihnachtskarten mit seiner Person wurden Anfang des 20. Jahrhunderts – also deutlich vor 1931 – verschickt. Allerdings trägt der alte Herr darauf nicht immer rot-weiße Kleidung, auch die Kombinationen braun-weiß, blau-weiß und grün-weiß waren in jenen Tagen bei Weihnachtsmännern Mode.

Die älteste textliche Erwähnung geht auf das Jahr 1771 zurück. »Wenn der Weyhnachtsmann kömmt, will ich auch nicht hinsehen, daß mir das Christkindchen die Augen nicht auspusten kann.« (*Mannigfaltikkeiten.* Zweeter Jahrgang, Berlin 1771) Von wegen Coca-Cola ...

»Stille Nacht, heilige Nacht« ist ein sehr altes Weihnachtslied.

Seit wann singt man »Stille Nacht, heilige Nacht«? Stimmten es schon die alten Germanen an oder gar unsere Vorfahren vor der Zeitenwende? Das Weihnachtslied ist ausgesprochen jung. »Stille Nacht, heilige Nacht« stammt aus dem Jahre 1818. Den Text schrieb Joseph Mohr, die Musik stammt von Franz Xaver Gruber. Das älteste bekannte deutsche Weihnachtslied schlägt »Stille Nacht, heilige Nacht«um Längen: Es heißt »Sei uns willkommen, Herre Christ«, wurde im 14. Jahrhundert erstmals urkundlich dokumentiert, aber wohl bereits um das Jahr 1100 in der Kirche gesungen.

Eine fragmentarische Niederschrift wird im Aachener Dom aufbewahrt.

Das Zölibat gab es schon immer.

Jüngere Forschungen ergaben, dass Priester eigentlich schon seit der Zeit der Apostel ehelos und enthaltsam lebten oder leben mussten. Mit einigen regionalen Einschränkungen und Abwandlungen der jeweiligen Kirchen besteht diese Regelung also so lange, wie es die christliche Religion gibt. Wo steckt denn hier der Irrtum? Es ist eher eine Haarspalterei als ein echter Fehler. In der Fachsprache der Kleriker heißt das Keuschheitsgelübde oder das Versprechen, auf dem weiteren Lebensweg ehelos zu bleiben, *der* Zölibat. Laien ist es aber auch erlaubt, gegen *das* Zölibat zu sein.

Weihnachten ist der höchste christliche Feiertag.

Das möchten bestimmte Kreise des Groß- und Einzelhandels gern annehmen. Auch wenn die Zeit rund um den 24. Dezember die umsatzstärkste in den deutschen Innenstädten ist, ist Weihnachten nicht das höchste christliche Fest. Diese Position nimmt Ostern ein. Auferstehung ist besser als Geburtstag – und auf jeden Fall einzigartiger!

Es ist ein Ross entsprungen.

Als Bildungsbürger weiß man, dass es hier um eine Rose geht, aber besonders Kinder kommen beim ersten Hören dieses

Liedes auch auf die Idee, dass ein Pferd im Spiel sein könnte. So ein feuriges Ross, das durch den Winterwald galoppiert, das hat schon was! Leider galoppiert aber nichts durch das kirchliche Weihnachtslied »Es ist ein Ros' entsprungen« aus dem 16. Jahrhundert. Ein anderer zu Weihnachten gesungener Irrtum: Es heißt nicht »... alles schläft, Obi lacht ...«, denn mit deutschen Baumarktketten hat das Weihnachtslied »Stille Nacht, heilige Nacht« nichts zu tun. Es geht in der zweiten Strophe, wo es heißt: »Gottes Sohn, o, wie lacht«, wie man hier textlich klar erkennen kann, auch nicht um einen Gottessohn namens Owi. Gottes einziger Sohn heißt Jesus, und dem ist zu Weihnachten auch kein Pferd abhandengekommen.

Heimspiel auf der feuchten Wiese

Sport und Fitness

Wie mögen unsere Vorfahren gelebt haben, so ganz ohne organisierte Körperertüchtigung und computergestützte Selbstoptimierung? Wir joggen, wandern, spinnen, betreiben Pilates, Tai Chi und Aquafitness, laufen Marathon, meditieren, schwimmen, machen uns beim Nordic Walking lächerlich und suchen Entspannung beim Yoga. Wir spielen Golf, Badminton, Speedminton und Volleyball und besuchen regelmäßig die Rückenschule. Wir wollen Fett abschmelzen, dem Stress entgegenwirken, die Müdigkeit vertreiben, einen flachen Bauch bekommen, aussehen wie ein Model oder Filmstar und unsere Pickel loswerden. Wir alle besitzen Funktionskleidung, ein Fahrrad, ein E-Bike, einen Heimtrainer und ein Laufband, denn sonst wissen wir nicht, wie wir unsere viel zu großen Garagen füllen sollten. Und neben aktiver sportlicher Betätigung verfolgen wir noch die Wettkämpfe zahlloser Sportarten in den Medien. Könnte es sein, dass das alles ein riesiger Irrtum ist?

Eine Mannschaft gewinnt ein Heimspiel, weil die Zuschauer sie anfeuern.

In der Ersten Fußball-Bundesliga siegt durchschnittlich in etwa 45 Prozent aller Spiele die Heimmannschaft. Circa 28 Prozent enden unentschieden. 27 Prozent gehen verloren. Fest steht: Mannschaften mit Heimvorteil gewinnen deutlich häufiger. Aber warum?

Am Anfeuern direkt liegt es nicht, so viel hat man herausgefunden. Richtig ist, dass die heimische Mannschaft während des Spiels mehr Testosteron im Blut hat als die Gegner. Schließlich verteidigt sie ja ihr Revier. Die gewichtigere Ursache dürfte aber der Schiedsrichter sein: Ihn beeinflusst das Publikum in entscheidender Weise. Sportwissenschaftler haben 1530 Spiele der Bundesliga untersucht und dabei herausgefunden: Die Spieler der Auswärtsmannschaft werden häufiger mit der Gelben Karte bestraft als die der Gastgeber. Das empörte Geschrei der Zuschauer lässt den Schiedsrichter eher zur Gelben Karte greifen. Verwarnte Spieler können aus Angst vor der Roten Karte nicht mehr so aggressiv spielen und verlieren deshalb Zweikämpfe.

Kritik am Schiedsrichter – zum Beispiel ein Pfeifkonzert oder Sprechchöre »Wir wissen, wo dein Auto steht!« – beeinflusst hingegen zuungunsten der Heimmannschaft und sollte unterlassen werden. Alles für den Heimsieg!

Zu einer Fußballmannschaft gehörten schon immer elf Spieler.

Die ersten Fußballregeln wurden 1848 von Studenten der Universität Cambridge niedergeschrieben. Darin war festgelegt, dass eine Mannschaft aus 15 bis 20 Spielern bestehen kann. Erst im Jahr 1870 wurde die Mannschaftsstärke auf elf Spieler begrenzt. Warum gerade elf? Ein Erklärungsversuch: In den Schlafsälen der Universitätsfußballer standen damals elf Betten – ein Raum war ideal für eine Mannschaft.

1923 legte die IFA (International Football Association) die Anzahl der Spieler einer Mannschaft auf genau elf fest. Es gibt noch eine weitere wichtige Regel zur Zahl der Spieler: Auf dem Spielfeld müssen mindestens sieben Spieler einer Mannschaft sein – sonst kann das Match nicht stattfinden.

Der »Sechzehner« ist 16 Meter tief.

Das Tor umgibt beim Fußball der Strafraum, der auch »Sechzehner« genannt wird. Darin gelten besondere Regeln. Allerdings misst er in der Tiefe nicht genau 16 Meter, sondern 16,50 Meter. Er soll 40,32 Meter breit sein, eine Breite, die sich aus drei Maßen zusammensetzt: die Breite des Tores mit 7,32 Metern plus zweimal 16,50 Meter für den Abstand der senkrechten Linie jeweils von der Innenkante des Torpfostens nach links und rechts. Auch der 5-Meter-Raum ist kein Wunder an Genauigkeit: Die entsprechende Linie ist 5,50 Meter von der Torlinie entfernt, links und rechts von den Torpfosten begrenzen diesen Raum ebenfalls Linien in 5,50 Meter Abstand.

Für Fußballreporter allerdings empfiehlt es sich, weiterhin mit einer gewissen Ungenauigkeit zu leben. Sätze wie »Der Schiedsrichter gibt Elfmeter – Schweinsteiger wurde genau 32 Zentimeter hinter der Linie, also tief im 16,50-Meter-Raum, gefoult!« dürften zur Attraktivität des Sports nicht unbedingt beitragen.

Barfuß über eine Wiese laufen macht glücklich.

Schuhe aus und los! Die von Schuhen befreite, unverfälschte Art sich fortzubewegen tut unseren Füßen tatsächlich gut. Muskulatur, Bindegewebe, Sehnen, Bänder und Gelenke richten sich in ihrer natürlichen Position ein. Fehlstellungen, zum Beispiel durch eine falsch geformte Einlegesohle oder einen zu engen Schuh, werden beseitigt, Deformationen gehen zurück, das Abrollverhalten des Fußes verbessert sich – sagt der Podologe. Auch der Haut des Fußes gefällt es an der frischen Luft. Das und alle anderen erfahrenen Wohltaten teilt der Fuß dem Gehirn über die zahllosen Nerven mit, die in der Fußsohle enden. Das schüttet vor lauter Begeisterung Endorphine aus. Barfuß laufen macht glücklich. Immer?

Das kommt auf die Wiese und das Wetter an: Halbwegs trocken sollte das Gras sein, und auch die Außentemperaturen müssen stimmen. Richtig glücklich werden wir und unsere Füße nur bei Temperaturen zwischen 20 und 25 °C. Darunter treten negative Wirkungen auf den Plan: Der zu kalte Fuß und das zugehörige Bein verkrampfen sich.

Trainingsfortschritt muss wehtun.

Der Atem pfeift, der Schweiß rinnt in Strömen und die Waden brennen wie Feuer: Wer so trainiert, trainiert falsch. Ein hoher Grad an Anstrengung macht wichtige Trainingseffekte wie Stressabbau und Stärkung des Immunsystems zunichte. Und der berühmte Muskelkater ist nicht nur eine Übersäuerung der Muskulatur, sondern ein Anzeichen körperlicher Überforderung. Verursacht wird ein Muskelkater durch winzige Verletzungen in den Muskelfasern.

Je häufiger man trainiert, desto fitter wird man.

Das ist so nicht richtig. Zwar trainieren die meisten Freizeitsportler zu selten, aber eine Hochbelastung jeden Tag ohne eine Erholungsphase dazwischen strapaziert den Körper zu sehr. Wer sich immer nur auspowert und seinem Organismus keine Chance zur Regeneration gibt, zerstört den Trainingseffekt. Wer sich aber zwischendurch einen Ruhetag gönnt, bemerkt schnell, dass sein Wohlbefinden steigt.

An den Olympischen Spielen der Antike durften nur Amateure teilnehmen.

Ein sportlicher Wettbewerb zu Ehren der Götter sollen die Olympischen Spiele im alten Griechenland gewesen sein, erstmals dokumentiert um das Jahr 776 v. Chr. Dabeisein war alles, und als Belohnung gab es nur Kränze aus Palmzweigen oder Olivenlaub. Das schöne Bild vom edlen Olympioniken bringen Geschichtsforscher aber schnell ins Wanken. Die Athleten kämpften keineswegs nur um des Ruhmes willen, sondern erhielten auch handfeste Belohnungen, um die sie moderne Sportler vielleicht sogar beneiden würden. Lebenslange Steuerfreiheit wäre ein solcher Siegespreis, auch ein süßes Leben auf Staatskosten dank Sportlerrente konnte ganz schön motivieren. Sogar ein Haus oder ein Grundstück konnten Lohn eines Gewinners sein. Mancher Siegertyp musste sich auch zwischen einem Denkmal oder Barem entscheiden – oder er erhielt beides. Mit der Zeit nahmen Betrügereien unter den Sportlern zu, mancher Sieg wurde durch Bestechung »erkämpft«.

Auch im Römischen Reich waren die Olympischen Spiele beliebt. So beliebt, dass der korrupte Kaiser Nero die für das Jahr 65 n. Chr. vorgesehenen Spiele auf das Jahr 67 verlegen ließ, damit er auf einer ohnehin geplanten Griechenlandreise dort vorbeischauen und auch selbst als Athlet antreten konnte. Als Kaiser lässt man sich nicht lumpen: Nero »siegte«in sechs Disziplinen, darunter verschiedene Wagenrennen, und das, obwohl er vom Wagen stürzte. Zwei Wettbewerbe, nämlich den Wettstreit der Tragöden und den der Kitharöden, beide frühe Formen des *Poetry Slams,* hatte er eigens für sich selbst einführen lassen. Immerhin muss man ihm lassen, dass er nur für den Ruhm kämpfte und somit reiner Amateur war.

Die Olympischen Spiele der Antike waren das größte Sportereignis ihrer Zeit.

Sie waren nur Teil eines größeren Ganzen und gehörten zu den Panhellenischen Spielen. Diese gesamtgriechischen Wettkämpfe wurden zu Ehren der Götter an den religiösen Kultstätten in Olympia, Delphi, Korinth und Nemea abgehalten. Ursprünglich kämpften Krieger in voller Rüstung, später traten die Athleten nackt gegeneinander an. Eine Ausnahme bildete der Waffenlauf, die einzige weiterhin militärisch geprägte Disziplin. Mit der Zeit wurde das Programm auch um Wettkämpfe für Dichter und Musikanten erweitert. Wer in seinen Disziplinen in allen vier Wettkämpfen siegte, genoss besonderes Ansehen. Auch die Asklepischen Spiele in Epidauros wurden zu den Panhellenischen Spielen gezählt, erreichten aber nie die Bedeutung der übrigen vier Austragungsorte.

Wer Sport treibt, kann essen, was er will.

Die Wirkung körperlicher Betätigung auf den Kalorienverbrauch wird von den meisten Freizeitsportlern überschätzt – und unsere Nahrung ist ausgesprochen energiereich. Um die Energie aufzubrauchen, die in einer Tafel Schokolade steckt, nämlich 560 Kilokalorien, müsste ein 80 Kilo schwerer Mensch …

- 36 Minuten Squash spielen
- 42 Minuten mit 25 km/h Radfahren
- 45 Minuten zügig schwimmen
- 50 Minuten joggen (den Kilometer in 7 Minuten)
- 1 Stunde 12 Minuten Badminton spielen oder Bergwandern mit Gepäck
- 1 Stunde 40 Minuten Tischtennis spielen

Die Energie einer Tafel Schokolade entspricht ungefähr der von acht Äpfeln, und die enthalten außerdem auch noch Vitamine und Mineralstoffe.

Durch Sport nimmt man ab.

Der Kalorienverbrauch bei sportlicher Betätigung wird überschätzt. Im Gegenteil: Wenn man Sport treibt, kann es durchaus sein, dass man zunächst zunimmt, weil der Körper Muskelmasse aufbaut, und die ist schwerer als Fett. Wer abnehmen möchte, muss mehr Kalorien verbrennen, als er zu sich nimmt. Das ist nicht leicht, aber genau dieses Problem wird durch sportliche Betätigung noch verschärft: Wer Sport treibt, hat mehr Hunger.

Untersuchungen haben gezeigt, dass regelmäßig sportlich aktive Menschen auf Dauer an Gewicht zugenommen haben, und das nicht nur wegen der schwereren Muskelmasse. Sport ist gesund, aber einen Einfluss auf das Körpergewicht hat er für die meisten Menschen mit Gewichtsproblemen erst im Zusammenhang mit einer Ernährungsumstellung. Erst wenn genügend Muskelmasse aufgebaut ist, profitiert der Körper auch im Ruhezustand davon. Muskeln verbrauchen mehr Energie und erhöhen den Grundumsatz.

Pingpong haben die Chinesen erfunden.

Die einen sehen die Anfänge des Tischtennissports Ende des 19. Jahrhunderts in Indien, andere halten *table tennis* für eine britische Erfindung. Immerhin, schon 1874 wurde Tischtennis erstmals in England schriftlich erwähnt. 1875 erschien ein erstes Regelwerk. Ursache für den Umzug ins Haus soll das widrige englische Wetter gewesen sein, dem Tennisspieler zu entkommen suchten. Sie nahmen Schläger und Ball mit nach drinnen und nannten das Spiel Raum-Tennis. Um die Sachschäden durch die schweren Tennisbälle zu minimieren, wählte man zunächst Bälle aus Gummi oder Kork. Der superleichte Zelluloidball kam 1891 durch den Ingenieur James Gibb aus den USA nach England. Um die Jahrhundertwende produzierte man in England pro Woche schon mehrere Millionen Bälle. Und was ist jetzt mit China? Nicht einmal der Name *Pingpong* stammt aus dem fernen Osten – er beschreibt das Geräusch des Balles auf der Platte und wurde um die Jahrhundertwende zum 19. Jahrhundert in England geprägt.

Das Skifahren wurde in den Alpen erfunden.

Das könnte man glauben, wenn man zur passenden Jahreszeit einen alpinen Wintersportort besucht. Erkenntnisse über die Herkunft des Skifahrens gewinnt man, wenn man nach dessen Geschichte fragt. Archäologen fanden heraus, dass Menschen schon seit über 8000 Jahren auf diesen Brettern stehen: In Bessowsjsledki (UdSSR) hat man Skier auf einem Felsbild aus dieser Zeit gefunden. In Skandinavien sind Skier seit 3500 Jahren bekannt. In der norwegischen Landschaft Telemarken (heute noch verewigt in der Telemark-Bindung und im Telemark-Schwung) waren die ersten sportlich motivierten Skifahrer Europas unterwegs, im 17. Jahrhundert auch im Gebiet des heutigen Slowenien.

Muskeln wachsen durch eiweißreiche Ernährung.

Muskeln bestehen aus Proteinen, und wer mehr Muskeln haben möchte, muss seinem Körper ausreichend Material zum Aufbau zur Verfügung stellen. Zu glauben, dass die Muskeln bei entsprechendem Angebot an Steaks oder synthetischen Eiweißpulvern von allein wachsen, ist aber ein Irrtum. Muskeln wachsen nur, wenn sie gebraucht werden, also möglichst häufig zum Einsatz kommen. Zusätzliche Eiweißdrinks (die billigen sollen aus Schlachtabfällen hergestellt werden) kann man sich sparen. Ein Überangebot an Eiweiß kann zum Beispiel die Nieren schädigen. Ganz gewöhnliche Lebensmittel enthalten viele Proteine, die für den Muskelaufbau ausreichen. Wer Hülsenfrüchte wie Bohnen und Linsen, Kohl, Fisch und Geflügel zu sich nimmt, hat immer genug Baumaterial dabei – er muss seine Muskeln nur noch beschäftigen.

Fitnessdrinks machen fit und schlank.

Was da in cool gestylten Flaschen angeboten wird, bedarf einiger Überzeugungsarbeit durch Werbung, bevor es in größerer Menge konsumiert wird. Da wird versprochen, dass verloren gegangene Mineralstoffe und Elektrolyte ersetzt werden und dass ein Plus an Energie und Magnesium gegen Krämpfe in die Flasche gefüllt wurde. Das alles braucht der durchschnittliche Fitnesssportler überhaupt nicht. Mineralwasser genügt. Das Plus an Energie sind meist zusätzliche Kohlenhydrate, und wer nach dem Training durstig eine dieser Flaschen leert, setzt seine Kalorienbilanz wieder auf null. Das Zeug ist also Gift für jemanden, der sein Gewicht reduzieren möchte.

Nordic Walking ist eine Sportart für Rentner.

Eigentlich ist es ein effektiver, den Körper schonender Ausdauersport, wird aber häufig allzu lässig und mit zu wenig Sachkenntnis betrieben. Wer in knallbunten Klamotten seine Stöcke mit schlurfenden Schritten durch die Landschaft zieht, wird zur Karikatur eines Nordic Walkers und tut nichts für seine Gesundheit. Bei der richtigen Technik kommen allerdings etwa zwei Drittel aller Muskeln des Körpers zum Einsatz. Wer die richtigen Bewegungsabläufe einmal erlernt hat, kann viel Gewinn aus dieser ursprünglich für das Training von Spitzensportlern entwickelten Sportart ziehen. Anfänger sollten das bedenken, bevor sich falsche Bewegungsabläufe eingeschliffen haben.

Fettverbrennung beginnt erst nach 30 Minuten.

Der Körper bezieht seine Energie aus allem, was zur Verfügung steht. Von der ersten Minute der sportlichen Betätigung an verbrennt er auch Fett – aber eben auch Glukose aus dem Speicher in den Zellen der Leber und anderen Organe. Was der irrtümliche Satz oben aber wohl meint, ist die Tatsache, dass eben dieser Vorrat an Glukose nach 20 bis 30 Minuten aufgebraucht sein könnte und dass weitere körperliche Betätigung dann dazu führt, dass primär Fettzellen in Energie umgewandelt werden.
Ein weiterer Irrtum in diesem Zusammenhang:

Nur bei langsamem Laufen baut der Körper Fett ab.

Dahinter steckt vermutlich eine Vorstellung aus der Traubenzucker-Werbung: Zucker liefert die schnelle Energie für die schnelle sportliche Betätigung. Fett dient der Versorgung bei langsamer Ausdauerleistung. Eine Studie der Université Laval in Québec beweist das Gegenteil. Eine Gruppe, die wochenlang in mäßigem Tempo auf einem Fahrradergometer trainierte, wurde mit einer zweiten verglichen, die sich einem intensiven Lauftraining mit hohem Tempo unterzog. Das Ergebnis der Untersuchung fiel klar aus: Beim intensiven Training wurde dreimal so viel Fett verbrannt wie in der gemütlichen Kontrollgruppe.

In den Problemzonen lässt sich gezielt Fett verbrennen.

Bauchmuskeltraining macht einen flacheren Bauch? Ich muss Sie enttäuschen, liebe Bierbauchträger. Entsprechende Gymnastikübungen reduzieren das Fett an Hüfte und Po? Sorry, leider nicht, liebe Damen. Es wird immer der ganze Körper trainiert, und wo Fett abgebaut wird, entscheidet nicht der Trainierende. Der eine nimmt hier ab und die andere dort – planen lässt sich das nicht. Problemzonengymnastik ist eine Illusion, gerade an diesen Stellen (Männer: Bauch; Frauen: Hüfte und Po) hält sich das Fett besonders hartnäckig. Allenfalls profitiert die äußere Form durch eine straffere Muskulatur. Gegenmittel: Ausdauertraining, Krafttraining und gesunde Ernährung – bevor sich überhaupt Pölsterchen gebildet haben.

Schwimmen ist gut für den Rücken.

Aber nur, wenn es kein Brustschwimmen ist. Der Schwimmer streckt dabei den Hals weit nach oben, um Mund und Nase über Wasser zu halten. Das belastet die Halswirbel und ihre Muskulatur und kann Rückenprobleme durch die dadurch entstehenden Verkrampfungen und Verspannungen noch verstärken. Wenn der Körper jedoch beim Rückenschwimmen oder Kraulen flach im Wasser liegt, profitiert der Rücken vom Training der Muskulatur.

In der Fortschrittsfalle?

Technik

Error – Irrtum! Nichts als Fehlermeldungen! Leider schreitet der technische Fortschritt erheblich schneller voran, als ihm der durchschnittliche Mensch mit seinen begrenzten geistigen Fähigkeiten zu folgen vermag. Was gestern noch als Hightech galt, wird heute zum alten Eisen geworfen. Übrig bleibt überkommenes Wissen in unseren Köpfen, das sich jeweils mit den aktuellen Irrtümern über neueste Technik mischt. So schnell, wie neue Generationen innovativer Maschinen erscheinen, können wir die Informationen aus den antiken Betriebsanleitungen, die wir fatalerweise im letzten Jahr gelesen haben, gar nicht aus unseren Gehirnen löschen. Konnten wir schon das letzte Modell der Kaffeemaschine nicht richtig bedienen, so gibt uns die neue Version noch unlösbarere Rätsel auf. Standen wir wie der Ochs vorm Berge vor dem alten Fahrkartenautomaten der Bahn, so gibt uns der funkelnagelneue immer neue Rätsel auf. War das nun der richtige Knopf oder irre ich mich?

Autos haben einen Vergaser.

Richtig, hatten sie mal. Wenn sich Opa beim Ausflug mit der ganzen Familie bei einer Panne im Auto seines Sohnes oder seiner Tochter auf die Suche nach dem Vergaser macht, lachen sich nicht nur die Enkelkinder krank. Nein, liebe ältere Herrschaften, bitte mal einen Auffrischungskursus Automobiltechnik besuchen, denn es gibt außer im Oldtimer auch keinen Zündverteiler mehr – elektronische Zündung nennt man das jetzt, und den Zündzeitpunkt kann man auch nicht mehr manuell einstellen. Nicht mal eine Tachonadel findet sich mehr in so manchem modernem Automobil.

Das papierlose Büro kommt.

Es wurde uns schon in den 1970er-Jahren vorausgesagt, aber der Computer konnte das Papier nicht verdrängen. Büros und Amtsstuben quellen nach wie vor über von Papier, das papierlose Büro ist noch immer in weiter Ferne. Dabei hat elektronische Datenverarbeitung so viele Vorteile. Man kann Dokumente blitzschnell durchsuchen, sie duplizieren und sie schnell von einem an den anderen Ort bewegen. Doch das Papier lebt. Das liegt unter anderem daran, dass es menschlicher ist als Digitaltechnik. Das Lesen längerer Texte am Bildschirm ist recht anstrengend. Auf Papier kann man während langweiliger Konferenzen Strichmännchen malen, es zusammenknüllen, wenn man sich aggressiv fühlt, es ist auch ohne Strom lesbar und nahezu unbegrenzt haltbar. Richtig, es gibt zahlreiche Versuche, das Papier aus den Büros und Amtsstuben zu verbannen. Das seit Jahren propagierte ePaper ist nur eine Variante davon. Die Faktenlage sieht anders aus: Mit der großflächigen Einführung der E-Mail in das Geschäftsleben nahm der Papierverbrauch um 40 Prozent zu.

Das Leeren des Papierkorbs löscht Daten unwiederbringlich.

Wer das denkt, hält auch den Monitor für seinen Computer und nennt dieses merkwürdige Gehäuse unter dem Schreibtisch Festplatte. Mit dem Leeren des Papierkorbs sind die Dateien nicht endgültig gelöscht, es sei denn, das Betriebssystem beinhaltet eine Funktion für das sichere Löschen oder man verwendet ein spezielles Hilfsprogramm. Eigentlich werden nur der Name und die Verknüpfungsinformationen einer »gelöschten« Datei aus dem Inhaltsverzeichnis der Festplatte entfernt und der von ihr beanspruchte Platz auf der Festplatte für das Überschreiben freigegeben. Die Datei selbst bleibt erhalten und kann mit einigem Sachverstand und etwas Mühe wiederhergestellt werden, solange sie nicht tatsächlich von anderen Dateien überschrieben worden ist. Das kann dauern, die Speicherorte auf einer Festplatte werden von den Betriebssystemen ziemlich chaotisch gewählt.

Auch das einfache Löschen einer kompletten Festplatte schafft keine Abhilfe. Hier gilt dasselbe: Die Informationen aus dem Directory, dem Inhaltsverzeichnis der Festplatte, sind gelöscht, aber die Dateien bleiben verfügbar, wenn sie nicht von anderen Daten überschrieben worden sind. Auch nach längerer Zeit können die Informationen oder zumindest noch Fragmente davon von Experten wieder lesbar gemacht werden. Sicherer ist die Low-Level-Formatierung – der gesamte Inhalt der Festplatte wird mit einem Zufallsmuster aus Nullen und Einsen überschrieben.

USB-Sticks müssen ausgeworfen werden, bevor man sie entfernen kann.

Nur wenn ein USB-Stick während eines Schreib- oder Lesevorgangs herausgezogen wird, besteht die Gefahr, dass sich auf dem Stick unvollständige oder beschädigte Dateien befinden. Ein Hardwaredefekt ist nicht zu befürchten. Bei Macs und Linux-Rechnern geschieht das Speichern manchmal etwas zeitverzögert. Wer an einem solchen Gerät den Stick allzu schnell entfernt, riskiert lückenhafte Daten.

Apple-Produkte sind gegen Viren immun.

Eigentlich waren sie das noch nie, einen Virenschutz ab Werk besaßen auch diese Computer zu keinem Zeitpunkt. Es gab schon in den 1990er-Jahren Viren, die sich unter Mac OS 9 wie Kaugummi an Programme klebten und sie immer größer werden ließen – bis nichts mehr ging. Anfangs funktionierten unter Mac OS X nur wenige Viren, und manche davon waren eher Scherze unter Eingeweihten – sie wurden nur aktiv, wenn man sich als Root-User anmeldete. Was aber schon immer gefährlich war: Auch Macintosh-Rechner konnten PC-Viren verbreiten, zum Beispiel in einem Mail-Anhang.

Mit zunehmender Verbreitung werden auch Apple-Geräte verstärkt zum Angriffsziel von Hackern, die Sicherheitslücken im Betriebssystem ausnutzen wollen und versuchen, Viren, Trojaner und andere Schadsoftware zu installieren. Das gelang zum Beispiel 2012 bei über 650 000 Apple-Rechnern. Eine Schadsoftware nutzte eine Sicherheitslücke in Java aus, doch Apple konnte das Problem mit einem Systemupdate beheben.

Apple ist das innovativste Computerunternehmen.

Wenn die Anzahl der Patente ein Maß für die Innovationsfähigkeit einer Firma sein kann, sieht die Realität für Apple-Fans ernüchternd aus. Ausgerechnet die Firma IBM hat 2014 wie auch schon 2013 die meisten Patente in den USA registriert – 7534 Patente, also jeden Tag etwa 20. Mehr noch: IBM belegt diesen Rang seit 22 Jahren. Beeindruckend. Aber dann folgt Apple doch sicher auf dem zweiten Platz, oder? Der ist leider belegt, nämlich von der Firma Samsung, und auch die Plätze drei, vier und fünf tragen kein Apfel-Logo, gehören sie doch Canon, Sony und Microsoft. Platz acht hat sich erstmals Google erstritten, und erst auf Platz elf folgt Apple. Immerhin hat Apple die Firmen Intel (Rang 16) und Hewlett-Packard (Rang 17) deutlich abgehängt. Und dann bliebe ja auch noch die Frage nach der Qualität der registrierten Schutzrechte, hört man jetzt schon die Verteidigung aus dem Apfel-Lager.

Nur teure Kabel sind gute Kabel.

Was schon Hi-Fi-Fans dazu gebracht hat, unglaubliche Summen pro Meter für Lautsprecherkabel zu zahlen, findet nun in der Computerwelt seine Entsprechung. Teuer müssen HDMI-Kabel sein, vergoldet und/oder mit beeindruckend bedruckter Isolation. Dabei reisen digitale Inhalte nicht qualitativ unterschiedlich – entweder überträgt ein Kabel die Nullen und Einsen, die den Datenstrom ausmachen, oder eben nicht. Schönere oder qualitativ hochwertigere Bits und Bytes kann es nicht geben. Kritisch kann es nur bei großen Kabellängen werden – müssen die Informationen zu weit durch ein Kabel mit zu hohem Widerstand reisen, könnte es unterwegs Datenverluste geben. Im normalen Einsatz und bei den gebräuchlichen Längen dürfte ein Zwei-Meter-Kabel zu fünf Euro genauso gut sein wie eines zu 15 Euro.

Computerhändler verkaufen besonders gern teure Kabel, weil sie dabei eine erhebliche Gewinnspanne realisieren können. Anders als bei Computern und Peripheriegeräten ist der Informationsstand der Käufer über Preise schlecht und auch die Aufmerksamkeit für diese relativ niedrigpreisigen Produkte geringer. Während ein Händler an einem Rechner in der Regel maximal zehn Prozent des Umsatzes verdienen kann, kann er bei Kabeln auch schon mal 100 Prozent Gewinn realisieren.

Wenn ein Auto stehen bleibt, kann es der Zündverteiler sein.

Ja, wenn es ein Oldtimer ist, der soeben am Straßenrand ebenso plötzlich wie unerwartet stehen geblieben ist. Dann steigt Opa aus, um die Zündkontakte seines Traumwagens zu reinigen, die verschmutzt sein könnten, und schon geht die Fahrt weiter. Kommt allerdings ein modernes Auto zum Stillstand, sollte sich der Fahrer gar nicht erst auf die Suche nach dem Zündverteiler machen – es gibt nämlich keinen. An einer elektronischen Zündung, die heute alle Fahrzeuge haben, gibt es nichts zu reparieren oder einzustellen – jedenfalls nicht mit einfachen Werkzeugen. Wer trotzdem die Motorhaube aufmacht und am Motor herumfummelt, macht sich bei seinen Mitfahrern vermutlich lächerlich.

Computer sind intelligent.

Was genau Intelligenz ist, vermögen auch Psychologen nicht zu sagen, aber eines ist sicher: Computer verfügen nicht darüber. Das Gerät selbst ist dumm wie Brot, weiß nichts, kann nichts, kann keine Entscheidungen treffen oder Folgerungen ziehen. Selbst wenn ein Betriebssystem geladen ist, verfügt ein Computer nicht über die kognitiven und intellektuellen Fähigkeiten, die ihm das Prädikat »intelligent« zuteilwerden lassen. Gut, mithilfe ausgeklügelter Softwareprogramme können Computer erstaunlich schnell rechnen, eine Aufgabe in logischen Schritten abarbeiten oder ein Schachspiel gewinnen. Was ihnen aber (noch) fehlt, sind Einfallsreichtum, Lernfähigkeit, Intuition, der sichere Umgang mit neuen Situationen und die schnelle Einordnung komplexer Sinneseindrücke – für uns Menschen mehr oder weniger selbstverständliche Qualifikationen.

Computerspieler sind Nerds.

Unter einem Nerd versteht man einen Sonderling und Außenseiter mit abwegigen Vorlieben, zum Beispiel für Computer und Computerspiele, Science-Fiction oder komplizierte Bereiche von Wissenschaft und Technik – auf jeden Fall für etwas, das niemanden sonst interessiert. Wenn diese Behauptung richtig wäre, dann wären etwa 97 Prozent aller Jugendlichen Nerds, denn das ist der Anteil an Computerspielern bei der jugendlichen Bevölkerung. Gespielt wird auf Computern, Konsolen oder Smartphones. Nun ja, könnte man einwenden, irgendwann hat jeder mal ein Computerspiel gespielt, vielleicht so zwei- oder dreimal im Monat. Nein, nach einer Befragung spielen zumindest 50 Prozent der Jugendlichen jeden zweiten Tag. Glaubt man den schlimmsten Prophezeiungen herkömmlicher Pädagogen, steht das Abendland also kurz vor dem Untergang, denn ...

Computerspiele fördern die Gewalt unter Jugendlichen.

Eines fördern Sie auf jeden Fall: die Forschungstätigkeit von Pädagogen und Psychologen. In immer kürzeren Zeitabständen folgt Studie auf Studie, die jeweils positive oder negative Ergebnisse zum Thema »Gewalt und Computerspiele« präsentieren. Während die eine Forschergruppe herausgefunden hat, dass sogenannte Killerspiele auf sozial und emotional gestörte Jugendliche sogar beruhigend wirken können, erforscht das nächste Team, dass Computerspiele dieser Art Jugendliche gewalttätig machen. Dabei wirft die eine Gruppe der anderen häufig vor, Ursache und Wirkung zu verwechseln. Auffällig ist auch, dass Fernsehsender Experten mit derartigen Studien beauftragen. Besonders ein negatives Ergebnis für Computerspiele entlastet nämlich den jeweiligen Sender auf erfreuliche Weise. In allen Programmen darf fleißig weiter gemobbt, geprügelt, erschossen, aufgeschlitzt, vergewaltigt und auf sonstige Art und Weise gemeuchelt und gemordet werden. Die Computerspiele sind schuld. Wer das glaubt, kann sich bei der kulturell hochwertigen Serie »The Walking Dead« als Zombie bewerben – er ist nämlich vermutlich hirntot.

Nur männliche Jugendliche spielen am Computer.

Computerspiele sind für Mädchen zu technisch, die reden lieber miteinander oder spielen Gesellschaftsspiele. Irrtum!

Noch liegen die Jungen mit 99 Prozent um ein paar Punkte vorn, aber die Mädchen sind ihnen dicht auf den Fersen: 94 Prozent aller Mädchen spielen am Rechner, auf der Konsole oder dem Mobiltelefon. Deutlich unterscheiden sich Mädchen und Jungen noch bei der Art der Spiele: Während Jungen eine Präferenz für Egoshooter, Rennspiele und kämpferische Rollenspiele haben, werden von Mädchen Ankleidespiele, soziale Simulationen (SIMS), Make-up-Spiele und friedliche Rollenspiele bevorzugt.

Man kann durch ein beschädigtes Fenster aus dem Flugzeug gesaugt werden.

Keine Angst, die Fenster sind in modernen Flugzeugen mehrfach verglast und vom Durchmesser her ziemlich klein. Die meisten Passagiere würden allenfalls darin stecken bleiben, gingen sie durch einen sehr schweren Unfall zu Bruch. Wenn allerdings die komplette Zelle des Flugzeugs beschädigt wird und Teile der Außenhaut weggerissen werden, kann es sehr gefährlich werden. 1989 öffnete sich bei einer Boeing 747 die Tür zum Frachtraum, riss schließlich völlig ab und nahm einen Teil der Außenverkleidung mit sich, sodass ein viereinhalb mal vier Meter großes Loch entstand. Es kam im Innern des Flugzeugs zu einer explosiven Dekompression, neun Fluggäste wurden mitsamt ihren Sitzen in den Tod gerissen.

E-Bikes trainieren den Körper nicht.

Hinter diesem Irrtum steckt die Vorstellung, dass der Elektromotor bei einem E-Bike dem Fahrer die komplette Arbeit abnimmt. Das ist aber keineswegs so, denn einen großen Teil der Energie muss der Mensch selbst aufbringen, das E-Bike unterstützt ihn nur. Je nach gewählter Belastungsstufe kann das elektrische Fahrrad viel Mithilfe fordern oder eben weniger. Das ist ideal für Neueinsteiger und vor allem für Menschen, die den Weg zurück zum Fahrrad finden. Das Herz-Kreislauf-System wird zwar trainiert, aber nicht überlastet, weil sich Intensität und Pensum individuell modifizieren lassen. Anders gesagt: Wer mit einem normalen Fahrrad eine steile Steigung bewältigen muss, dem bleibt keine Wahl: Da muss er durch, auch wenn der Puls auf 200 steigt. Eine Alternative wäre nur das Schieben. Mit dem E-Bike stehen mehrere Unterstützungsstufen zur Wahl – die körperliche Belastung lässt sich kalkulieren. Auch Menschen mit gesundheitlichen Einschränkungen oder Erkrankungen können so wieder radeln.

Die erste Eisenbahn führte von Nürnberg nach Fürth.

Das ist richtig – wenn man nur Deutschland in den Blick nimmt. International waren die Briten deutlich früher dran: Am 27. September 1825 transportierte ein Eisenbahnzug Kohle zwischen Stockton und Darlington in England. Er konnte natürlich auch Personen befördern. Die allererste Eisenbahn für den reinen Personentransport fuhr am 15. September 1830 zwischen Liverpool und Manchester. In Deutschland musste man bis zum 7. Dezember 1835 auf den ersten Eisenbahnzug warten. Er wurde von einer Lokomotive namens »Adler« gezogen, die aus England importiert worden war. Auch machte man in Deutschland gleich Ernst mit dem Linienverkehr: Vom 8. Dezember 1835 an fuhr stündlich ein Zug von Nürnberg nach Fürth und zurück. Wegen der hohen Preise für Kohle wurde die »Adler« jedoch nur um 13 bzw. 14 Uhr vor den Zug gespannt. Zu allen anderen Abfahrtszeiten zogen – ein Hightechkompromiss jener Zeit – Pferde die Waggons.

Tempo 50 in der Stadt gilt auch auf dem Rad.

Wer einmal so richtig schnell in der Stadt unterwegs sein möchte, sollte aufs Fahrrad steigen. Er kann – die entsprechende körperliche Fitness vorausgesetzt – die Tempo-50-Grenze ignorieren. So ist es gesetzlich geregelt, denn die Geschwindigkeitsbegrenzung in der Stadt gilt nur für Kraftfahrzeuge. Allerdings verlangt der Gesetzgeber vom Radfahrer eine angepasste Geschwindigkeit. Wer durch Spielstraßen oder durch für Fahrräder gesperrte Fußgängerzonen rast, wird als Temposünder bestraft. Wegen der Gesetzeslage werden Fälle, in denen Fahrradfahrer zum Beispiel in einer Tempo-30-Zone auf einer städtischen Straße geblitzt wurden, nicht weiter verfolgt.

Die Einbahnstraßen-Regelung gilt für Radfahrer nicht.

Manche Radfahrer glauben, dass es Einbahnstraßen für sie gar nicht gibt. Radfahren entgegen der Richtung einer Einbahnstraße ist aber grundsätzlich verboten. Erst durch ein Zusatzschild »Radfahrer frei« bzw. ein entsprechendes Piktogramm wird das Radfahren in beide Richtungen erlaubt. Immer mehr deutsche Städte gehen zu dieser Regelung über. In einer herkömmlichen Einbahnstraße müssen sich auch Radfahrer an die vorgeschriebene Fahrtrichtung halten.

Kopfhörer sind auf dem Rad tabu.

Nein, sie dürfen benutzt werden, allerdings mit einer Einschränkung. Verboten sind sie nur dann, wenn das Gehör des Radfahrers wesentlich beeinträchtigt wird, das heißt, wenn er wichtige akustische Informationen nicht aufnehmen kann, zum Beispiel das Martinshorn eines Krankenwagens, oder wenn er die akustischen Signale (Klingeln oder Hupen) anderer Verkehrsteilnehmer nicht wahrnimmt. Dies kann bei In-Ear-Kopfhörern und hoher Lautstärke durchaus passieren. Kritisch wird die Lage, wenn der Radler mit Musik in eine Polizeikontrolle gerät. Er sollte auf Diskussionen mit den kontrollierenden Beamten vorbereitet sein. Wird ein Verkehrsteilnehmer mit Kopfhörern in einen Unfall verwickelt, können langwierige juristische Auseinandersetzungen über die Unfallschuld drohen. Die Frage ist, ob der akustische Genuss so groß ist, dass sich derartige Komplikationen lohnen.

Winterreifen können im Sommer problemlos gefahren werden.

Manchmal kommt man einfach nicht dazu, im Frühjahr die Reifen zu wechseln. Und mancher sieht auch keinen Grund dazu. Der Wagen rollt, liegt gut auf der Straße, und an das etwas lautere Abrollgeräusch hat man sich den Winter über gewöhnt. Es gibt mehrere Gründe, doch zum Reifenhändler oder in die Werkstatt zu fahren. Zum einen gibt es ein

Sicherheitsproblem: Die Reifenmischung von Winterreifen ist für niedrige Temperaturen ausgelegt, bei Temperaturen über 15 °C wird der Reifen weich. Das kann zu deutlich längeren Bremswegen führen. Zum anderen – auch hier spielt die weichere Gummimischung eine Rolle – werden Winterreifen bei sommerlichen Straßenverhältnissen deutlich schneller abgenutzt. Und das kann teuer werden.

Je größer der Fernseher oder Monitor, desto besser das Bild.

Größe ist nicht alles. Über die Klasse eines Monitors oder Flachbildfernsehers entscheiden die Helligkeit, der Kontrastwert, der Schwarzwert und die Auflösung. Wie bei Lautsprecherboxen bemerkt man den Qualitätsunterschied aber meist nur im direkten Vergleich.

In diesem Zusammenhang ist noch eine Anmerkung zum Thema hochauflösendes Fernsehen wichtig. Nur vergleichsweise wenige Sendungen werden im deutschen Fernsehen bisher in HDTV (High Definition Television) ausgestrahlt, zum Teil verlangen die Anbieter Geld dafür. Von der Ultra-Variante UHDTV gar nicht zu reden, hier gibt es Inhalte allenfalls im Testbetrieb. Die Geräte sind verfügbar, aber das Programm fehlt. Lassen Sie sich also noch Zeit.

Akkus muss man immer voll auf- und entladen.

Ein Irrglaube, der sich aus den Zeiten des Memory-Effekts bei Nickel-Cadmium-Akkus herübergerettet hat und der offenbar nicht auszumerzen ist: Wenn man diesen alten Akkustandard immer wieder zwischendurch ein bisschen geladen hat, verloren die Nickel-Cadmium-Zellen ihre Speicherkapazität. Diese Erscheinung gibt es bei modernen Lithium-Ionen-Akkus nicht mehr. Wer jedoch seinen Akku pflegen möchte, kann sich nach den Erkenntnissen von Experten richten: Eine vollständige Entladung ist nicht gut für das Gerät. Wer die Akkuladung zwischen 40 und 80 Prozent hält und diesen Status auch mal zwischendurch mit einer Teilladung herstellt, hat lange etwas von seiner Stromquelle. Das gilt auch für Akkus in Mobiltelefonen.

Spezielle Handytaschen schützen vor schädlicher Strahlung.

Das ist nicht nur falsch, sondern kontraproduktiv. Mit ein wenig gesundem Menschenverstand kann man sich diesen Zusammenhang klarmachen: Die meisten teuren Taschen, die den Benutzer vor der Strahlung seines eigenen Mobiltelefon schützen sollen, tun genau das Gegenteil. Mobiles Telefonieren setzt einen Dialog zwischen Basis und Handgerät voraus. Abgeschirmt in der Tasche kann das Mobiltelefon seine Basis nicht richtig empfangen. Es tut deshalb, was es tun muss: Es will die schlechte Qualität der Basis ausgleichen und fährt auch beim Senden eigener Signale die Sendeleistung deutlich hoch. Der gleiche Effekt tritt ein, wenn man abgekapselt in einem Auto mit einem Mobiltelefon telefoniert. Eine Außenantenne am Wagen gleicht das aus.

Kaufsoftware ist besser als kostenlose Programme.

Das versuchen uns die Hersteller kommerzieller Software einzureden. Es gibt aber zu allen Bezahlprogrammen kostenlose Alternativen, die einen Großteil des Funktionsumfangs ihrer kommerziellen Konkurrenz mitbringen. Das reicht völlig, denn es gibt kaum einen User, der den vollen Funktionsumfang zum Beispiel von Microsoft Office nutzt – im Regelfall sind es fünf Prozent. Ein paar Beispiele für kostenlose Software: Für die Bildbearbeitung braucht man nicht Photoshop, sondern kann sich mit Paint.net oder Gimp kreativ betätigen. Microsoft Office stehen auf der kostenlosen Seite OpenOffice und LibreOffice gegenüber, ausgezeichnete Programme für den Büroalltag und angrenzende Tätigkeitsfelder. Hinzu kommen weitere Faktoren, die nicht unbedingt für kommerzielle Software sprechen. Einige Hersteller verstehen es großartig, ihre User in eine Art Update- und Kompatibilitätskarussell zu stecken und ihnen immer wieder klarzumachen, dass sie jetzt unbedingt die neue Version der Software kaufen müssen.

Apropos Umsatz: Auch die Programmierer freier Software freuen sich, wenn ihre Arbeit gelegentlich mit kleinen Spenden honoriert wird. Eine gewisse Freigebigkeit der Benutzer ermöglicht es ihnen, ihre Arbeit fortzusetzen.

Im Internetzeitalter braucht man einen extrem schnellen Rechner.

Beim Computerkauf geht das große Kopfzerbrechen los – muss es der schnellste Prozessor, die größte Festplatte und eine Spitzen-Grafikkarte sein? Aus Angst, etwas falsch zu machen, kauft so mancher eine Maschine, deren Potenzial er später nur zu zwei oder drei Prozent nutzen wird. Um im Internet zu surfen, soziale Netzwerke zu besuchen oder hin und wieder eine Mail zu schreiben, genügt ein Mittelklasserechner. Eine Grafikkarte der Spitzenklasse wird nur gebraucht, wenn auf dem Rechner aufwendige Spiele laufen sollen. Auch für den Videoschnitt ist ein schneller und leider auch teurer Rechner von Vorteil. Man muss sich das einmal klarmachen: Die Rechenleistung, die für die Mondlandung benötigt wurde, findet sich heute in jedem Laptop.

Ein ausgeschaltetes Gerät verbraucht keinen Strom.

Das ist leider für viele Geräte noch nicht Standard. Vor allem wenn ein Gerät über eine Fernbedienung eingeschaltet werden soll, hat es nach dem Ausschalten einen gewissen Restverbrauch im Stand-by-Modus – es muss schließlich auf die Fernbedienung und einen Einschaltbefehl reagieren. Mittlerweile habe es Techniker aber auch geschafft, »grüne« Geräte zu konstruieren, die nach dem Ausschalten durch die Fernbedienung so gut wie keinen oder nur extrem wenig Strom verbrauchen. Wirklich sicher ist der Nullverbrauch aber vor allem, wenn man den Stecker zieht.

Größere Lautsprecherboxen klingen besser als kleine.

So einfach kann man das nicht sagen. Zwar können Lautsprecherboxen, deren Basslautsprecher einen größeren Durchmesser besitzen, tiefere Töne erzeugen, das heißt aber noch nicht, dass die Box insgesamt besser klingt. Laute Bässe mit unscharfen Mitteltönen und schwachen Höhen werden wenig Freude bereiten. Einen wirklich guten Klang mit druckvollen Bässen können die Audiotechniker mittlerweile auch mit mittelgroßen Boxen erzeugen. Auch hier bietet die Elektronik neue Möglichkeiten. Die Qualitäten von Lautsprecherboxen erschließen sich übrigens erst im direkten Hörvergleich, weil unser Gehirn dazu neigt, sich einen eher mäßigen Klang »schönzudenken«.

Nichts für Spinnen und Frösche

Klima und Wetter

Das Spektrum der Falschprognosen reicht vom ältesten Witz (»Der Fernsehmeteorologe hat eine Million gewonnen – er hatte sechs Richtige im letzten Jahr«) bis zum Hightechirrtum, wenn sich das Tiefdruckgebiet ganz anders verhält, als es der Wettercomputer simuliert hat. Wirklich auf Wetterprognosen verlassen können wir uns nicht. Es wird Regen vorausgesagt, stattdessen scheint die Sonne. Und erst die alten, überlieferten und noch immer lebendigen Wetterregeln! Die sind doch ganz und gar haarsträubender Unsinn und haben mit der Wirklichkeit unseres Wetters wenig zu tun, oder?

Alte Wetterregeln sind der pure Unsinn.

»Regnet's am Siebenschläfer-Tag, es sieben Wochen regnen mag.« Das Wetter am Siebenschläfer-Tag eignet sich als Voraussage für das Wetter der nächsten sieben Wochen, sagt der Volksglaube. Das kann doch gar nicht funktionieren. Erstaunlicherweise mit einigen Einschränkungen doch: Scheint am 27. Juni die Sonne, so sieht das Wetter in 61 Prozent aller Fälle in den Folgewochen ähnlich aus, und es gibt Regionen, wo die Trefferwahrscheinlichkeit noch höher liegt – bei 80 Prozent. Ende Juni entscheidet sich, wo die Grenze zwischen subtropischer Warmluft und polarer Kaltluft verlaufen wird. Je weiter die Warmluft nach Norden vorstößt, desto höher der Hochdruckeinfluss und umgekehrt. Allerdings sollte man auf eine Schwäche der überlieferten Wetterregeln aufmerksam machen: Sie haben oft regionalen Charakter, denn sie sind irgendwo entstanden – die Siebenschläferregel vermutlich in Süddeutschland, denn dort ist ihre Trefferquote am höchsten.

Nachdem er über 400 Bauernregeln überprüft hatte, stellte der Berliner Meteorologe Horst Malberg fest, dass 80 bis 100 Prozent der kurzfristigen Voraussagen zutreffend sind. Insgesamt ergab sich bei seinen Untersuchungen durch Auswertung der Wetterdaten von fast 200 Jahren eine Trefferquote von 67 Prozent für die durchschnittliche Wetterregel. Viel besser schneiden auch die Meteorologen nicht ab. In den letzten 70 Jahren lag die Genauigkeit in der Wettervorhersage beim Deutschen Wetterdienst bei über 70 Prozent. Heute geben die Wetterfrösche an, dass sie dank besserer Software auf eine Trefferquote von 97 Prozent kommen – für die nächsten drei Tage. Wer's glaubt ...

Frösche können das Wetter voraussagen.

Was für eine merkwürdige Idee: Man sperrt einen Laubfrosch in ein Einmachglas, stellt eine kleine Leiter hinein und erwartet dann von dem Frosch, dass er das Wetter voraussagt. Der Frosch wird, salopp gesagt, den Teufel tun und die Leiter allenfalls zur Flucht aus so einem herzlosen Gefängnis nutzen. Alle Theorien zu Fröschen in Gläsern gehören ins Reich der Erfindungen. Der Frosch soll nach oben klettern, weil bei gutem Wetter die Mücken und Fliegen oben über dem Glas fliegen, bei schlechtem aber unten im Glas. Wie viele Mücken fliegen denn in ein Einmachglas? Würde der Frosch in seinem Glas nicht einfach an Nahrungsmangel und Austrocknung dahinscheiden?

Wenn Spinnen Netze bauen, wird das Wetter gut.

Umgekehrt wird ein Schuh draus: Spinnen arbeiten an ihren Netzen, wenn das Wetter gut ist. Genau wie wir Menschen schützen sie sich lieber vor Wind und Regen, statt von Regentropfen getroffen oder von einer Windböe fortgeweht zu werden. Ebenfalls nicht zutreffen dürften die folgenden vermuteten Verbindungen zwischen Spinnen und Wetter:

Es kommt Regen auf, wenn eine Spinne im Haus in einen Wassereimer fällt.

Reißt die Spinne Netze entzwei, kommt bald Regen herbei.

Wenn große Spinnen umherirren,kommt in drei Tagen Regen.

Wenn Spinnen in die Häuser kriechen, sie einen kalten Winter riechen.

Ziehen die Spinnen ins Gemach, kommt gleich der Winter nach.

Einige haben gleich die ganze Kleintierpopulation als kollektive Wetterpropheten im Verdacht: »Wenn Spinnen von den Wänden fallen, wenn Bremsen, Mücken und Flöhe sehr stechen; wenn die Regenwürmer häufig hervorkommen; wenn die Ameisen durcheinanderlaufen, ohne zu arbeiten, so folgt Regen und Ungewitter.« (aus dem *Handbüchlein der Sympathie*, 1858) Beweise fehlen.

Abendrot, Schönwetterbot'.

Kein 100-Prozent-Irrtum, aber ein eingeschränkter: Diese Bauernregel trifft zumindest in den mitteleuropäischen Breiten zu, wenn der Wind aus Westen weht. Das Abendrot entsteht, weil die Sonne Partikel in der Luft zum Leuchten bringt, was wiederum bedeutet, dass dort gerade keine Wolken heraufziehen. Dann ist relativ sicher, dass es in den nächsten zwölf Stunden relativ gutes Wetter gibt. Bei Ostwind allerdings kann es sein, dass es trotz Abendrot am nächsten Tag heftig regnet. Leider lässt sich die Wetterregel nur etwas sperrig modifizieren: Abendrot, bei Westwind schön's Wetter droht ...

Rund um den Bodensee ist es am wärmsten in Deutschland.

Der wärmste Ort Deutschlands im Sommer lag 2014 in Waghäusel-Kirrlach in der Oberrheinischen Tiefebene, etwa zwischen Karlsruhe und Mannheim – 19,6 °C Durchschnittstemperatur, gefolgt von Berlin-Tempelhof und Karlsruhe-Rheinstetten, beide 19,2 °C. Was die Ganzjahrestemperatur betrifft, so liegen Freiburg im Breisgau und Heidelberg mit

11,4 °C vorn, gefolgt von Stuttgart mit 11,3 °C. Konstanz am Bodensee bringt es auf 9,8 °C. Rund um den größten Binnensee Deutschlands ist es zwar mild, denn das Wasservolumen wirkt ausgleichend und verzögernd auf Temperatursprünge, allerdings gibt es auch im ganzen Jahr Föhnstürme und im Winter häufig Nebel.

Bei Gewitter wird die Milch sauer.

Urgroßmutter war nicht erfreut darüber, dass bei einem Sommergewitter die gesamte Milch im Haus sauer wurde. Das läge an den geladenen Teilchen in der Luft, erklärte Urgroßvater dann, dagegen könne man nichts machen.

Mit den geladenen Teilchen hat das Sauerwerden allerdings nichts zu tun. In der Vergangenheit waren es die hohe Temperatur und die feuchte Luft, die das Wachstum für Milchsäurebakterien bei einem Gewitter optimal förderten. Kluge Hausfrauen trugen ihre Milch deshalb in den kühlen Keller, dort blieb sie frisch. Heute ist das nicht mehr notwendig: Unsere pasteurisierte Milch kann gar nicht so aus sich heraus sauer werden – dazu enthält sie viel zu wenige gute Milchsäurebakterien. Was den Vorgang des Pasteurisierens überlebte, sind zumeist Fäulnisbakterien, und die können sich unter günstigen Bedingungen mit beachtlicher Geschwindigkeit vermehren. Milch aus dem Supermarkt wird also nicht sauer, sondern schlecht und ungenießbar. Das ist nicht dasselbe: Die saure Milch früher bemerkte man sofort am Geruch und am Geschmack – aber man konnte sie noch essen. Ein beliebtes Kindergericht war Dickmilch mit Zucker.

Ähnlich sieht es bei ESL-Milch *(extended shelf life)* aus. Diese Milch wird für zwei Sekunden auf 127 °C erhitzt und dann auf

90 °C abgekühlt. Nach einigen Sekunden bei 90 °C wird sie auf Lagertemperatur gekühlt. Das macht die Milch bei 7 °C etwa 20 Tage haltbar. Lebendige Milchsäurebakterien wird man darin vermutlich auch mit einem Mikroskop vergeblich suchen.

Blitze schlagen von oben nach unten ein.

Das ist so nicht richtig, sondern viel komplizierter. Betrachten wir ein hohes Gebäude, zum Beispiel einen Fernsehturm. Der eigentliche Blitz kommt von unten – er bewegt sich von der Spitze unseres Turms nach oben in die Wolken. Was aber vorher von oben kommt, sind Vorblitze, negativ geladene Teilchen, die von der Wolke nach unten auf das Gebäude schießen. Diese schaffen den Blitzkanal für den Hauptblitz. Kurz bevor die Vorblitze das Objekt treffen, kommt es durch einen Kurzschluss zum Ladungsausgleich – der Hauptblitz schießt nach oben empor.

Das Wetter wiederholt sich alle sieben Jahre.

Die Wetterregeln haben wir schon behandelt – jetzt kommt es noch toller. Das Wetter soll sich alle sieben Jahre wiederholen, behauptet der Hundertjährige Kalender. Ernsthafte Meteorologen allerdings stellen mit aller Entschiedenheit fest, dass es sich dabei um reine Scharlatanerie handelt. Überprüfen wir das mal anhand einer einfachen Liste: der der Jahrhundertsommer.

1911 war ein solcher – in weiten Teilen Europas kein Regen. Nach der Sieben-Jahre-Regel müsste der nächste Jahrhundertsommer also 1918 zu vermelden gewesen sein. Leider nicht, er kam erst 1945, und auch nur in der Schweiz. Der nächste Jahrhundertsommer wird dann aber sicher 1952 in die Wetterstatistik eingegangen sein? Nein, er kam schon 1947 und wurde Steppensommer genannt. Die nächste Hitzewelle traf Europa nicht etwa 1954, sondern schon 1949 – bis zu 40 °C, Wasserknappheit, Ernteausfälle. Um es kurz zu machen: Die nächsten Jahrhundertsommer registrierten die Meteorologen in den Jahren 1959, 1976, 1983 – ha, ein Treffer! – 1992, 2003 und 2010 – der zweite Treffer. Würden Sie deshalb an einen Hundertjährigen Kalender mit einem Sieben-Jahres-Zyklus glauben?

Wenn die Schafe die Köpfe zusammenstecken, gibt es Gewitter.

Diese bäuerliche Wetterweisheit dürfte den meisten modernen Menschen unbekannt sein. Aber tatsächlich: Schafe stecken die Köpfe zusammen, wenn es schwülwarm ist. Damit versuchen sie, ihre vom Fell nicht bedeckten Köpfe vor den lästigen Stechinsekten wie Mücken und Bremsen zu schützen. Ein typisch sommerliches Verhalten also, aber eine Gewitterfront muss nicht zwangsläufig folgen. Auf jeden Fall besteht kein ursächlicher Zusammenhang.

Hamburg ist ein Regenloch.

Hamburg verzeichnet nach Angaben des Deutschen Wetterdienstes 133 Regentage – genauso viele wie München. Und in der Regenmenge überholt München mit knapp 970 Litern pro Jahr und Quadratmeter die Nordlichter deutlich. Hamburg bringt es nur auf durchschnittlich 770 Liter. Allerdings fallen die als Schauer und Nieselregen, was deutlich länger dauert, während in Süddeutschland der Regen meist kurz und heftig herunterkommt. So kann man sich irren.

Mittags ist es im Sommer am wärmsten.

Das ist doch klar: Die Sonne erreicht zur Mittagszeit ihren höchsten Stand, ihre Strahlen erwärmen die Luft am stärksten. Infolgedessen ist auch die Temperatur am höchsten. Irrtum: Luft erwärmt sich erst langsam, sodass erst um etwa 15 bis 16 Uhr das Thermometer seinen höchsten Stand erreicht hat. Eine gewisse Menge an Wärme kommt aus dem Boden hinzu, der den ganzen Morgen über die Wärme der Sonneneinstrahlung gespeichert hat und nun an die Luft abgibt. Im Winter erreicht die Tagestemperatur übrigens schon zwischen 13 und 14 Uhr ihren Höchststand.

Schnee fällt nur bei Temperaturen unter 0 Grad.

Es ist schon richtig, dass die 0-°C-Grenze eine Rolle beim Schneefall spielt, aber nicht die einer Obergrenze. Weit unterhalb von 0 °C fällt nur feiner Pulverschnee mit sehr kleinen Flocken. Die größten Schneemengen treten zwischen –2 °C und 2 °C auf, womit die magische 0-°C-Grenze schon gefallen ist. Dieser Schnee besteht aus größeren Flocken, ist meist nass und lässt sich gut formen – wer einen Schneemann bauen will, weiß das zu schätzen. Je wärmer es ist, desto dicker werden die Flocken. Auch bei Temperaturen über 5 °C schmelzen Schneeflocken nicht sofort vollständig, weil der Tauvorgang ihrer näheren Umgebung Wärme entzieht. Sie treffen in der Luft auf andere Flocken und ballen sich mit diesen zu größeren Flocken zusammen. Wenn sie auf die Erde treffen, schmelzen sie endgültig. Große Schneeflocken kündigen häufig Tauwetter an, besonders wenn sie als Schneeregen fallen.

Tornados gibt es bei uns nicht.

Im deutschen Sprachgebrauch ist das Wort *Tornado* für ein Windereignis nicht üblich – zu Deutsch heißt so etwas *Windhose* oder *Wasserhose*, je nachdem, ob es über Land oder über Wasser weht. Die meteorologischen Fachbegriffe sind *Kleintrombe, Trombe* oder *Großtrombe* – je nach Stärke. Die Wirbelwinde, die meist im Sommer und Herbst auch über Deutschland ziehen, unterscheiden sich in keiner Weise von den Tornados in den USA, auch in der Stärke nicht: Die Windhose, die im Süden von Hamburg am 27. März 2006 Unheil anrichtete, wurde nach der sogenannten Fujita-Skala mit F2 kategorisiert – das entspricht 181 bis 253 Kilometer pro Stunde. Es sind aber auch bereits acht F4-Ereignisse (333 bis 418 km/h Windgeschwindigkeit) sowie zwei F5-Ereignisse (die höchste bisher beobachtete Kategorie mit zerstörerischen Windgeschwindigkeiten von 419 bis 512 km/h) dokumentiert. Insgesamt ist Deutschland jährlich von geschätzten 500 Tornado-Ereignissen betroffen, darunter solche mit relativ geringen Windgeschwindigkeiten, aber auch fünf oder mehr F2-Tornados und ein F3-Tornado. Etwa alle 20 bis 30 Jahre entwickelt sich ein Tornado der Kategorie F4, F5-Tornados dürfen als Jahrhundertereignis gelten. Das Auftreten von Tornados ist räumlich nicht gebunden. Leider fehlt bis heute eine genaue Statistik aller Tornado-Ereignisse.

Wolken sind leicht.

Wie viel Gramm, meinen Sie, wiegt eine Wolke? Präziser: eine Schönwetterwolke mit einer Breite von 200 Metern und einer ebensolchen Höhe. 500 Gramm? Zwölf Kilo? Vielleicht 100 Kilo? Nein, sie bringt volle 800 Kilogramm auf eine entsprechend große Waage, auf der man sie aber nur schwer platzieren könnte. Sie enthält ziemlich genau 800 Kilo Wasser, das von der warmen, aufsteigenden Luft in der Schwebe gehalten wird. Das war nun aber eine Schönwetterwolke, und auch noch eine relativ kleine. Regenwolken sind häufig größer, beinhalten größere Wassertropfen und neigen daher zum meteorologischen Übergewicht: Eine durchschnittliche Gewitterwolke im Sommer kann schon einmal 1,5 Millionen Tonnen Wasser enthalten. In den Tropen wachsen sich Unwetterwolken bis zu Milliarden-Tonnen-Monstern aus. Wer sie für leicht hält, liegt leicht daneben.

Billig kann ich mir nicht leisten

Geld

Irrtümer zum Thema Geld können schmerzhaft sein, weil sie Löcher ins Portemonnaie reißen oder Bankkonten leeren können. Einige der hier beschriebenen Irrtümer sind allerdings weniger vermögensschädlich als unterhaltsam. Das Wissen über andere wiederum kann deutlich dabei helfen, den eigenen Besitzstand zu wahren. Es zahlt sich immer aus, etwas über Geld zu wissen.

Die Waren im 1-Euro-Shop sind billiger als im Supermarkt.

Das ist keineswegs immer und überall der Fall, wie Stichproben von Verbraucherschützern ergaben. Es kann sein, dass Sie im 1-Euro-Shop draufzahlen. Oder kennen Sie alle Preise im Supermarkt? Bei einer Überprüfung wurden zehn einzelne Artikel gekauft, in diesem konkreten Fall waren nur sechs von ihnen billiger als im Supermarkt. Bei einzelnen Artikeln zahlten die Billigshop-Kunden bis zu 100 Prozent drauf.

Geld darf man nicht zerstören.

Man sieht es manchmal in Spielfilmen, wenn der großkotzige Gangster oder der überraschend reich gewordene kleine Mann seine Zigarre oder Zigarette mit einem Hunderter anzündet. Darf man das überhaupt, Geld verheizen? Handelt es sich dabei nicht um Eigentum des Staates? Ein Hinweis auf die mögliche Rechtmäßigkeit von Zerstörungsaktionen an Zahlungsmitteln geben bestimmte Automaten, die an Schwerpunkten des Wandertourismus aufgestellt sind oder dort zumindest in der Vergangenheit verfügbar waren. Mit einem solchen Gerät kann man aus Kupfermünzen Medaillen zur Erinnerung prägen, und jedes Mal geht dabei eine Münze drauf. Auch die Nummer mit dem verbrannten Geldschein ist nicht illegal. Geldscheine gehören nämlich keineswegs dem Fiskus, sondern dem Eigentümer. Und was der mit seinem eigenen Geld anstellt, bleibt ihm überlassen – verbrennen, zerschneiden, zu Konfetti verarbeiten oder aufessen –, zumindest in der Bundesrepublik Deutschland. In den USA kriegt Ärger mit dem Gesetz, wer eine Banknote beschädigt, zerschneidet, verunstaltet, durchlöchert oder verbrennt. Geldbußen oder Gefängnisstrafen drohen.

Für eine verlorene Kreditkarte muss ein Kunde nicht selbst haften.

Gleichgültig, ob die Kreditkarte verloren ging oder gestohlen wurde – der Bankkunde muss nicht selbst haften. So jedenfalls wünscht er sich das. Wenn er Glück hat, erleidet er keinen Schaden, dann aber nur, weil sich seine Bank kulant zeigt. Nach der gesetzlichen Regelung allerdings muss der Bankkunde mit bis zu 150 Euro haften, unabhängig davon, ob er den Verlust der Karte zu verantworten hat.

Geld ist ein gefährlicher Krankheitsüberträger.

Besonders gern siedeln sich Bakterien nicht auf Münzen oder Geldscheinen an. Zu knapp ist das Angebot an Nahrung, manche der enthaltenen Metalle wie Kupfer wirken sogar antibakteriell. Die wenigen Krankheitserreger, die Forscher auf Geldscheinen nachweisen konnten, werden einem gesunden Menschen nicht gefährlich. Für eine Infektion ist die Anzahl der vorhandenen Erreger meist zu gering. Auch für Viren sind die Bedingungen nicht ideal, sie sterben nach kurzer Zeit ab. Das Gefahrenpotenzial von Münzen oder Geldscheinen ist in etwa mit dem von ungewaschenem Obst, Türklinken oder Haltegriffen im öffentlichen Bereich vergleichbar.

Eine Überweisung kann man zurückrufen.

Ein Irrtum, der üble Folgen haben kann: Wenn jemand online etwas kauft, per Überweisung bezahlt und dann keine Ware erhält, ist er sein Geld los. Selbst wenn man dem Verkäufer eine Betrugsabsicht nachweisen kann, wird das überwiesene Geld nicht zurückgebucht. Überwiesen ist überwiesen.

Sicherer zahlt, wer seine Geschäfte per Nachnahme, auf Rechnung oder über einen Dienstleister wie Safetypay, Giropay oder Paypal abwickelt. Sogar die Zahlung per Einzugsermächtigung bietet sich an. Für diese Art der Zahlung besteht die Möglichkeit, sein Geld ohne Angabe von Gründen zurückzuholen.

Wer versehentlich aufs falsche Konto überweist, muss mit finanziellen Einbußen rechnen. Die Bank muss im Falle eines Zahlendrehers nicht kostenlos helfen – oft wird eine Servicegebühr fällig.

Gewinne aus Glücksspielen sind steuerfrei.

Ob der Glücksspielgewinn aus Deutschland oder dem Ausland stammt, ist unwesentlich: Das deutsche Steuerrecht ordnet Glücksspielgewinne keiner Einkommensart nach § 2 Abs. 1 Nr. 1 bis 7 EStG zu und erhebt deshalb keine Steuern darauf. Sie sind aber nicht steuerfrei, sondern »nicht steuerbar« – ein schöner Winkelzug des bürokratischen Denkens. De facto macht es keinen Unterschied: Die 125 000 Euro Gewinn aus der Quizshow »Wer wird Millionär?« bleiben erst einmal vom Fiskus unbehelligt. Allerdings müssen mit dem Geld erwirtschaftete Gewinne, zum Beispiel aus Zinseinnahmen, dem Finanzamt gegenüber angemeldet und versteuert werden.

Im Bankautomaten vergessenes Geld ist weg.

Jeder kann es nehmen, schließlich ist es herrenlos. Irrtum: Vergessenes Geld im Ausgabefach des Bankautomaten wird dem Konto wieder gutgeschrieben. Nicht herausgenommene Scheine werden nach einer bestimmten Zeit wieder eingezogen, meist nach etwa 30 Sekunden. So kann das nicht entnommene Geld am Ende des Tages wieder dem entsprechenden Konto zugeordnet werden. Wenn allerdings jemand anderes nach den herrenlosen Scheinen greift, könnte es kompliziert werden. Dem Finder ist anzuraten, das Geld bei der Bank abzugeben, denn jeder Benutzer des Geldautomaten hinterlässt Bilder seiner Person auf der Videoüberwachung. Die Polizei wird sich über eine so genaue Täterbeschreibung freuen und ihn wegen Diebstahls verfolgen.

Wenn man plötzlich zu Geld kommt, kann man jederzeit einen laufenden Kredit tilgen.

So einfach ist das nicht, denn die Bank hat ja mit den zu erwartenden Zinsen aus dem laufenden Darlehen kalkuliert. Es wird eine Vorfälligkeitsentschädigung fällig, oft ein großer Betrag. Es kann besonders bei langfristigen und festverzinslichen Krediten durchaus wirtschaftlicher sein, die Kreditraten weiterzuzahlen, denn schließlich profitiert der Kreditnehmer auf lange Sicht auch noch von der Inflation. Die eigenen Rechenkünste oder ein Finanzberater sind gefragt.

Beim Umtausch gibt es immer Geld zurück.

Ob ein Verkäufer zurückgegebene Ware mit einem Gutschein vergütet oder Bares auszahlt, liegt in seinem eigenen Ermessen, denn schließlich ist der Umtausch eine freiwillige Aktion. Hat der Händler allerdings zuvor mit einer Geld-zurück-Garantie geworben, fällt die Möglichkeit des Gutscheins flach. Der Händler muss sich an sein vorheriges Versprechen halten und den gezahlten Kaufpreis erstatten.

Im Internet gekaufte Waren kann man zwei Wochen lang zurückgeben.

Das komfortable Widerrufsrecht schützt Onlinekäufer im Internet für 14 Tage. Es gilt jedoch nicht für alle Waren, bestimmte Produkte sind davon ausgenommen, zum Beispiel versiegelte CDs oder DVDs. Nach dem Öffnen der Verpackung können sie ebenso wenig zurückgegeben werden wie lizenzierte Softwarepakete oder Konzert- und Theaterkarten. Auch die Rückgabe von Frischwaren gestaltet sich schwierig. Personalisierte, eigens angefertigte Produkte sind ebenfalls von dem Rückgaberecht ausgeschlossen.

Gutscheine sind ein Jahr lang gültig.

Nein, die Sachlage ist deutlich besser: Gutscheine gelten drei Jahre ab Ende des jeweiligen Jahres, in dem sie ausgestellt wurden. Ein Gutschein, den Sie zu Weihnachten 2015 verschenken, verliert seinen Wert erst am 31. Dezember 2018. Ganz so praktisch wie Bargeld sind Gutscheine allerdings nicht. Weder besteht ein Recht auf Barauszahlung beim

Händler noch kann man den Gutschein nur zum Teil nutzen und sich den Rest mit Bargeld vergüten lassen. Wichtig zu wissen: Gutscheine sind nicht personengebunden, sondern können an andere Personen übertragen werden.

Große, kleine und solche Städte, die es gar nicht gibt

Geografie

Google Earth verdrängt zunehmend den Atlas. Wer mag, kann immer und überall einen Blick auf fast jeden Punkt des Globus werfen. Das erweitert aber das geografische Wissen ebenso wenig, wie die Nutzung von Navigationsgeräten die eigene Orientierungskompetenz steigert. Oft fehlt der Überblick, die Einsicht in die örtlichen Verhältnisse und neue digitale Erkenntnismöglichkeiten mischen sich mit altem Halbwissen. So entstehen hervorragende Möglichkeiten für Irrtümer aller Klassen.

In Venedig gibt es die meisten Brücken weltweit.

So ein Unsinn! Die Zahlen schwanken: Die eine Quelle gibt 398 Brücken für Venedig an, eine zweite will 426, eine weitere 450 Wege übers Wasser gezählt haben – allerdings nur im historischen Venedig. In Amsterdam überqueren 1281 Brücken Flüsse und Grachten, Berlin soll sogar 1662 Brücken besitzen. Dass Hamburg in Europa an der Spitze liegt, zweifelt aber niemand an: Die statistischen Angaben reichen von 2123 bis zu 2496 Brücken. Fazit: Venedig ist keineswegs Brücken-Rekordstadt, und auch Hamburg ist weltweit nur auf Platz zwei einzuordnen. Ganz vorn rangiert New York – hier führen 2891 Wege über das Wasser.

Die Streichhölzer wurden in Schweden erfunden.

Deshalb heißen sie doch auch Schwedenhölzer, oder? Viele Bastler und Forscher nicht nur in Schweden, sondern aus aller Welt versuchten, eine handliche Lösung für das Anzünden von Feuer herzustellen. Doch dabei ging vieles schief, denn meist setzten sie auf den gelben Phosphor, einen Stoff, der sich an der Luft selbst entzünden kann. So manchem Pionier der Streichholztechnik ging nicht nur die Hose in Flammen auf, wenn er seine selbst entwickelten Streichhölzer im Alltag testete. Das erste Patent auf Streichhölzer bekam ein Apotheker: John Walker aus der englischen Stadt Stockton-on-Tees erhielt es am 22. November 1832. Er nannte seine Erfindung »Friction Lights«, aber die Zündhölzer brannten unregelmäßig und verbreiteten einen unangenehmen Geruch.

Die schwedischen Chemiker Gustaf Erik Pasch und Karl Frantz Lundström ersetzten 1844 den weißen Phosphor vollständig durch roten Phosphor, ein wichtiger Schritt auf dem Weg zum Sicherheitszündholz. Der deutsche Chemiker Rudolf Christian Boettger optimierte 1848 unter anderem die Reibfläche. Er ließ sich seine Entwicklungen patentieren und verkaufte sie an eine schwedische Firma. Die ersten brauchbaren im Handel erhältlichen Sicherheitszündhölzer, hergestellt mit rotem Phosphor und nur an einer Reibefläche zu entzünden, wurden deshalb Schwedenhölzer genannt.

Die Hauptstadt von Bolivien heißt La Paz.

Es verhält sich wie in den Niederlanden: Die Hauptstadt heißt Amsterdam, aber die Regierung residiert in Den Haag. Der bolivianische Regierungssitz befindet sich in der Millionenstadt La Paz – in 3200 bis 4100 Metern Höhe gelegen, damit der höchstgelegene Regierungssitz überhaupt und mit 1,7 Millionen Einwohnern die größte Stadt Boliviens –, während die Hauptstadt Sucre heißt und nur etwa 240 000 Einwohner hat. Anders in Australien: Auch wenn mancher denkt, die Hauptstadt von Australien hieße Sydney, so ist und bleibt Canberra sowohl Hauptstadt als auch Regierungssitz des Kontinents. Und die Hauptstadt von Brasilien heißt ... Rio de Janeiro? Nein, Brasília. Die 11-Millionen-Metropole Rio de Janeiro war bis 1960 Hauptstadt, dann wurde Brasília zur Hauptstadt bestimmt und mitten im Dschungel in nur drei Jahren erbaut. Mit nur 200 000 Einwohnern im eigentlichen Stadtbereich ist die auf dem Reißbrett entstandene Stadt im Vergleich zu den Millionenstädten São Paulo und Rio unbedeutend.

Die Chinesische Mauer ist vom Mond aus sichtbar.

Mit bloßem Auge dürfte das nicht gelingen. Die Mauer ist zwar enorm lang, erreicht aber auch an ihren breitesten Stellen nur die Ausdehnung einer mehrspurigen Autobahn. Aus rund 400 000 Kilometern Entfernung würde man sie nicht entdecken können. Dennoch nimmt sie eine Sonderstellung ein, denn die Chinesische Mauer ist eines der wenigen Bauwerke, das man aus der näheren Weltraumumgebung der Erde erkennen kann. Astronauten in der Raumstation ISS konnten sie mit bloßem Auge sehen und ohne großen technischen Aufwand fotografieren. Ebenfalls bemerkbar macht sich für Astronauten im Orbit das beleuchtete belgische Autobahnsystem.

Monte-Carlo ist die Hauptstadt von Monaco.

Monaco ist ein Stadtstaat und seine einzige Stadt heißt – Monaco. Monte-Carlo hingegen nennt sich ein mittlerer Stadtteil dieser Stadt. Die Idee mit der Hauptstadt Monte-Carlo entstand möglicherweise Ende des 19. bis ungefähr Mitte des 20. Jahrhunderts, als sich der Stadtstaat unter dem Namen Monte-Carlo touristisch zu vermarkten versuchte.

Big Ben ist Londons bedeutendster Glockenturm.

Ursprünglich hieß der Turm am Palace of Westminster in London, der hier gemeint ist, schlicht und einfach *Clock Tower*, aber 2012 wurde er wegen des diamantenen Thronjubiläums der Königin in *Elizabeth Tower* umbenannt. *Big Ben* hieß er jedenfalls nie – Big Ben steckt drinnen. Es handelt sich um eine Glocke, die mit 13,5 Tonnen Gewicht die schwerste der fünf Glocken im Elizabeth Tower ist. Der Glockenschlag von Big Ben gilt als nationales Symbol und wird liebevoll auch *The Voice of Britain* genannt. Big Ben ist eigentlich Big Ben II – die erste Glocke dieses Namens bekam wegen eines viel zu schweren Klöppels einen Riss und musste wieder eingeschmolzen werden. Auch Big Ben II hat einen Sprung, kann aber dank einiger Modifikationen weiter seinen Dienst fürs British Empire tun.

Der Grand Prix von Monaco findet in Monte-Carlo statt.

Die Strecke des Großen Preises von Monaco führt zwar auch durch Monte-Carlo, beginnt aber im Stadtteil La Condamine und endet auch dort. Start, Ziel und Boxengasse sind in La Condamine zu finden. In den engen Straßen von Monaco ist die Durchschnittsgeschwindigkeit der Formel-1-Fahrzeuge zwar relativ niedrig, aber der Kurs stellt einige Anforderungen. »Formel 1 fahren in Monaco ist wie Hubschrauber fliegen im Wohnzimmer«, sagte einst Rennfahrerlegende Nelson Piquet.

Kriminelle suchen in Frankreichs Fremdenlegion Unterschlupf.

Der 1831 gegründeten Truppe schlossen sich schon immer junge Männer aus den unterschiedlichsten Motiven an, darunter Abenteuerlust, Liebeskummer, der Wunsch nach strenger Führung und vieles mehr. Solche Rekruten sind willkommen – anders als Bewerber, die etwas auf dem Kerbholz haben und vor ihrer nationalen Polizei Zuflucht suchen. Keine Chance, denn alle Bewerber werden vom Deuxième Bureau, dem französischen Auslandsnachrichtendienst, und von Interpol überprüft. Kriminelle müssen auch mit der Rückführung in ihre Heimatländer rechnen, wenn ihre Straftaten erst später entdeckt werden.

Eis und Schnee prägen das Himalaja-Gebirge.

Die Vorstellung von meterhoch schneebedeckten Eisriesen wird durch zahlreiche Bergsteigerfilme genährt. Gletscher, überall Eiszapfen, Schneeverwehungen und Lawinen, dazwischen die mutige Expedition auf dem Weg zum Gipfel – das hat was! Die Wirklichkeit sieht anders aus. Ein großer Teil des Himalajas ist eine Wüste ohne Wasser und im Sommer bis zu 30 °C heiß. Im Jahresdurchschnitt herrscht eine Temperatur von 24,2 °C. Mit 191 Millimetern Niederschlag pro Jahr sind die dortigen Hochebenen nicht gerade ein Feuchtgebiet.

Die Osterinseln liegen im Pazifik.

Es gibt nicht wenige Inseln im Pazifik. In der endlosen Weite des Ozeans liegen die Galapagos-Inseln, die Hawaii-Gruppe, die Gesellschaftsinseln, die Turtle Islands, ein paar Hundert weitere Inselgruppen und eben die Osterinseln. Nein, der Irrtum ist nicht sonderlich groß, aber wichtig. Es geht um einen einzigen Buchstaben. Umgeben von vielen Tausend Kilometern Wasser liegt da völlig isoliert nur *eine* Osterinsel, oder wie die Eingeborenen sie nennen: Rapa Nui. Bewohnt von etwa 5800 Menschen, gehört sie zum Weltkulturerbe der UNESCO und verdankt ihre Existenz einer unterirdischen Kette von Vulkanen, von denen nur zwei Gipfel über die Wasseroberfläche ragen.

Der Panamakanal führt vom Pazifik nach Osten.

Wer sich den Panamakanal wie eine schnurgerade Verbindung von Ost nach West oder von West nach Ost vorstellt, ignoriert die Gegebenheiten. Wer vom Pazifik kommt und eigentlich nach Osten möchte, muss sein Schiff zuerst nach Nordwesten lenken. In reiner Luftlinie ist man an der Pazifikeinfahrt dem Atlantik im Osten eigentlich schon näher, wird aber bei der Durchquerung der 82 Kanalkilometer weiter nach Westen geführt.

Paris ist eine große Stadt.

Für eine Stadt mit 2,7 Millionen Einwohnern ist Paris eine Stadt mit sehr geringem Flächenverbrauch. Mit nur 105 Quadratkilometern bedeckt die französische Hauptstadt nur etwa ein Viertel der Fläche, welche die Stadt Köln (405 km^2) für etwas mehr als eine Million Einwohner braucht. Berlin geht noch verschwenderischer mit Raum um: 3,44 Millionen Berliner benötigen 890 Quadratkilometer Lebensraum. Paris würde flächenmäßig also fast neunmal in die deutsche Hauptstadt passen.

Peking ist dicht besiedelt.

Etwa 20 Millionen Chinesen bewohnen die etwa 16 800 Quadratkilometer große Fläche der Hauptstadt Peking. Die alte Kaiserstadt ist also ungefähr so ausgedehnt wie Schleswig-Holstein. Pro Quadratkilometer drängeln sich 924 Einwohner – ist das eng? Die Bevölkerungsdichte von Berlin liegt bei 3880 Einwohnern pro Quadratkilometer. In Pekings Innenstadtbezirken, die eine Fläche von circa 1368 Quadratkilometern bedecken, erfassen Statistiker eine Bevölkerungsdichte von 4624 Einwohnern je Quadratkilometer. Drangvolle Enge herrscht also in beiden Städten nicht. Richtig dicht besiedelt ist hingegen die französische Hauptstadt Paris: Mit 21 290 Einwohnern pro Quadratkilometer erreicht sie Zahlen, die sonst nur in anderen asiatischen Großstädten zu finden sind, aber nicht in Peking.

Es gibt eine Stadt namens Hongkong.

Hongkong war eine britische Kronkolonie, die am 1. Juli 1997 an die Volksrepublik China übergeben wurde. Heute ist Hongkong eine über 1100 Quadratkilometer große Sonderverwaltungszone, deren Bürger Sonderrechte und ein besonderes Maß an Autonomie genießen – aber Hongkong ist noch immer keine Stadt. Auch wenn Hongkong in Reiseführern immer wieder als Millionenstadt dargestellt wird, so besteht die Sonderverwaltungszone aus zahlreichen Distrikten mit ihren eigenen Städten wie Kowloon (die größte mit 2,1 Millionen Einwohnern), Victoria, Tuen Mun, Sha Tin, Tseung Kwan, Kwai Chung und vielen anderen.

Die Aborigines kommen aus Australien.

Nein, bei den Aborigines handelt es sich nicht zwingend um rätselhafte Buschmänner, die zwischen Wirklichkeit und Traumzeit hin- und herpendeln. Nicht die Ureinwohner Australiens, sondern die Sprache der Römer ist die Quelle dieses Begriffs, denn *ab origine* ist Lateinisch und bedeutet *von Anfang an*. So betrachtet sind Ostfriesen in Fischerhemden und Lederhosen tragende Bayern auch Aborigines.

Das Ruhrgebiet ist eine trostlose Gegend.

In den 1950er-Jahren war das Ruhrgebiet das abschreckende Beispiel einer Industrieregion schlechthin: trostlose Zechensiedlungen, rauchende Schlote von Kokereien, Hochöfen und stinkende Chemieanlagen unter einer Dunstglocke. Mit der Krise im Bergbau Ende der 1950er-Jahre und Anfang der 1960er-Jahre prägten Arbeitslosigkeit und Industriebrachen weite Teile der Region. Seit dem Strukturwandel zählen die Ruhrgebietsgemeinden zu den Städten mit dem höchsten Anteil an Grünflächen in Europa und Deutschland. Stillgelegte Betriebe wurden zu Wohn-, Büro-, Kultur- und Freizeitstandorten umstrukturiert. Viele Menschen aus dem Ruhrgebiet sagen, dass sie nirgends anders leben möchten. So viel lässt sich mit wenigen Sätzen feststellen.

Unterdessen treten aber wieder Veränderungen ein. Viele Ruhrgebietsstädte leiden unter chronischem Geldmangel, manche Stadtteile werden zum Ghetto, und das Netz ist voll von Anfragen von Leuten, die wissen wollen, in welchem Stadtteil man eine Wohnung mieten soll und in welchem nicht. Trostlos? Eigentlich nicht. Aber auch nicht problemfrei.

Der höchste bekannte Berg ist der Mount Everest.

Mit seinen 8848 Metern Höhe ist er der höchste Berg auf der Erde, gemessen von Meereshöhe an. Wechselt man aber die Messmethode und ermittelt die Höhe der Berge vom Mittelpunkt der Erde aus, rutscht der gewaltige Himalaja-Riese auf Platz sechs noch hinter den Kilimandscharo (Platz vier) und eine Reihe relativ unbekannter Gipfel. Vom Zentrum der Erde aus gesehen ist nämlich der Gipfel des südamerikanischen Anden-Vulkans Chimborazo 6384, 557 Kilometer entfernt, während man den Gipfel des Mount Everest schon nach 6382, 414 Kilometern erreicht. Die Ursache dafür ist die nicht ganz perfekte Form der Erdkugel.

Misst man vom Fuß des Berges – gleichgültig ob auf dem Lande oder unter Wasser – übertrifft der hawaiianische Vulkan Mauna Kea das Everestmassiv mit 10 203 Metern um über 1300 Meter, obwohl er nur 4205 Meter aus dem Meer emporragt. Wer also auf den höchsten Berg klettern möchte, muss nach Hawaii reisen?

Irrtum, wer dieses Vorhaben verfolgt, sollte sich auf eine interplanetarische Reise vorbereiten. Der höchste bekannte Berg befindet sich nämlich auf dem Mars: Olympus Mons ist ein gewaltiger Schildvulkan und mit 21,9 Kilometern über dem mittleren Marsniveau (einen Meeresspiegel gibt es dort nicht) fast dreimal so hoch wie der Mount Everest.

Feuerwehrautos sind überall rot.

Und warum? Feuerwehrautos sind aus verschiedenen Gründen rot, meist in den Farbtönen RAL 3000, RAL 3024 oder RAL 3026). Einmal ist Rot die Farbe des Feuers. So weiß jeder gleich, worum es geht. Außerdem gilt Rot als ideale Warnfarbe. Wären Feuerwehrautos grün, hätten sie geradezu eine Tarnfarbe (zumindest auf dem Lande). Wären sie blau, grau, braun oder schwarz, so wären sie in der Dämmerung und in der Dunkelheit nicht gut genug zu erkennen. Aus der Reihe tanzt mal wieder Großbritannien. Hier wählte man die Farbe Kanarien- oder Lemongelb – unter anderem mit der Begründung, dass Farbenblinde ein rotes Löschfahrzeug grau sehen, eine Mischung aus Grün und Gelb aber gut erkennen können.

Kap Hoorn erhielt seinen Namen nach seiner Form.

Die südlichste Spitze Südamerikas erhielt ihren Namen nicht nach Äußerlichkeiten, sondern wurde auf Wunsch eines niederländischen Seefahrers zum Denkmal für seine Heimatstadt: Der Holländer Willem Schouten umsegelte das Kap im Jahre 1616 und benannte es nach der Hafenstadt Hoorn am Ijsselmeer. Die 1618 aufgestellte Behauptung, dass der Engländer Francis Drake die Passage zwischen den beiden Weltmeeren rund um das Kap Hoorn bereits 28 Jahre früher entdeckt und nach seiner Königin Cape Elizabeth genannt haben soll, ließ sich nach dem Tode Drakes nicht belegen.

Erlaubnistatbestandsirrtümer und andere Monster

Rechtsirrtümer

Sich folgenlos irren zu können und daraus zu lernen, ist eine besondere Vergünstigung, die aber im Bereich der Rechtsprechung häufig nicht existiert. »Das wusste ich nicht!«, ist kein Argument, Unwissenheit schützt vor Strafe nicht. Und der Spruch des Gerichtes gilt, Irrtum ausgeschlossen – oder bestenfalls einklagbar. Und das Wissen, was genau ein Irrtum ist, haben die Juristen auch gepachtet.

§§

Der Erlaubnistatbestandsirrtum ist ein klarer Irrtum.

Den verwegenen Versuch, einen Irrtum in einer Irrtumsdefinition der Rechtsprechung zu entlarven, will der Autor hier nicht unternehmen. Es geht vielmehr um Schönheit, fachsprachliche Schönheit. Erlaubnistatbestandsirrtum – wie schön ist das denn? Der Irrtum bei dieser juristischen Bezeichnung für einen Irrtum liegt wohl darin zu glauben, dass irgendwer versteht, was damit gemeint ist. Dieser wunderbare Ausdruck juristischen Könnens – Erlaubnistatbestandsirrtum – ist ein *terminus technicus* des deutschen Strafrechts und beschreibt Folgendes:

Herr Müller kommt spät nachts nach Hause, geht durch die Hintertür ins Haus, weil sein ziemlich angeheitertes Kommen seiner Ehefrau nicht auffallen soll. Deshalb sieht er nicht, dass vor der Haustür ein Polizeiwagen steht. Im Garten entdeckt er eine dunkel gekleidete Person, die er für einen Einbrecher hält. Er schleicht sich an und schlägt den vermeintlichen Einbrecher mit einem Baseballschläger nieder, der auf der Wiese lag und seinem Sohn gehört. Er weiß nicht, dass er einen Beamten der Kripo niedergestreckt hat, der einen tatsächlichen Einbrecher aus einem der Nachbarhäuser verfolgte.

Die juristische Fachliteratur meint dazu: »Der Täter hält irrig Umstände für gegeben, die, sollten sie tatsächlich vorliegen, die tatbestandlichen Voraussetzungen eines anerkannten Rechtfertigungsgrundes (z. B. Notwehr, § 32 StGB) erfüllen und dadurch sein Handeln rechtfertigen würden.« Haben Sie das verstanden? Ich nicht. Vielleicht so: »Da der Täter sich in Wahrheit über einen (tatsächlichen) Tatumstand und nicht über den Tatbestand als solchen irrt, findet sich in der Literatur entsprechend der Formulierung in § 16 StGB zunehmend auch die zutreffendere Bezeichnung Erlaubnistatumstandsirrtum.« Erlaubnistatumstandsirrtum, Erlaubnistatbestandsirrtum – vor solchen juristischen Waffen wird so mancher Täter kapitulieren und ein Geständnis ablegen.

Im Zweifel muss der Kraftfahrzeughalter zahlen.

Jein. In Deutschland gilt die Halterhaftung nur für den ruhenden Verkehr – für Verstöße gegen Park- oder Halteverbote kommt der Fahrzeughalter auf. Bei Delikten im fließenden Verkehr muss die Polizei jedoch den tatsächlichen Verursacher der Ordnungswidrigkeit oder Straftat ermitteln. Wenn sie dem Fahrzeughalter nicht nachweisen kann, dass er selbst am Steuer gesessen hat, kann dieser die Aussage verweigern. Zwar ist der Fahrzeughalter auch in Deutschland verpflichtet, den Fahrer zu nennen, er darf aber von seinem Aussageverweigerungsrecht Gebrauch machen, wenn er sich selbst oder ein Familienmitglied belasten würde. Allerdings kann der Halter dann zum Führen eines Fahrtenbuches verpflichtet werden.

Radarwarner fürs Mobiltelefon sind verboten.

Hier wird es spitzfindig: Kaufen kann sich jedermann einen Radarwarner, sei es als App fürs Smartphone oder als vorinstallierte Funktion im Navigationsgerät. Verboten ist allerdings, ein funktionstüchtiges oder betriebsbereites Gerät mit sich zu führen – das gilt auch für die

Warnsoftware auf dem Mobiltelefon –, aber nur für den Fahrer. Ein Beifahrer kann auf seinem Handy treiben, was er will. Den Fahrer trifft es hart, wenn er erwischt wird: 75 Euro Strafe und bis zu vier Punkte in Flensburg. Die bekommen Autofahrer nicht einmal für extreme Geschwindigkeitsüberschreitungen (dafür gibt es maximal zwei Punkte). Außerdem darf die Polizei das Gerät beschlagnahmen oder den Fahrer zwingen, die Smartphone-App vor den Augen der Beamten zu löschen. Dem Beifahrer droht: nichts.

In der Praxis sieht dieses Szenario weniger bedrohlich aus: Die Polizei darf sich ein Handy nur dann aushändigen lassen, wenn ein begründeter Anfangsverdacht für ein Vergehen besteht. Gewitzte Raser sollen übrigens schon zwei Mobiltelefone mit sich geführt haben – eines ohne Starenkästen-Dekoder im Handschuhfach, ein zweites ausschließlich für die Warnsoftware unter dem Beifahrersitz. Das bedeutet doppelte Sicherheit vor Entdeckung.

Führerscheinentzug ist dasselbe wie Fahrverbot.

Die beiden Sanktionen gegen Verkehrssünder unterscheiden sich erheblich. Mancher Autofahrer, dem der Führerschein entzogen wurde, hätte sich über ein Fahrverbot gefreut, bedeutet es doch nur, dass der Bestrafte für eine festgesetzte Zeit nicht fahren darf. Danach erhält er seinen Führerschein zurück. Ein Führerscheinentzug hingegen bedeutet, dass der Verkehrssünder einen neuen Führerschein erwerben muss – Fahrschule, theoretische und praktische Prüfung, Sehtest usw. Meist wird auch noch eine Sperrfrist für die Dauer von sechs Monaten bis zu fünf Jahren ausgesprochen, in der keine neue Fahrerlaubnis erteilt werden darf. Die härteste Waffe gegen Wiederholungstäter: Die Führerscheinsperre kann für immer angeordnet werden, wenn zu erwarten ist, dass die gesetzliche Höchstfrist von fünf Jahren zur Abwehr der von dem Täter drohenden Gefahr nicht ausreicht.

CDs am Innenspiegel reflektieren den Blitz der Radarfalle.

Es müsste schon ein ungeheurer Glücksfall sein, wenn eine locker am Innenspiegel aufgehängte CD im Augenblick des Blitzes gerade so steht, dass er genau in das Objektiv der Kamera zurückgeworfen wird. Keine Chance. Meist ist das Ergebnis nichts weiter als ein Foto mit einem kleinen Lichteffekt in irgendeiner Ecke. Auch Versuche, das eigene Gesicht mit anderen Gegenständen am Innenspiegel zu verdecken, scheitern in der Regel. Es genügt schon, wenn ein kleiner Teil des Gesichts abgebildet ist, um den Fahrer zu identifizieren. Aussichtsreicher sind Versuche mit Kopfbedeckungen und Brillen und die anschließende Behauptung, das sei man gar nicht, dieser Typ da am Steuer. Peinlich, wenn das kleine Muttermal am Kinn Sie doch noch entlarvt.

Die Polizei muss dem Verkehrssünder das Foto zuschicken.

Auch wenn Sie zahlen müssen: Anspruch auf das Foto, das Sie als Verkehrssünder zeigt, haben Sie nicht. Zwar schicken einige Polizeidienststellen es zusammen mit dem Bußgeldbescheid zu, doch wenn nicht, müssen Sie freundlich nachfragen, ob Sie das Foto als mahnendes Erinnerungsstück noch erhalten könnten. Mit Freundlichkeit werden Sie ein Beamtenherz eher erweichen als mit haltlosen Forderungen oder Angeberei (»Ich sammle die nämlich, das ist schon mein 55.!«).

Nicht einmal wenn man gegen einen Bußgeldbescheid vorgehen will und Einspruch einlegt, kommt man einfach so an das Bild. Die Bußgeldbehörde prüft dann, ob sie den Bescheid niederschlägt oder aufrechterhält. In diesem Fall gibt sie die Akte zur Staatsanwaltschaft. Die übersendet den Fall ans Amtsgericht, aus der als Verkehrssünder angeschuldigte Bürger einen Termin erhält, bei dem er sich selbst vertreten kann. Das Problem dabei ist nur, dass der Bürger die Ermittlungs- bzw. Bußgeldakte nicht ausgehändigt bekommt. Folglich kann er den Fall nicht genauer prüfen und zum Beispiel feststellen, welches Gerät zur Geschwindigkeitsmessung eingesetzt wurde, ob dessen Eichung korrekt gewesen ist usw. Die Akte – und damit auch das Bild – erhält nur ein Anwalt, und der kann es seinem Mandanten dann in Kopie überreichen.

Es ist aussichtslos, Einspruch einzulegen, wenn man geblitzt wurde.

Auf derartige Fälle spezialisierte Anwälte kennen etliche Wege, um einen Bußgeldbescheid infrage zu stellen: Haben alle Polizisten an einer speziellen Schulung für Geschwindigkeitsmessungen teilgenommen? War das Messgerät ordnungsgemäß geeicht? Hat es zum Beispiel wegen Kälte falsche Ergebnisse angezeigt? Wurde es richtig bedient? Viele Messungen ind angeblich tatsächlich fehlerhaft oder können von einem geschulten Juristen in ihrer Richtigkeit in Zweifel gezogen werden.

Allerdings wird die Sache dann teuer. Die Anwaltsgebühren betragen schnell einmal 600 Euro. Wenn ein messtechnisches Gutachten benötigt wird, fallen mindestens 1000 Euro zusätzlich an. Es erscheint irgendwie lohnender, sich an die örtlichen Geschwindigkeitsbegrenzungen zu halten.

Kreuzungen oder Autobahnauffahrten heben Geschwindigkeitsbegrenzungen auf.

Ein weitverbreiteter Irrtum. Zwar sollte das Tempolimit-Schild nach einer Einmündung wiederholt werden, damit auch neu auf die Straße einbiegende Verkehrsteilnehmer Bescheid wissen, doch das Fehlen eines Schildes bedeutet für die schon auf der Strecke befindlichen Autofahrer nicht, dass sie das Gaspedal durchtreten dürfen. Es gibt nur drei Wege, eine Geschwindigkeitsbegrenzung aufzuheben, das schwarz-weiße Schild mit der durchgestrichenen Geschwindigkeit ist der unmissverständlichste: Es sagt klar und eindeutig, dass wieder schneller gefahren werden darf. Variante zwei: Das Schild mit der Geschwindigkeitsbegrenzung sagt bereits am Anfang der Strecke, wie lang das Tempolimit gilt, also etwa für die nächsten zehn Kilometer. Variante drei: die Geschwindigkeitsbegrenzung an Baustellen. Sie entfällt automatisch, wenn die Autofahrer die Gefahrenstelle durchquert haben.

Autofahrer dürfen den Gegenverkehr mit der Lichthupe vor Blitzern warnen.

Sie dürfen den entgegenkommenden Verkehr warnen, jedoch nicht mit der Lichthupe. Handzeichen sind erlaubt, allerdings müsste man in bestimmten Verkehrssituationen schon einen enormen motorischen Aufwand betreiben, um dem Gegenverkehr überhaupt aufzufallen. Wildes Fuchteln ist angesagt – und könnte auch wieder als Ablenkung des fließenden Verkehrs zur Ordnungswidrigkeit werden. Die Lichthupe, also das kurze Aufblenden auf Fernlicht, darf auf verkehrsgefährdende Stellen hinweisen. Eine Radarkontrolle fällt nicht unter diese Kategorie, auch wenn das viele Autofahrer anders sehen und für die informierenden Lichtblitze dankbar sind. Auch die Warnblinkanlage ist verboten. Verstöße werden, wenn aktenkundig, mit einem Bußgeld geahndet – in der Regel etwa zehn Euro.

Der Verkäufer darf im Geschäft die Tasche des Kunden durchsuchen.

Wenn der Verdacht auf einen Ladendiebstahl besteht, darf ein Mitarbeiter die Tasche eines verdächtigen Kunden auf Diebesgut untersuchen. Wenn etwas gefunden wird, wird die Polizei gerufen. Irrtum! Umgekehrt wird ein Schuh draus. Besteht der Verdacht, ein Kunde könnte etwas gestohlen haben, so hat der Verkäufer oder der Ladeninhaber das Recht, die Polizei zu rufen und den Kunden so lange festzuhalten, bis die Angelegenheit geklärt ist. Die Tasche durchsuchen darf er nicht selbst – das würde die Privatsphäre des Kunden verletzen. Schon ein Blick in die Tasche ohne konkreten Tatverdacht ist ein unzulässiger Eingriff in das Persönlichkeitsrecht. Gegen Taschenkontrollen können Kunden sich wehren, auch wenn sie auf einem Hinweisschild im Geschäft angekündigt werden. Allerdings gibt es eine Ausnahme: Eine Tascheninspektion ist erlaubt, wenn ein Ladendieb auf frischer Tat ertappt wird, also zum Beispiel ein Kaufhausdetektiv ihn beobachtet hat.

Chaos in der Spülmaschine und das Milbenparadies

Alltägliche Irrtümer

In unserem täglichen Lebensumfeld fühlen wir uns auf sicherem Terrain. Alles ist geläufig, jeder Handgriff sitzt, jeder Gegenstand ist an seiner Stelle. Wo sollen da Quellen für Irrtümer lauern? Wo bitte soll sich der Fehlerteufel zwischen blitzblanker Spüle, aufgeräumtem Wohnzimmer und nahezu keimfreiem Bad verstecken?

Der regelmäßige Gebrauch des Wischlappens sorgt für Sauberkeit.

Richtig, so ein Wischlappen kann für sehr viel Sauberkeit sorgen, aber auch zu einem heimeligen Nest für ganze Heerscharen von Bakterien werden, wenn er zu lange im Einsatz ist. Hygieniker fanden in Wischlappen bis zu 100 Billionen Keime. An keinem Ort in einer durchschnittlichen Wohnung ist es von der Keimkonzentration her unsauberer. Die einzige Abhilfe: den Lappen einmal wöchentlich austauschen oder möglichst heiß waschen – bei 60 °C Minimum. Einige besonders kluge Hausfrauen und -männer machen ihn in der Mikrowelle keimfrei: Etwas Wasser in eine flache Schüssel, Wischlappen hinein, auf dem Drehteller rotieren lassen, bis das Wasser kocht. Mikroben ade!

Flüssige Waschmittel sind besser als Waschpulver.

Nein, sie haben erhebliche Nachteile. Zum einen enthalten sie keine Bleichmittel, sodass die Wäsche möglicherweise mit der Zeit den gefürchteten Grauschleier bekommt. Zum anderen ist schwer zu beurteilen, wie ihre Wirkstoffmenge bemessen ist und was eine Verpackungseinheit im Vergleich zu einem pulverförmigen Vollwaschmittel an Waschleistung bietet. Ein Grund für das flüssige Angebot dürfte auch sein, dass die Hersteller etwas für viel Geld verkaufen können, das sie so gut wie nichts kostet: Wasser.

Zahnpasta hilft gegen Pickel.

Dieser wunderbare Tipp aus Omas Jugendtagen ist maßlos veraltet. Zwar kann man manchen Sorten Zahnpasta einen gewissen Austrocknungseffekt nicht absprechen, doch sind in Zahnpasta viele Substanzen enthalten, die vielleicht sinnvoll im Mund und zur Reinigung des Gebisses einsetzbar sind, die aber auf der Haut unerwünschte Wirkungen bis hin zu Allergien zeigen können. Zum Beispiel reizt das vielfach enthaltene Menthol die Haut (übrigens auch die Mundschleimhaut). Und warum sollte man Zahnpasta nehmen? Wirksame Medikamente gegen Pickel und Akne ohne nennenswerte Nebenwirkungen werden heute in großer Zahl angeboten.

Im Kühlschrank ist es kalt, da gibt es keine Keime.

Irrtum, sie leben auch an diesem für sie unwirtlichen Ort. Zwar fehlt den meisten Arten für eine rasante Vermehrung die richtige Temperatur, aber schließlich haben sie auch die Aussicht, wieder aus dem Kühlschrank herauszukommen und dann loszulegen ...

In verschiedenen Studien zählte man die Keime im Kühlschrank. Ihre Anzahl war dort größer als in der Toilette. Verschiedenartige Mikroorganismen kommen mit geöffneten Verpackungen in den Kühlschrank oder entwickeln sich dort langsam, aber stetig weiter. Auch vergessene, längst abgelaufene Lebensmittel, die es wohl in den meisten Kühlschränken gibt, bieten idealen Nährboden. Schützen kann man sich nur, indem man alle Lebensmittel regelmäßig auf ihren Frischegrad überprüft. Außerdem sollte das Innere des Kühlgerätes regelmäßig gereinigt werden, mit Küchenreiniger oder Essigwasser.

Morgens gleich das Bett machen.

»Genau!«, ruft voller Begeisterung der Chor der Hausstaubmilben. »Bloß nicht zu viel Frischluft!«, stimmen ein paar Bakterien und Pilzsporen zu. »Wir lieben diese kuschelige Wärme in Laken, Bettdecke und Matratze. Dieses wunderbare feuchtwarme Klima, dieses Milbenparadies!«Brave Kinder machen ihr Bett, bevor sie den Tag beginnen – so haben wir es gelernt, leider.

Nein, wenn Sie das Oberbett sauber gefaltet auf die Matratze legen, dem Kopfkissen noch mit der Handkante einen scharfen Kniff verpassen, arbeiten Sie Ihren Feinden in die Hände, genauer gesagt in ihre sechs oder acht Klauen. Nach dem Aufstehen ist in allen Teilen des Bettes die Wärmeenergie des Schläfers gespeichert, und auch die Feuchtigkeit, die er im Laufe der Nacht ausgeschieden hat. Das können durchaus 250 bis 400 Milliliter sein, die durch Atmung und Körperschweiß in die Laken und alle übrigen textilen Teile des Bettes gelangen und dort bleiben. Richtig ist es, nach dem Aufstehen erst einmal das Deckbett zurückzuschlagen und es gründlich auslüften zu lassen – etliche Hausstaubmilben werden auswandern.

Nach dem Duschen die Badezimmertür aufmachen.

Sie kennen das: Im relativ kleinen Badezimmer herrscht nach dem heißen Duschen dichter Nebel – *Waschküche* hätte Opa das wohl genannt. Wohin mit den Schwaden? Luft hilft, weiß das Hirn im frisch geduschten Kopf und reißt die Badezimmertür auf. Der Wasserdampf verzieht sich – wohin eigentlich? Logisch, in die ganze Wohnung! Kein Problem, wenn man Champignons züchten möchte.

Scherz beiseite – ist die Wohnung gut gelüftet und auch gut geheizt, ist das bisschen Feuchtigkeit kein großes Problem. Wenn aber die Luft in der Wohnung steht und sich die Luftfeuchtigkeit als kalter Wasserfilm an den Wänden niederschlägt, wird es gefährlich feucht. Es drohen Schimmelbildung und sogar Hausschwamm. Was also tun? Das Badezimmerfenster aufreißen und die feuchte Luft nach draußen abziehen lassen. Gibt es kein Fenster, muss eine kräftige Entlüftung helfen.

In der Spülmaschine muss Ordnung herrschen.

In meiner Familie war es immer der Opa, der die militärische Ordnung in der Spülmaschine liebte. Alles musste am richtigen Ort in Reih und Glied eingeräumt sein, bevor der Reinigungsgang gestartet werden konnte. Untersuchungen – vermutlich von Chaosforschern – hatten nun aber zum Ergebnis, dass der Reinigungserfolg größer ist, wenn einige Teile die strenge Ordnung durchbrechen. Durch eine unsystematische Anordnung des Geschirrs in der Maschine werden die Wasserstrahlen in alle Richtungen abgeleitet und gelangen so besser in alle Winkel und Ecken des Gerätes. Seien Sie also nicht so pingelig.

Staubsauger mit geringer Wattzahl saugen nicht ordentlich.

Die EU will es so: Seit September 2014 gab es keine neuen Staubsauger mehr mit einem Antrieb stärker als 1600 Watt zu kaufen, ab 2017 ist die maximale Leistung des Staubsaugermotors sogar auf 900 Watt beschränkt. Die an sich naheliegende Formel »Je mehr Watt, desto besser die Saugleistung« gilt für neuere Geräte nicht mehr. Sie wurden durch ihre Konstrukteure technisch in ihrem Wirkungsgrad stark optimiert, zum Beispiel durch einen besseren Luftdurchsatz, und leisten deshalb trotz geringeren Energieverbrauchs dasselbe wie ihre Vorgänger.

Spinnen kann man einfach einsaugen.

Ganz abgesehen davon, dass Spinnen relativ intelligente Lebewesen sind und man so nicht mit ihnen umgehen sollte: Beiseiteschaffen wird man die Tiere auf diese Weise in vielen Fällen nicht. Einige werden nahezu unbeschädigt wieder ins Freie krabbeln, weil der Staubbeutel keinen hermetischen Verschluss besitzt. Andere könnten vielleicht in den Luftgängen des Staubsaugers oder an den Filtern des Motors verenden und diese von innen mit einer schmierigen, eiweißhaltigen Substanz überziehen. Haben Sie sich nicht auch schon einmal gefragt, warum die Staubsauger mancher Leute so merkwürdig riechen? Tragen Sie Spinnen einfach in einem Glas nach draußen – sie bedanken sich damit, dass sie Schadinsekten fangen.

Messer aus Edelstahl sind die besten.

So einfach kann man das nicht sagen, denn es kommt darauf an, welche Anforderungen man an ein Messer stellt. Solche aus Edelstahl sind am besten gegen Korrosion geschützt, sie rosten so gut wie nicht. Wenn es aber um Schärfe geht, sind andere Stahl- und Eisensorten oder Keramikwerkstoffe besser. Aber auch hier muss man differenzieren. Wie gut hält ein Messer seine Schärfe, wie häufig muss man es nachschärfen? Wie stabil und biegsam ist es? Bricht es leicht bei Belastung? Nicht umsonst kennen Fachleute zahlreiche unterschiedliche Sorten von Messerstahl, gekennzeichnet mit *X46Cr13* oder *X45CrMoV15* – Bezeichnungen, die dem Experten einiges über die Zusammensetzung der jeweiligen Legierung sagen.

Durch unterschwellige Botschaften kann man Menschen beeinflussen.

Der amerikanische Marktforscher James Vicary nannte es *subliminal advertising*: Er versuchte 1957 in einem Experiment, die Kaufentscheidungen von Menschen durch kurze Werbeeinblendungen in einem Spielfilm zu beeinflussen. Seine Botschaften: »Iss Popcorn!« und »Trink Cola!«. Seine Ergebnisse: Der Umsatz an Cola soll um 18 Prozent gestiegen sein, der Verkauf von Popcorn soll mit 58 Prozent Steigerung einen neuen Gipfel erreicht haben. Seine sensationellen Ergebnisse beeindruckten Werbestrategen auf der ganzen Welt und hatten zur Folge, dass einige Staaten den Gebrauch unterschwelliger Werbung gesetzlich unter Strafe stellten – in Deutschland ist sie immerhin eine Ordnungswidrigkeit.

Das einzige Problem: Weder konnte James Vicary seine Ergebnisse belegen noch ließen sie sich in neuen Versuchen reproduzieren, die Fernsehsender und sogar die CIA anstellten. Schließlich gab der große Werbeexperte 1962 zu, dass alles nur dazu gedient hatte, sein neu gegründetes Marketingunternehmen in Schwung zu bringen. Sein Geständnis hatte negative Folgen für seine weitere berufliche Karriere, konnte aber den Mythos vom unmerklich ferngesteuerten Konsumenten nicht mehr auslöschen. Noch heute glauben Menschen an *subliminal advertising* ...

Fast für immer

Liebe und andere Krisen

Es soll für immer sein, so schwören sich frisch verliebte Paare. Was Wunder, denn sie glauben ja, sie seien Seelenverwandte und füreinander geschaffen. Wer denkt denn in so einer Situation an einen Irrtum? Na ja, 2013 wurden in Deutschland 169 800 Ehen geschieden – keine sonderlich gute Trefferquote für die ewige Treue.

Frauen sind treu, Männer gehen fremd

Früher soll es wohl so gewesen sein. Wirklich? Frauen neigten schon immer zu mehr Diskretion, während Männer sich zu allen Zeiten gern mit ihren Abenteuern brüsteten. Über die heutigen erotischen Aktivitäten der beiden Geschlechter sind handfestere Daten verfügbar. Das Team des britischen Psychologen Rafael Wlodarski, tätig an der University of Oxford, fand bei seinen Untersuchungen unter anderem heraus, dass es bei beiden Geschlechtern zwei unterschiedliche Typen gibt: jeweils einen monogamen und einen zweiten mit häufiger wechselnden Liebespartnern. Die beiden Gruppen Fremdgehen und Treue traten bei den Männern im Verhältnis 57 zu 43 auf, während bei den Frauen 47 fremdgehende 53 treuen Damen gegenüberstanden. Allenfalls lässt sich also salopp sagen: Frauen sind ein bisschen treuer, Männer gehen fremder.

Die Zahl der Singles steigt.

Zeitungsberichte lassen grauenhafte Bilder aufscheinen: Über 40 Prozent Single-Haushalte in deutschen Großstädten, einsame Wölfe und Wölfinnen streifen nächtens durch Straßenschluchten, seltsame Katzenmuttis dämmern auf ihren Sofas dahin und auf der männlichen Seite nerdige Großbrillenträger vor ihren Flachbildschirmen. Nur: Wer sagt denn, dass in einem sogenannten Single-Haushalt nicht die Post abgeht? Auch muss man nicht zusammen wohnen, um in einer Partnerschaft zu leben. Die Mitglieder eines Mehrpersonenhaushaltes sind ja auch nicht zwangsläufig verheiratet und Teil einer Familie – siehe studentische Wohngemeinschaften.

Krisengespräche nutzen der Beziehung.

»Schatz, wir müssen reden!« Krisen und Konflikte gehören zu jeder Beziehung, und über Konflikte muss gesprochen werden, so die allgemeine Vorstellung. Nur nehmen die beiden Geschlechter auf diese Weise eingeleitete Gespräche auf sehr unterschiedliche Weise wahr. Während Frauen ihren Frust über den Partner rauslassen, fühlt sich dieser genervt. Das fand der amerikanische Psychologieprofessor John Gottman in jahrelangen Studien heraus. Derartige Gespräche scheinen einer Partnerschaft eher zu schaden, besonders, wenn sie von einer Seite mit den beliebten »Nie«- und »Immer«-Vorwürfen geführt werden. Sätze wie »Nie machst du den Mülleimer leer!« und »Immer muss ich deine Unordnung beseitigen!« führen zu einem konfrontativen Gesprächsverlauf und sind Sprengstoff für die Beziehung. Statt sich gegenseitig Vorwürfe zu machen, sollten sich Partner lieber über konkrete Wünsche unterhalten. »Kannst du bitte den Wochenendeinkauf übernehmen?« oder »Ich würde mich freuen, wenn du heute kochst!« enthalten positives Potenzial. Der Partner fühlt sich gebraucht und nicht herabgesetzt.

Paare, die sich häufig streiten, trennen sich bald.

Bei Meyers fliegen wieder die Fetzen – deren Ehe gebe ich nicht mehr lange. Irrtum. Von außen betrachtet scheint Streit ein Indikator für eine sich auflösende Beziehung zu sein. Dabei kommt es jedoch darauf an, wie Paare sich streiten. Man kann sich über ein Thema konstruktiv und mit Einigungsbereitschaft auseinandersetzen (auch wenn die Argumente lautstark ausgetauscht werden) oder destruktiv und mit fehlendem Respekt für den Partner. Auch wenn Streitfälle häufiger vorkommen, muss das nicht bedeuten, dass es mit einer Beziehung bergab geht. Glückliche Beziehungen halten den mit einer Konfliktklärung verbundenen Stress aus, denn den Momenten der Konfrontation stehen solche einer Annäherung und Wertschätzung gegenüber. Das Schönste am Streit ist die Versöhnung.

Gebildete Frauen trennen sich häufiger.

Frauen mit entsprechendem Bildungshintergrund sind selbstständiger und nicht auf eine Versorgung durch den Mann angewiesen. Sie können ganz auf sich gestellt eine Familie durchbringen. Wen wundert es da, dass sie leichter dazu neigen, eine Beziehung zu beenden, wenn ihnen etwas an ihrem Partner nicht gefällt? Wieder einmal sind wir in die Statistikfalle getappt. Muss zwischen Faktum eins (Frauen haben heute eine bessere Bildung) und Faktum zwei (die Zahl der von Frauen initiierten Trennungen nimmt zu) ein Zusammenhang bestehen? Käme jemand auf die Idee, die steigende Durchschnittstemperatur durch die Klimaerwärmung mit der Scheidungsrate zu assoziieren? Beide steigen an – vielleicht wird es den Partnern im Doppelbett zu warm?

Eine Studie an der Universität von Canberra bewies das Gegenteil. Frauen mit hoher Bildung und gutem Einkommen führen stabilere Beziehungen, weil sie in keinem Abhängigkeitsverhältnis stecken. Deshalb ist die Scheidungsrate in symmetrischen Ehen – beide Partner auf Augenhöhe – geringer.

Nun sind es schon 999 ...

Wenn man die Irrtümer des ersten Bandes mitrechnet, endet dieses Buch bei Irrtum Nummer 999 – eine ganze Menge Stoff aus zahllosen Wissensgebieten. Weder ist der Autor ein Universalgelehrter noch gegen Irrungen gefeit: Irren ist und bleibt menschlich, zumal bei diesem Band mancher versteckte Irrtum gesucht und gnadenlos ans Licht gezerrt wurde, der lieber im Dunkeln geblieben wäre. Wieder haben Autor und Lektorat mit aller ihnen zur Verfügung stehenden Energie versucht, vorwitzige Irrtümer, verzwickte Denkfehler, perfide Fehleinschätzungen und alltägliche Irrungen zu vermeiden, und außerdem noch den Fehlerteufel unerbittlich gejagt. Sicher werden sie dabei wieder über die eigenen Beine gestolpert und in manche Falle getappt sein. Wenn ich mich nicht irre, kann das aber jedem passieren. Trotzdem: Vielen Dank für Ihr Verständnis, das ich für ein solches Buch hoffentlich nicht irrtümlich voraussetze.